中國石窟

龙门石窟

二

龙门文物保管所
北京大学考古系　编

文物出版社

再版编辑　王　戈

责任印制　陈　杰

图书在版编目（CIP）数据

龙门石窟.二／龙门文物保管所，北京大学考古系
编.－2版.—北京：文物出版社，2012.5（2021.7重印）
（中国石窟）

ISBN 978－7－5010－0306－8

Ⅰ.①龙…　Ⅱ.①龙…　②北…　Ⅲ.①龙门石窟—介
绍　Ⅳ.①K879.23

中国版本图书馆 CIP 数据核字（2016）第 067137 号

中国石窟

龙门石窟

第二卷

编　　者　龙 门 文 物 保 管 所

北 京 大 学 考 古 系

出版发行　文　物　出　版　社

（北京东直门内北小街 2 号楼）

邮政编码　100007

http://www.wenwu.com

E-mail：web@wenwu.com

图版印刷　文　物　印　刷　厂

经　　销　新　华　书　店

开本 965×1270　1/16　印张 18.75

1992 年 12 月第 1 版

2021 年 7 月第 2 版第 4 次印刷

ISBN 978－7－5010－0306－8　定价：380.00 元

龙门石窟　第二卷

著　者
温玉成(龙门文物保管所副研究馆员)
李文生(龙门文物保管所副研究馆员)
顾彦芳(龙门文物保管所)
大桥一章(早稻田大学教授)
东山健吾(成城大学教授)

摄　影
彭华士(顾问/文物出版社)
羿群(南京博物院)
王梦祥(广西壮族自治区博物馆)

提　供
曹社松/张丽明(实测图—平面图)
贺志军/张乃翥/冯永泉/温玉成(插图及照片)

作　图
文化部文物保护科学技术研究所/城乡建设环境保护综合勘察研究院(实测图—立面图、等值线图)
白朴/杨华/默之/裕巽/陆力/李容/蒋之亚/张毅(实测图－平面图,线图)

翻　译
彭建民/苏哲

装　帧
仇德虎

编　辑
黄逖(文物出版社)
山本恭一/林屋祥一(平凡社)

目　次

图版……………………………………………………………　11

龙门唐窟排年……………………………温玉成　172

唐代龙门十寺考察………………………温玉成　217

奉先寺诸像的建造与白凤、天平雕刻……大桥一章　233

流散于欧美、日本的龙门石窟雕像………东山健吾　246

龙门石窟主要唐窟总叙……………顾彦芳　李文生　254

实测图……………………………………………………275

龙门石窟大事年表…………………………李文生编　284

图版目录

1　潜溪寺　正壁　坐佛像
2　潜溪寺　南壁　阿难、右胁侍菩萨与天王像
3　潜溪寺　北壁　迦叶、左胁侍菩萨与天王像
4　潜溪寺　南壁　右胁侍菩萨像　局部
5　潜溪寺　北壁　左胁侍菩萨像　局部
6　潜溪寺　窟外南侧　四层塔
7　宾阳北洞　正壁　五尊像
8　宾阳北洞　正壁　阿难与右胁侍菩萨像
9　宾阳北洞　正壁　坐佛像　局部
10　宾阳北洞　正壁左侧　迦叶像　局部
11　宾阳北洞　正壁　佛座　力神(一)
12　宾阳北洞　正壁　佛座　力神(二)
13　宾阳北洞　南壁　佛龛群
14　宾阳北洞　前壁北侧　天王像
15　宾阳北洞　正壁　坐佛背光
16　宾阳南洞　正壁　五尊像
17　宾阳南洞　正壁　坐佛像　特写
18　宾阳南洞　正壁　阿难与右胁侍菩萨像
19　宾阳南洞　正壁　右胁侍菩萨像　局部
20　宾阳南洞　正壁　左胁侍菩萨像　局部
21　宾阳南洞　正壁　迦叶与左胁侍菩萨像
22　宾阳南洞　南壁　佛龛群
23　宾阳南洞　南壁　小龛
24　宾阳南洞　北壁　佛龛
25　宾阳南洞　北壁　佛龛
26　宾阳南洞　北壁　佛龛
27　宾阳南洞　前壁北侧　天王像
28　敬西洞　正壁　五尊像
29　敬西洞　南壁　菩萨群像
30　敬西洞　北壁　菩萨群像
31　敬西洞　南壁　菩萨坐像
32　敬西洞　南壁　供养人像
33　敬西洞　北壁　供养人像
34　敬西洞　前壁南侧　天王像
35　敬善寺外景
36　敬善寺　窟口南侧　力士像
37　敬善寺　窟口北侧　力士像
38　敬善寺　正壁　坐佛像
39　敬善寺　南壁　阿难像　局部
40　敬善寺　南壁　阿难、右胁侍菩萨与天王像
41　敬善寺　北壁　迦叶、左胁侍菩萨与天王像
42　敬善寺　南壁　天王像
43　敬善寺　北壁　天王像
44　敬善寺　南壁　比丘像　局部
45　敬善寺　窟顶　飞天(一)
46　敬善寺　窟顶　飞天(二)
47　韩氏洞　正壁　五尊像
48　韩氏洞　正壁右侧　阿难像　局部
49　韩氏洞　前室北壁　天王像足下　夜叉
50　优填王像龛　正壁　优填王像

51 摩崖三佛龛外景

52 摩崖三佛龛　南侧　坐佛像

53 摩崖三佛龛　北侧　坐佛像

54 摩崖三佛龛　中央　坐佛像　局部

55 双窑北洞　正壁　坐佛像

56 双窑北洞　南壁　三尊立像

57 双窑北洞　北壁　三尊立像

58 双窑南洞　正壁　坐佛像

59 托钵佛龛　托钵佛与右菩萨像

60 万佛洞（上）与清明寺（下）外景

61 万佛洞　窟口北侧　力士像

62 万佛洞　窟口外南壁　菩萨像龛

63 万佛洞　窟口外北壁　小龛群

64 万佛洞　正壁　七尊像

65 万佛洞　正壁　坐佛头像　特写

66 万佛洞　正壁　右胁侍菩萨像

67 万佛洞　正壁　左胁侍菩萨像

68 万佛洞　正壁　莲花佛座

69 万佛洞　正壁　佛座　力神（一）

70 万佛洞　正壁　佛座　力神（二）

71 万佛洞　正壁　佛座　力神（三）

72 万佛洞　正壁　佛座　力神（四）

73 万佛洞　南壁　万佛　局部

74 万佛洞　南壁壁脚　伎乐（一）

75 万佛洞　南壁壁脚　伎乐（二）

76 万佛洞　北壁壁脚　伎乐（一）

77 万佛洞　北壁壁脚　伎乐（二）

78 万佛洞　前壁南侧　天王像

79 万佛洞　窟口通道北侧　供养弟子像

80 万佛洞　窟口通道北侧　小龛群

81 万佛洞　窟顶

82 清明寺外景

83 清明寺　正壁　三尊像

84 清明寺　窟口通道北侧　小龛群

85 清明寺　窟口通道南侧　菩萨像龛

86 清明寺　窟口通道南侧　菩萨像龛

87 惠简洞　全景

88 惠简洞　正壁　倚坐佛像

89 惠简洞　正壁　阿难与右胁侍菩萨像

90 惠简洞　正壁　左胁侍菩萨像　局部

91 老龙洞外景

92 老龙洞　正壁　佛龛群

93 老龙洞　正壁　佛龛

94 老龙洞　正壁　佛龛

95 老龙洞　南壁　佛龛群

96 老龙洞　南壁　佛龛

97 老龙洞　北壁　佛龛群

98 老龙洞　北壁　佛龛群

99 老龙洞　北壁　佛龛基部　雕像特写

100 老龙洞　北壁　佛龛基部　供养人像（一）

101 老龙洞　北壁　佛龛基部　供养人像（二）

102 老龙洞　北壁　佛龛基部　供养人像（三）

103 莲花洞　南壁东侧下部　碑额造像

104　莲花洞　外壁南侧　张世祖造像龛

105　普泰洞上方小龛群外景

106　破窑附近小龛群外景

107　破窑　正壁　小龛

108　破窑　北壁　小龛

109　奉先寺及其附近佛龛群外景

110　奉先寺全景

111　奉先寺　正壁与南壁　造像

112　奉先寺　正壁与北壁　造像

113　奉先寺　正壁　卢舍那佛坐像（左侧）

114　奉先寺　正壁　卢舍那佛坐像（右侧）

115　奉先寺　正壁　卢舍那佛坐像　局部

116　奉先寺　正壁　坐佛背光左侧　飞天（一）

117　奉先寺　正壁　坐佛背光左侧　飞天（二）

118　奉先寺　正壁　佛座　神王像（一）

119　奉先寺　正壁　佛座　神王像（二）

120　奉先寺　正壁　阿难与右胁侍菩萨像

121　奉先寺　正壁　迦叶与左胁侍菩萨像

122　奉先寺　正壁　右胁侍菩萨像　局部

123　奉先寺　正壁　左胁侍菩萨像　局部

124　奉先寺　正壁　阿难像　局部

125　奉先寺　南壁　天王与力士像

126　奉先寺　南壁　天王像足下　夜叉

127　奉先寺　北壁　天王与力士像

128　奉先寺　北壁　托塔天王像　局部

129　奉先寺　北壁　力士像　局部

130　奉先寺　正壁右侧　小龛

131　奉先寺　正壁右侧　等身佛像龛

132　奉先寺　正壁左侧　等身佛像龛

133　奉先寺　北壁内侧　等身佛像龛

134　奉先寺　北壁外侧　等身佛像龛

135　奉先寺　北壁外侧　等身佛像龛

136　奉先寺　南壁　小龛内天王像足下　夜叉

137　奉先寺　南壁　小龛内天王像足下　夜叉

138　奉先寺　南壁　奉南洞窟口外景

139　奉南洞　窟顶

140　奉南洞　正壁　坐佛像

141　奉南洞　东壁　右胁侍菩萨与天王像

142　奉南洞　东壁　右天王像足下　夜叉

143　奉南洞　东壁坛基　伎乐

144　药方洞　正壁　坐佛像

145　药方洞　北壁　释迦、多宝像龛

146　古上洞　中央　坐佛像

147　古上洞　正壁　佛背光右侧　伎乐

148　古上洞　正壁　佛背光左侧　伎乐

149　古上洞　佛座正面　神王像

150　古上洞　佛座南侧　神王像

151　古上洞　佛座北侧　神王像

152　古上洞　南壁　千佛

153　古上洞　南壁　立佛像龛

154　古上洞　正壁壁脚　伎乐（一）

155　古上洞　正壁壁脚　伎乐（二）

156　古上洞　南壁壁脚　伎乐（一）

157　古上洞　南壁壁脚　伎乐(二)

158　古上洞　北壁壁脚　伎乐(一)

159　古上洞　北壁壁脚　伎乐(二)

160　古上洞　窟顶　飞天(一)

161　古上洞　窟顶　飞天(二)

162　古上洞　窟顶　飞天(三)

163　古上洞　窟顶　飞天(四)

164　北市丝行像龛　正壁　佛背光右侧　伎乐

165　北市丝行像龛　南壁　狮子

166　八作司洞全景

167　八作司洞　正壁　坛座　伎乐(一)

168　八作司洞　正壁　坛座　伎乐(二)

169　八作司洞　正壁　坛座　伎乐(三)

170　八作司洞　南壁　坛座　伎乐(一)

171　八作司洞　南壁　坛座　伎乐(二)

172　八作司洞　北壁　坛座　伎乐(一)

173　八作司洞　北壁　坛座　伎乐(二)

174　八作司洞　北壁　坛座　伎乐(三)

175　北市彩帛行净土堂外景

176　北市彩帛行净土堂　外壁东侧　造像

177　龙华寺洞外景

178　龙华寺洞　前室西壁　狮子

179　龙华寺洞　正壁　五尊像

180　龙华寺洞　西壁　三尊像

181　龙华寺洞　东壁　三尊像

182　龙华寺洞　东壁　佛坛　伎乐

183　极南洞　窟口西侧　力士像

184　极南洞　窟口东侧　力士像

185　极南洞　正壁　坐佛像

186　极南洞　正壁　佛坛　伎乐

187　极南洞　西壁　三尊像

188　极南洞　东壁　三尊像

189　龙门东山远眺

190　四雁洞　窟顶　飞天(一)

191　四雁洞　窟顶　飞天(二)

192　二莲花洞北洞　窟口南侧　力士像

193　二莲花洞南洞　正壁　坐佛像

194　二莲花洞南洞　北壁　阿难与右胁侍菩萨像

195　二莲花洞南洞　北壁　佛坛　伎乐(一)

196　二莲花洞南洞　北壁　佛坛　伎乐(二)

197　二莲花洞南洞　南壁　菩萨像

198　看经寺外景

199　看经寺　窟口北侧　力士像

200　看经寺　窟顶

201　看经寺　北壁　罗汉群像

202　看经寺　正壁　罗汉群像

203　看经寺　南壁　罗汉群像

204　看经寺　北壁　罗汉(自西第1、2身)

205　看经寺　北壁　罗汉(自西第3、4身)

206　看经寺　北壁　罗汉(自西第5、6身)

207　看经寺　北壁　罗汉(自西第7～9身)

208　看经寺　正壁　罗汉(自北第1～3身)

209　看经寺　正壁　罗汉(自北第4～7身)

210 看经寺　正壁　罗汉（自北第8～11身）
211 看经寺　南壁　罗汉（自东第1、2身）
212 看经寺　南壁　罗汉（自东第3、4身）
213 看经寺　南壁　罗汉（自东第5、6身）
214 看经寺　南壁　罗汉（自东第7、8身）
215 看经寺　北壁　罗汉头像（第1身）
216 看经寺　北壁　罗汉头像（第3身）
217 看经寺　北壁　罗汉头像（第4身）
218 看经寺　北壁　罗汉头像（第5身）
219 看经寺　北壁　罗汉头像（第6身）
220 看经寺　北壁　罗汉头像（第7身）
221 看经寺　北壁　罗汉头像（第8身）
222 看经寺　北壁　罗汉头像（第9身）
223 看经寺　正壁　罗汉头像（第1身）
224 看经寺　正壁　罗汉头像（第2身）
225 看经寺　正壁　罗汉头像（第3身）
226 看经寺　正壁　罗汉头像（第4身）
227 看经寺　正壁　罗汉头像（第5身）
228 看经寺　正壁　罗汉头像（第6身）
229 看经寺　正壁　罗汉头像（第7身）
230 看经寺　正壁　罗汉头像（第8身）
231 看经寺　正壁　罗汉头像（第9身）
232 看经寺　正壁　罗汉头像（第10身）
233 看经寺　正壁　罗汉头像（第11身）
234 看经寺　南壁　罗汉头像（第2身）
235 看经寺　南壁　罗汉头像（第1身）
236 看经寺　南壁　罗汉头像（第3身）
237 看经寺　南壁　罗汉头像（第5身）
238 看经寺　南壁　罗汉头像（第6身）
239 看经寺　南壁　罗汉头像（第7身）
240 吐火罗僧宝隆造像龛全景
241 万佛沟北崖　救苦观世音像龛外景
242 万佛沟北崖　救苦观世音像龛　观音像　局部
243 万佛沟北崖　高平郡王洞外景
244 万佛沟北崖　高平郡王洞　窟口东侧　力士像
245 万佛沟北崖　高平郡王洞　正壁　坐佛像
246 万佛沟北崖　高平郡王洞　西北隅内景
247 万佛沟北崖　高平郡王洞　正壁　右胁侍菩萨像
248 万佛沟北崖　高平郡王洞　正壁左侧　迦叶像　局部
249 万佛沟佛塔外景
250 万佛沟北崖　西方净土变龛外景
251 万佛沟北崖　西方净土变龛　伎乐
252 万佛沟北崖　西方净土变龛　宫阙楼台　局部
253 万佛沟北崖　千手千眼观音像
254 万佛沟北崖　善跏弥勒洞　西壁　力士与天王像
255 擂鼓台中洞外景
256 擂鼓台中洞　正壁　三尊像
257 擂鼓台中洞　窟顶
258 擂鼓台中洞　北壁　弟子群像
259 擂鼓台南洞　正壁　大日如来像
260 擂鼓台南洞　北壁　菩萨群像
261 擂鼓台南洞　正壁　大日如来胸像
262 擂鼓台　力士像
263 龙门西山南麓古奉先寺寺院遗址远眺

1 潜溪寺　正壁　坐佛像

2　潜溪寺　南壁　阿难、右胁侍菩萨与天王像

3 潜溪寺 北壁 迦叶、左胁侍菩萨与天王象

4　潜溪寺　南壁　右胁侍菩萨像　局部

5 潜溪寺 北壁 左胁侍菩萨像 局部

6　潜溪寺　窟外南侧　四层塔

7　宾阳北洞　正壁　五尊像

8 宾阳北洞　正壁　阿难与右胁侍菩萨像

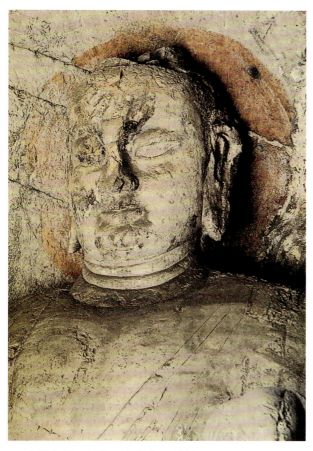

9 宾阳北洞　正壁　坐佛像　局部

10　宾阳北洞　正壁左侧　迦叶像　局部

11　宾阳北洞　正壁　佛座　力神（一）

12　宾阳北洞　正壁　佛座　力神（二）

1᠄　宾阳北洞　南壁　佛龛群

1. 宾阳北洞　正壁　坐佛背光

16　宾阳南洞　正壁　五尊像

17 宾阳南洞　正壁　坐佛像　特写

18　宾阳南洞　正壁　阿难与右胁侍菩萨像

19 宾阳南洞 正壁 右胁侍菩萨像 局部

20 宾阳南洞　正壁　左胁侍菩萨像　局部

2 宾阳南洞 正壁 迦叶与左胁侍菩萨像

23 宾阳南洞 南壁 小龛

24 宾阳南洞 北壁 佛龛

25 宾阳南洞 北壁 佛龛

27 宾阳南洞　前壁北侧　天王像

28　敬西洞　正壁　五尊像

29　敬西洞　南壁　菩萨群像

30 敬西洞 北壁 菩萨群像

31 敬西洞 南壁 菩薩坐像

32 敬西洞 南壁 供养人像

33 敬西洞 北壁 供养人像

35 敬善寺外景

36 敬善寺　窟口南侧　力士像

37 敬善寺 窟口北侧 力士像

40　敬善寺　南壁　阿难、右胁侍菩萨与天王像

41　敬善寺　北壁　迦叶、左胁侍菩萨与天王象

42　敬善寺　南壁　天王像

44 敬善寺　南壁　比丘像　局部

45　敬善寺　窟顶　飞天(一)

46　敬善寺　窟顶　飞天(二)

47　韩氏洞　正壁　五尊像

48 韩氏洞　正壁右侧　阿难像　局部

49　韩氏洞　前室北壁　天王像足下　夜叉

51 摩崖三佛龕外景

52 摩崖三佛龕 南側 坐佛像

53 摩崖三佛龕 北側 坐佛像

55　双窟北洞　正壁　坐佛像

56　双窟北洞　南壁　三尊立像

57　双窟北洞　北壁　三尊立像

59 托钵佛龛 托钵佛与右菩萨像

62 万佛洞 窟口外南壁 菩萨像龛

63 万佛洞 窟口外北壁 小龛群

66 万佛洞 正壁 右胁侍菩萨像

67 万佛洞 正壁 左胁侍菩萨像

68 万佛洞 正壁 莲花佛座

69 万佛洞 正壁 佛座 力神（一）

70 万佛洞 正壁 佛座 力神（二）

71 万佛洞 正壁 佛座 力神（三）

72 万佛洞 正壁 佛座 力神（四）

74 万佛洞 南壁壁脚 伎乐（一）

75 万佛洞 南壁壁脚 伎乐（二）

76 万佛洞 北壁壁脚 伎乐（一）

77 万佛洞 北壁壁脚 伎乐（二）

78　万佛洞　前壁南侧　天王像

79　万佛洞　窟口通道北侧　供养弟子像

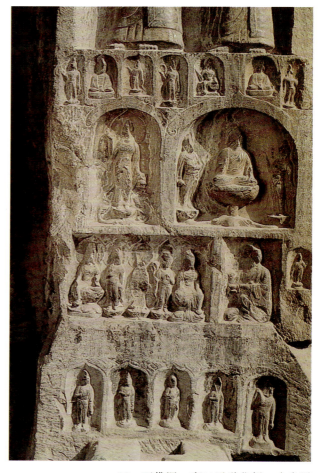

80　万佛洞　窟口通道北侧　小龛群

82 清明寺外景

83　清明寺　正壁　三尊像

84　清明寺　窟口通道北側　小龕群

85 清明寺　窟口通道南侧　菩萨像龛

86 清明寺　窟口通道南侧　菩萨像龛

87 惠简洞 全景

89 惠简洞 正壁 阿难与右胁侍菩萨像

90 惠简洞 正壁 左胁侍菩萨像 局部

93　老龙洞　正壁　佛龛

94 老龙洞 正壁 佛龛

98 老龙洞 北壁 佛龛群

99 老龙洞 北壁 佛龛基部 雕像特写

100　老龙洞　北壁　佛龛基部　供养人像(一)

101　老龙洞　北壁　佛龛基部　供养人像(二)

103 莲花洞　南壁东侧下部　碑额造像

104 莲花洞　外壁南侧　张世祖造像龛

105 普泰洞上方小龛群外景

106　破窑附近小龛群外景

107 破窰　正壁　小龕

108 破窰　北壁　小龕

111 奉先寺 正壁与南壁 造像

112 奉先寺　正壁与北壁　造像

113 奉先寺　正壁　盧舎那佛坐像（左側）

114　奉先寺　正壁　盧舎那佛坐像（右側）

116 奉先寺　正壁　坐佛背光左侧　飞天（一）

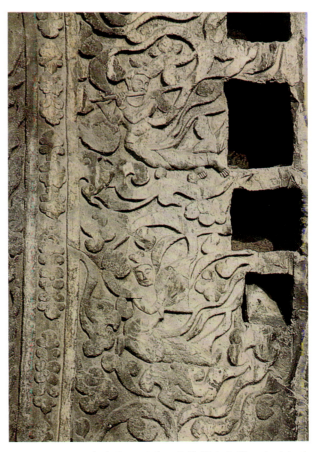

117 奉先寺　正壁　坐佛背光左侧　飞天（二）

118 奉先寺　正壁　佛座　神王像（一）

119 奉先寺　正壁　佛座　神王像（二）

120 奉先寺　正壁　阿难与右胁侍菩萨像

121 奉先寺　正壁　迦叶与左胁侍菩萨像

122　奉先寺　正壁　右胁侍菩萨像　局部

123 奉先寺　正壁　左胁侍菩萨像　局部

124　奉先寺　正壁　阿难像　局部

125　奉先寺　南壁　天王与力士像

126　奉先寺　南壁　天王像足下　夜叉

128 奉先寺 北壁 托塔天王像 局部

129　奉先寺　北壁　力士像　局部

130 奉先寺　正壁右側　小龕

131 奉先寺　正壁右側　等身佛像龕

132 奉先寺　正壁左側　等身佛像龕

133　奉先寺　北壁内側　等身佛像龕

134 奉先寺 北壁外側 等身佛像龕

135 奉先寺 北壁外側 等身佛像龕

136 奉先寺　南壁　小龕内天王像足下　夜叉　　　　　137 奉先寺　南壁　小龕内天王像足下　夜叉

138 奉先寺　南壁　奉南洞窟口外景

139 奉南洞　窟顶

140 奉南洞　正壁　坐佛像

141 奉南洞　东壁　右胁侍菩萨与天王像

142 奉南洞　东壁　右天王像足下　夜叉

143 奉南洞　东壁坛基　伎乐

144　药方洞　正壁　坐佛像

146 古上洞　中央　坐佛像

147 古上洞　正壁　佛背光右側　伎乐

148 古上洞　正壁　佛背光左側　伎乐

149 古上洞 佛座正面 神王像

150 古上洞 佛座南側 神王像

151 古上洞 佛座北側 神王像

152 古上洞　南壁　千佛

153 古上洞　南壁　立佛像龕

154 古上洞 正壁壁脚 伎乐（一）

155 古上洞 正壁壁脚 伎乐（二）

156 古上洞 南壁壁脚 伎乐（一）

157 古上洞 南壁壁脚 伎乐（二）

158 古上洞 北壁壁脚 伎乐（一）

159 古上洞 北壁壁脚 伎乐（二）

160 古上洞　窟顶　飞天（一）

161 古上洞　窟顶　飞天（二）

162 古上洞　窟顶　飞天（三）

163 古上洞　窟顶　飞天（四）

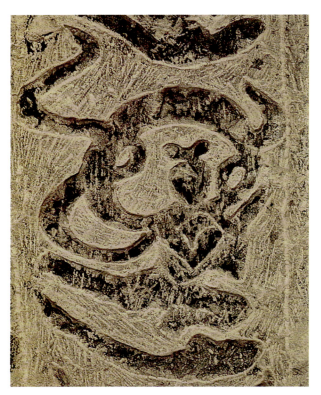

164 北市丝行像龛 正壁 佛背光右侧 伎乐 　　　　　165 北市丝行像龛 南壁 狮子

166 八作司洞全景

167 八作司洞　正壁　坛座　伎乐(一)

168 八作司洞　正壁　坛座　伎乐(二)

169 八作司洞　正壁　坛座　伎乐(三)

170 八作司洞　南壁　坛座　伎乐(一)

171 八作司洞　南壁　坛座　伎乐(二)

172 八作司洞　北壁　坛座　伎乐(一)

173 八作司洞　北壁　坛座　伎乐(二)

174 八作司洞　北壁　坛座　伎乐(三)

175　北市彩帛行净土堂外景

177 龙华寺洞外景

178 龙华寺洞　前室西壁　狮子

179 龙华寺洞 正壁 五尊像

180 龙华寺洞 西壁 三尊像

181　龙华寺洞　东壁　三尊像

182　龙华寺洞　东壁　佛坛　伎乐

183 极南洞　窟口西侧　力士像

184 极南洞　窟口东侧　力士像

185　极南洞　正壁　坐佛像

186　极南洞　正壁　佛坛　伎乐

187　极南洞　西壁　三尊像

188　极南洞　东壁　三尊像

189 龙门东山远眺

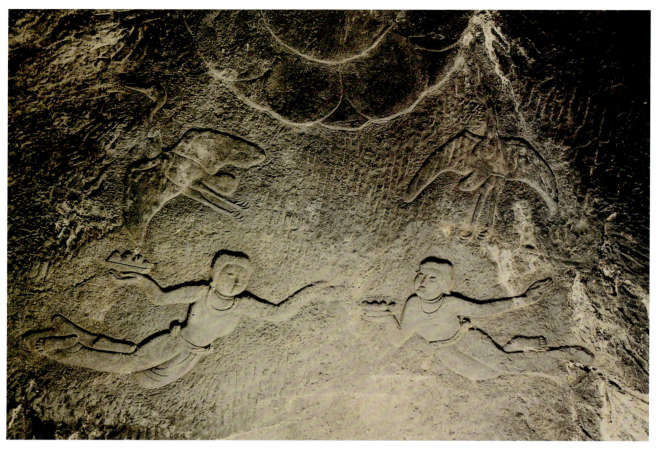

190 四雁洞　窟顶　飞天（一）

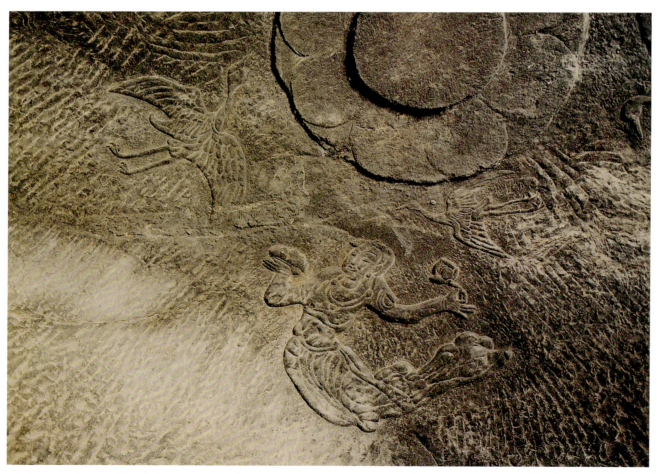

191 四雁洞　窟顶　飞天（二）

192 二蓮花洞北洞 窟口南側 力士像

193　二莲花洞南洞　正壁　坐佛像

194 二莲花洞南洞　北壁　阿难与右胁侍菩萨像

195 二莲花洞南洞　北壁　佛坛　伎乐(一)

196 二莲花洞南洞　北壁　佛坛　伎乐(二)

197 二莲花洞南洞　南壁　菩萨像

198 看经寺外景

199 看经寺 窟口北侧 力士像

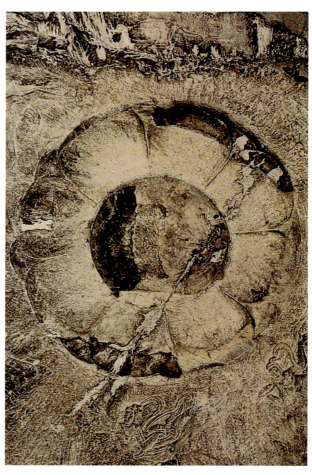

200 看经寺 窟顶

201 看经寺 北壁 罗汉群像

202 看经寺 正壁 罗汉群像

203 看经寺 南壁 罗汉群像

204　看经寺　北壁　罗汉（自西第1、2身）

205　看经寺　北壁　罗汉（自西第3、4身）

206　看经寺　北壁　罗汉（自西第5、6身）

207　看经寺　北壁　罗汉（自西第7～9身）

209 看经寺 正壁 罗汉(自北第4～7身)

210 看经寺 正壁 罗汉（自北第8~11身）

211　看经寺　南壁　罗汉（自东第1、2身）

212　看经寺　南壁　罗汉（自东第3、4身）

213　看经寺　南壁　罗汉（自东第5、6身）

214　看经寺　南壁　罗汉（自东第7、8身）

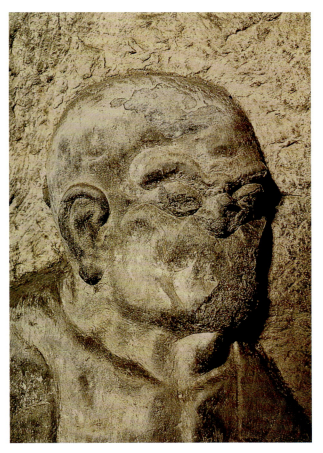

215　看经寺　北壁　罗汉头像（第1身）

216　看经寺　北壁　罗汉头像（第3身）

217　看经寺　北壁　罗汉头像（第4身）

218　看经寺　北壁　罗汉头像（第5身）

219 看经寺 北壁 罗汉头像（第6身）

220 看经寺 北壁 罗汉头像（第7身）

221 看经寺 北壁 罗汉头像（第8身）

222 看经寺 北壁 罗汉头像（第9身）

223 看经寺 正壁 罗汉头像(第1身)

224 看经寺 正壁 罗汉头像(第2身)

225 看经寺 正壁 罗汉头像(第3身)

226 看经寺 正壁 罗汉头像(第4身)

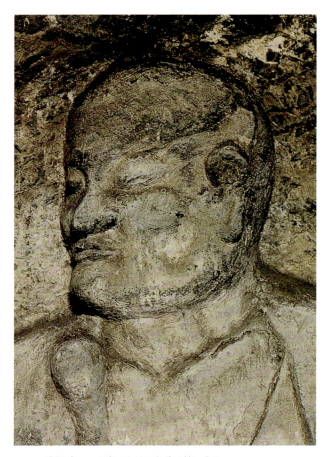

227 看经寺　正壁　罗汉头像(第5身)

228 看经寺　正壁　罗汉头像(第6身)

229 看经寺　正壁　罗汉头像(第7身)

230 看经寺　正壁　罗汉头像(第8身)

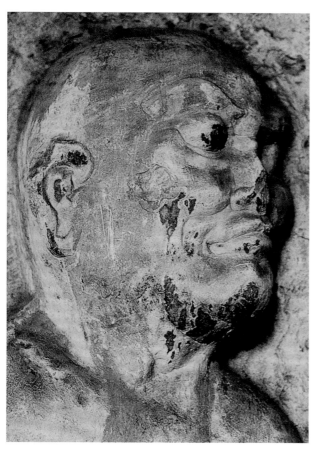

231 看经寺　正壁　罗汉头像（第9身）

232 看经寺　正壁　罗汉头像（第10身）

233 看经寺　正壁　罗汉头像（第11身）

234 看经寺　南壁　罗汉头像（第2身）

235 看经寺 南壁 罗汉头像（第1身）

236 看经寺　南壁　罗汉头像（第3身）

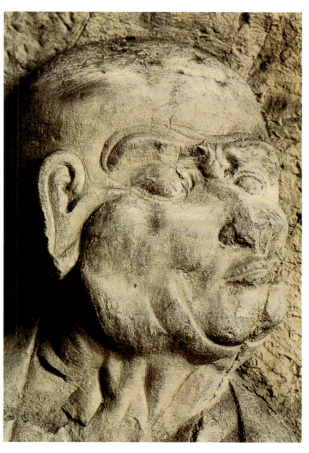

237 看经寺　南壁　罗汉头像（第5身）

238 看经寺　南壁　罗汉头像（第6身）

239 看经寺　南壁　罗汉头像（第7身）

240 吐火罗僧宝隆造像龛全景

241 万佛沟北崖　救苦观世音像龛外景

242 万佛沟北崖 救苦观世音像龛 观音像 局部

243 万佛沟北崖 高平郡王洞外景

244 万佛沟北崖 高平郡王洞 窟口东侧 力士像

245 万佛沟北崖 高平郡王洞 正壁 坐佛像

246 万佛沟北崖 高平郡王洞 西北隅内景

247 万佛沟北崖 高平郡王洞 正壁 右胁侍菩萨像　　248 万佛沟北崖 高平郡王洞 正壁左侧 迦叶像 局部

249　万佛沟佛塔外景

250　万佛沟北崖　西方净土变龛外景

251　万佛沟北崖　西方净土变龛　伎乐

252　万佛沟北崖　西方净土变龛　宫阙楼台　局部

253　万佛沟北崖　千手千眼观音像

254　万佛沟北崖　善跏弥勒洞　西壁　力士与天王像

257 擂鼓台中洞　窟顶

258 擂鼓台中洞　北壁　弟子群像

259　擂鼓台南洞　正壁　大日如来像

260　擂鼓台南洞　北壁　菩薩群像

261　擂鼓台南洞　正壁　大日如来胸像

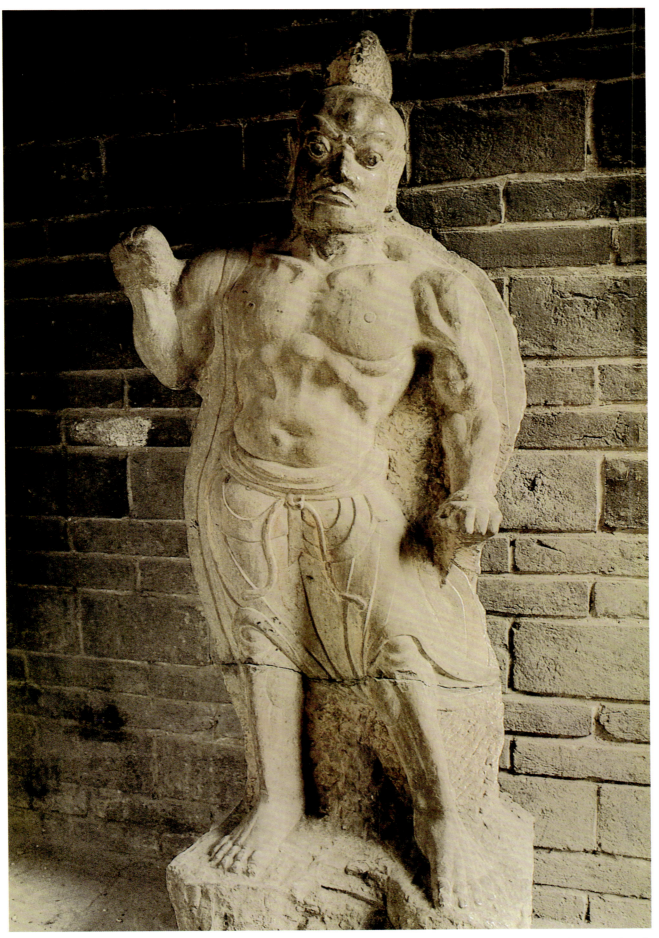

263　龙门西山南麓古奉先寺寺院遗址远眺

专　文

龙门唐窟排年

温玉成

一　概　论

(一)　龙门唐窟概况

隋末的农民战争,自大业十三年(公元617年)李密攻打东都洛阳起,至武德四年(公元621年)唐军占领洛阳止,在洛阳一带进行了四年之久。

贞观四年(公元630年),唐太宗诏治"洛阳宫",洛阳始得以恢复和发展。高宗、武则天、中宗、玄宗的时代,是洛阳史上空前繁荣的时期。政治的安定、经济的发展、统治阶级对佛教的提倡,使龙门的佛教造像活动达到了最高峰。

天宝十四载(公元755年)十二月,安禄山攻陷东京洛阳。此后战乱频繁,洛阳已呈现一派荒凉景象。自陕州至洛阳,"居无尺椽,爨无盛烟,兽游鬼哭",东都雕破,百户无存[①]。至宝应元年(公元762年),唐代宗收复东京,动乱始定,但大唐帝国的盛世已经过去。

龙门唐窟中,纪年铭记最早的是贞观十一年(公元637年)正月廿一日的"洛州乡城老人佛碑",最晚的是贞元七年(公元791年)二月八日户部侍郎卢征的"救苦观世音菩萨石像铭"。但贞元七年龛只是一孤例,连续营造时间,有纪年的仅至天宝十载(公元751年)三月而已。因此,自贞观四年至天宝十四载(公元630~755年)的一百二十五年中,可以说是龙门开窟造像的黄金时代。

龙门唐代窟龛的数量,尚无准确的统计。据龙门文物保管所初步计算的结果,龙门共有窟龛二千一百个,唐代占百分之六十[②],依此可估算出唐代窟龛约为一千二百六十个左右。

龙门的造像题记,旧说有三千六百品。据龙门文物保管所1974年的调查,共得二千七百八十品。其中有纪年的是七百零二品,内中唐代有四百七十品[③]。

龙门唐代窟龛的分布,在古阳洞及其以北地段,是太宗、高宗和武则天时代所营造的;在古阳洞以南,是武则天、中宗和玄宗时代营造的。在东山香山寺下部、老君耙沟、看经寺后山、万佛沟、擂鼓台和头道桥沟等处,也都是武则天、中宗、玄宗及其以后时代所营造的。

营造龙门窟龛的功德主十分复杂,几乎包括了大唐帝国各个阶层。

皇室的营造,如魏王李泰(公元618~652年)造宾阳南洞正壁大像一铺,纪国太妃韦氏(太宗妃、李慎生母)造敬善寺石像龛,高宗造卢舍那大像龛等等。

百官的营造,如夏官尚书同凤阁鸾台三品、上柱国、梁县侯姚元之等造极南洞,内侍省高力士等一百六十人造阿弥陀像四十八躯等等。

僧尼的营造,如西京法海寺寺主惠简造惠简洞、内道场沙门智运造万佛洞等等。

① 《新唐书》卷一四九,《刘晏传》。

② 龙门文物保管所编《龙门石窟》,文物出版社,1960年版。

③ 李玉昆:《龙门碑刻的研究》,河南省博物馆《中原文物》,1985年特刊。

④ 《全唐诗》卷五八六,中华书局1979年版。

⑤ 兹录《灵觉洞铭》并附考证如下:"大唐都景福寺威仪和上□□□铭。和上讳灵觉,俗姓武氏……之次女也。外□父泗州刺史……国太平长公主……补……之尊兼鲁馆之……之鹿……归……今穀□圣……恳诚至到,天后嘉尚□□为配……当穀李之年遂能拾□□珠玉之服玩,钟

172

行会的营造,如北市丝行像龛、北市彩帛行净土堂等等。

街坊的营造,如思顺坊老幼造像龛等。

外国人的营造,如新罗人像龛、吐火罗僧宝隆像龛等等。

奴婢的营造,如奉先寺家人造像龛等。

庶民的营造尤多,不可遍举。

(二) 唐窟的分类

龙门的唐窟,从其宗教功能上可以区分为造像窟、禅窟和瘗窟三类。调查表明,龙门的造像窟占绝大部分,禅窟共七个,瘗窟仅二个。

禅窟一般都临近水源。龙门东山北段的山脚下有若干小窟,如3—260、3—263、3—266、3—268窟,平面均呈长方形,平顶,后部设禅床,别无雕饰。3—268窟的结构可以作为代表。西山中部锣鼓洞泉的上方,有一禅窟结构较复杂,可分前、中、后室三部分。前室设门,便于洞内保温,但亦无雕饰。

唐代诗人刘沧写的《题龙门僧房》诗云:"静室遥临伊水东,寂寥谁与此身同。禹门山色度寒磬,萧寺竹声来晚风。僧宿石龛残雪在,雁归沙渚夕阳空。偶将心地问高士,坐指浮生一梦中。"[④]这里的石龛,显然是指禅窟。

龙门的二个瘗窟都是比丘尼"藏魂千秋"的地方。窟主一是大唐东都景福寺威仪和尚灵觉(约公元686~737年),另一是东都宁刹寺比丘尼惠灯(公元650~731年)。灵觉洞作长方形,南端宽约110厘米,北端窄90厘米,深310厘米。地面呈坡形,南端高出约20厘米,恰似一具石棺形状,铭文在洞内右壁上。据考证,灵觉是武三思之女、武则天的侄孙女[⑤]。惠灯洞宽116、深102、高146厘米,三壁环以13厘米高的低坛。正壁下部有48厘米见方的孔洞。窟门外左右各雕一力士像。惠灯是智运的弟子,亦曾受武则天诏,征入内道场供奉[⑥]。

龙门的造像窟,从规模上可以划分成大洞、小洞、小龛三类。本文洞窟规模的分类,凡洞窟后室高宽深三个长度中有一项超过300厘米者,即列入大洞;凡三个长度中有二项超过100厘米者则列入小洞。除此之外,均列入小龛之中。

龙门现存唐代的大洞计有三十五个,其中有七个洞是利用唐代以前的旧洞改造而成的,即宾阳北洞、宾阳南洞、老龙洞、赵客师洞、破窑、唐字洞和药方洞。新开的大洞,在西山有潜溪寺、敬善寺、摩崖三佛、三佛下洞、新罗像龛、双窑北洞、双窑南洞、万佛洞、惠简洞、千佛壁、奉先寺、奉南洞、火下洞、北市彩帛行净土堂、八作司洞、宝塔洞、龙华寺洞和极南洞。在东山有香山寺下洞、四雁洞、二莲花北洞、二莲花南洞、看经寺、擂鼓台北洞、大万五千佛龛、擂鼓台南 洞以及万佛沟北崖的弥勒洞、高平郡王洞。

龙门唐代小洞数量很多,造像较完整或有明确纪年的有王师德等卅人造像龛(公元650年)、二优填王洞(公元655年)、法胜洞(公元660年)、韩氏洞(公元661年)、沈襄洞(公元661年)、杨氏造卢舍那像龛(公元662年)、清明寺、梁文雄洞、袁弘勳洞、北市丝行像龛、丝南洞、军元庆洞(公元689年)、卢公洞(公元697年)、杨思勗洞(公元725~735年)、徐悔洞(公元733年)、天宝洞(公元751年)。东山有刘天洞、党晔洞、千手千眼观音洞等。

鼎……辞荣出尘离染探颐□空也。□乃持□□行□□□□□探迹幽妙三藏□□□□□福□闻之,戒行□备□□以奖例徒众也。于□因□□山普禅师□□□□授以禅法,砥无几顿悟□拔□获□生忍至……去来,湛入真际,色相都泯,□契□如。以开元廿□年……忽谓门人,令具汤水,澡浴换衣,焚香端……无常于景福伽蓝,时春秋五十二也。呜呼!生……第处荣贵而能舍,行苦行而能□,自非百劫千……司熟能至此哉!遂于龙门西岩造龛即以其月……礼也。季弟崇正哀友于之义重,悲同气之情深,如……遂为铭曰:练石补天,□□□□国。□□□□,凤楼才极。挺生哲女,处荣不惑。弃彼喧嚣,□归于实……亲能孝,□□虔诚。戒行圆备,风仪肃清。六□无染……明□极乐世□,□品上生。阙塞之北,□门之南。……潭下……石永阁幽深,天长地久。耕凿无……开元廿六……日镌。"从残文中可知,景福寺威仪和上、比丘尼灵觉"俗姓武氏"、"季弟崇正 哀友于之义重,悲同气之情深"。"天后(武则天)嘉尚,□□为配",并与"太平长公主"有某种关系。

案《新唐书》卷二〇八《武三思传》,武三思有三子,但仅提及长子武崇训、次子武崇烈二人,而此处之"季弟崇正"则应是武三思第三子。又灵觉的外祖父是泗州刺史,这也排除了武崇正姐弟是武攸暨和太平公主子女的可能性。由此可知:灵觉是武三思之女。因此,太平公主是灵觉的表姑,武则天是灵觉的表姑奶奶。正因为灵觉出身于高贵名门,所以铭文中才有"辞荣出尘"、舍弃"珠玉之服玩"的词句。

⑥ 兹录《惠灯洞铭》并附考证如下:"大唐……尼和和……铭并序……汝坟隐

173

居……讳惠灯……也。祖元……大夫龙州奉□ □朱绂荣同……三□业尚、檀那代传……于兹□所居私第造永曜寺，给孤独园方之矣。禅师……资惠暗，年甫十余，与妹……事内供奉禅师尼智运归依……行勤诚。初以出□ □息之系……空辨空之无著不……月洞……遭和上忧，哀慕过礼。自初至终，不加栉沐。逮于祥禫，鬓发全脱，于是，郡县上其精高尤异，天后闻而嘉焉。寻有诏：姊妹并度为尼，征入内道场供奉。一侍轩阙，廿余年。绝粒纳衣，无所营欲。人主钦其高节，躬亲供养。既以师资见重，遂谓之'和和'焉，尔乃中宫，便为号实。长安末年，恩敕令出于都宁刹寺安……禁阻绝不□父母终时及闻凶□哀……以成其坟。哀哀孝思，□天永惑。斯……微予知凶吉若方□琇□令人□ □虽有灾横必……返相。是以罕能则焉。以开元十九年正月十日忽告其妹曰：吾哀久尽矣，期将至。澡浴焚香，坐而便化，于时春秋八十有二。冥变愈月，爪发更长，面色如生。凡瞻礼者，□不□异焉。于就右金吾将军崔瑶及□永和县主武氏，伤梵宇之摧构，痛津梁之永绝，遂于龙门西岩，造龛安置。呜呼！朝野悲哀，缌素号恸。法云暗而无色，慧景翳而潜辉。崇正，家代门师，幼瞻仪范。德行备彰于耳目，玄邃不可以言宣。刬笔短词芜，岂申万一。勒贞石以纪德，庶劫□而名存。其铭曰：

猗那上哲，业履贞纯。越腾欲海，□ □嚣尘。纳衣绝食，苦行勒身。誉闻天□，□降丝纶(其一)。尊为□君。进退合矩，忠孝兼闻。鬓发自落，负土……今，旦尔无群 (其二)。至……予焉。澡□坚坐，瞑目奄……月……鲜缯□ □慕，涕泗连……对石宛……爰凿岩窟……南瞻国门。双璧……奔宅……藏魂千秋……永存(其五)。开元二十三年正月十一日镌书。"

此外，龙门还有一种成组结合在一起的小洞，即若干功德主共同开一横长方形的窟室，然后各造自己供奉的尊像，如敬善寺上方南侧的法胜洞(宽750、深80、高150厘米，内造六身优填王像)，三弥勒洞(宽250、深110、高110厘米)等皆是。另外，还有一种等身尊像龛，一般高200～250、宽80～120、深50～100厘米，内造一尊等身高的救苦观音或阿弥陀佛像等。两山共计造像龛五十个左右。

本文所述唐窟排年，主要是指上述的三十五个大洞，兼论一批具有代表性的小洞，其余的造像小龛只作排年时参考，不专门论述。

(三) 唐窟排年的基本方法

关于龙门唐窟的年代学问题，过去学者已作了一些工作⑦，但皆失之粗略。

龙门唐窟的排年，因有许多窟龛具有纪年铭，所以是有可靠的年代依据的。我们的排年工作，第一个方法就是依年代序列找出洞窟在结构方面和各种形象演变方面的时代特征，将被研究的洞窟与之相比较分析；第二个方法是就洞窟本身作考古调查，找出其时代的上限或下限。

在各种形象的演变上，有一类因素是新出现的，而另一类因素则是周期性变化的。如唐窟中开始出现的天王像，形象的不断变化是一个新因素；而菩萨像的帔帛则是具有周期性变化的因素。为了能较准确地研究洞窟排年，本文将龙门唐窟分成几个大的阶段，在每一阶段中又取一组洞窟加以排比分析。

有一些残破的洞窟，由于其存在的可比较因素少，故排年工作亦不甚精确。如新罗人像龛造像已荡然无存，只有窟室的形制可供比较，因而其年代的判断就比较粗略。

有一些特大型的洞窟，因工期较长，新旧因素并存，则需要认真分析，以确定其定型的年代。

由铭文可知，宁刹寺比丘尼惠灯(公元650～731年)十几岁时与妹妹"事内供奉禅师尼智运归依"。智运，就是主持开凿万佛洞的"内道场运禅师"。智运去世后，惠灯征入内道场，"一侍轩阙，廿余年"。惠灯是长安末年(公元704年)出内道场的，则其进内道场当在永隆二年至垂拱元年之间(公元681～685年)。换言之，智运的去世，当在此时间内。

文中的"右金吾将军崔瑶及妻永和县主武氏"，崔瑶见于《新唐书》卷一〇九《崔义玄传》，是崔义玄之孙，崔神庆第三子。文中的"崇正"，可能就是武三思之子，则"永和县主武氏"可能是武三思之女。由于惠灯是武三思家的"家代门师"，所以武崇正才能"幼瞻仪范"，为之撰铭，而崔瑶及永和县主才"造龛安置"惠灯的遗体了。

在《宋高僧传》卷十九有《唐京师大安国寺和和传》，恐即其人。

⑦ 王去非：《参观三处石窟笔记》，《文物参考资料》，1956年10期。

二　宾阳南洞梁佩仁造释迦像龛

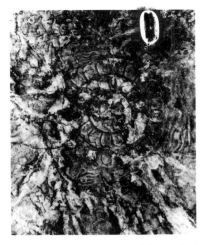

一　宾阳南洞窟顶

二　宾阳南洞、药方洞、宾阳北洞和潜溪寺的排年

(一)　宾阳南洞

宾阳南洞和宾阳中洞是北魏景明初年(公元500年)世宗诏大长秋卿白整为高祖和文昭皇太后营建的两窟。今在宾阳南洞中留存的北魏遗迹有三种:

一、　窟顶有高浮雕宝盖,形制与宾阳中洞略同。中央是一朵重瓣大莲花,莲瓣较瘦。其外绕以六身乾达婆和二身紧那罗,皆高髻细腰,衣带飘举,作回旋飞舞状,并有香花、流云点缀其间。以主像头光为界,北侧是弹阮、吹笙、击铜钹者;南侧是击磬、弹筝、吹笛者。飞天之外,绕以莲瓣及三角纹流苏(插图一)。

二、　十神王像中南壁东侧壁脚的山神王和北壁东侧壁脚的风神王,均系北魏的作品,其位置的安排也与宾阳中洞相似。但十神王像在北魏时并未全部完工,有唐代补刻的痕迹。最明显的是前壁南侧下部的二神王,身着铠甲,类似初唐天王的形象。

三、　正壁及两侧壁的地面上,留有置造像的低坛,与中洞一致。

三　宾阳南洞北壁立佛龛

北魏工程停止时,大约正壁尚未开凿。隋末唐初,首先于前壁及两侧壁上营造小龛,计有三百五十个。有纪年最早的是北壁中部的隋大业十二年(公元616年)七月十五日河南郡兴泰县人梁佩仁所造释迦像二龛(插图二)。北壁西侧有一大立佛龛,高300、宽110厘米。立佛着通肩式袈裟,衣纹紧贴身体,如"曹衣出水"样,立于圆形莲座上(插图三)。它的南邻是唐贞观廿二年(公元648年)四月八日"河南县思顺坊老幼等造弥勒碑"和所造之弥勒龛(插图四);它的北邻是贞观廿三年(公元649年)十一月八日的崔贵太龛。从大立佛所处的壁面位置观察,该龛早于贞观廿二年,疑是隋代之作。

南壁西部有一大龛,高约350、宽250厘米。这是一个方形天幕龛,在主佛头光上方的两侧, 有二飞天。 主佛有平缓磨光的大肉髻,着双领下垂式袈裟,结跏趺坐,不露足,坐于叠涩束腰方座上。方座高大,上下以莲瓣纹为饰。左右二弟子侧身合十恭立。外侧二菩萨头戴三面莲瓣式宝冠,立于半圆形莲

四　宾阳南洞思顺坊等造弥勒像龛

七　宾阳南洞正壁坐佛像

八　宾阳南洞正壁左弟子像

九　宾阳南洞正壁二菩萨像

五　宾阳南洞南壁方形天幕龛

六　宾阳南洞洛州老人造像龛

座上。右侧菩萨一条璎珞自右肩而下至左膝部外卷。二菩萨外侧之手皆上举齐肩。龛基下部，中央为摩尼珠，两侧为供养人及狮子(插图五)。这一大龛与正壁主像南侧的右胁侍菩萨为邻。从大龛龛楣部分可以明显看出，大龛所在的壁面要高出右胁侍菩萨所在的壁面约5～10厘米，这一情况表明 大龛开凿的时间早于右胁侍像。

此外，大龛的胁侍菩萨与贞观十一年(公元637年)正月廿一日"洛州乡城老人佛碑"的菩萨像相似，如宝冠两侧有下垂的飘带，颈部饰以珍珠项饰、身躯僵直及曲举一臂等。大龛侧立的合十弟子、作降魔印的主像与洛州造像龛也很接近(插图六)。由此可以判断，南壁大龛应是贞观十年(公元636年)以前所造。

宾阳南洞正壁一铺五身大像是一坐佛(插图七)、二弟子(插图八)、二菩萨(插图九)。主像肉髻矮小，并施以涡旋状发纹。面相方圆，眉骨高突，直鼻厚唇，颈有三横纹。内有偏衫，胸腹部束带作结，外着双领下垂式袈裟，左肩下有吊钩。结跏趺坐于叠涩束腰方台座上。袈裟覆盖台座之上部，不露足。在技法上，衣纹用圆线条表示，显得疏朗流畅。左右二弟子合十侍立。二菩萨面相方圆，头戴花蔓冠，有珍珠项饰和粗大的璎珞，皆手持桃形物。在胁侍像所立的圆莲座上，有显庆五年(公元660年)四月八日昭觉寺僧善德造弥勒像记，证明该菩萨像的开凿不晚于显庆五年。

已有学者考证，宾阳南洞正壁一铺大像就是贞观十五年(公元641年)完工的魏王李泰所造[⑧]。据上所述，该铺大像晚于南壁大龛(约贞观十年)，早于显庆五年，因此，确定为李泰所造的看法是有根据的。

李泰的生母文德皇后长孙氏，死于贞观十年(公元636年)六月，可知该铺造像的启工年月应晚于贞观十年六月。大体上可以认为，该铺造像代表了贞观十三年前后的样式。

在宾阳南洞洞门北侧，刻力士像一身，高320厘米，上体裸，下着裙。自肩垂下的帔帛绕腹前横过。右手上举握拳，左手已毁。据造像记："永徽元年十月五日汝州刺史驸马都尉刘玄意敬造金刚力士"可知，该力士完工于永徽元年(公元650年)。刘玄意是太宗女南平公主的丈夫。

在宾阳南洞中有贞观年号的造像记(插图一〇)共二十七龛，其中值得注

⑧　张若愚:《伊阙佛龛之碑和潜溪寺、宾阳洞》,《文物》1980年1期。

176

一〇　宾阳南洞贞观22年龛

一一　药方洞孙姬造像龛

一二　药方洞路僧妙造像龛

意的有二点:第一,洞中没有发现贞观十四年(公元640年)以前唐代的造像记;第二,贞观十五年的造像记共有七龛。其中有豫章公主(太宗廿一女)二龛,岑文本(公元594～644年)、岑嗣宗各一龛,魏王府一龛。这些现象似乎表明,在魏王李泰施工期间洞内没有小龛的营造,而当正壁一铺大像完工后即有一些有地位的人开始营造小龛。

龙门唐代贞观年间的小龛有如下的共同特点:

一、凡坐佛皆着双领下垂袈裟,坐于方形台座上,佛的衣纹披覆于台座前,或呈纵向的衣纹或作鱼鳞状,颇有零乱之感;

二、佛、弟子、菩萨身体僵直,无曲线美。弟子和菩萨皆立于圆莲座上;

三、立佛方座下有摩尼珠,两侧为侧身蹲踞的狮子。有的在狮子处加上二力士像;

四、莲瓣宽而短,贴附于座上,瓣尖不突起。

一三　药方洞道兴造像龛

（二）　药方洞

药方洞是北魏后期开凿而未完工的洞窟。现存最早的是洞内南壁西侧上方一龛,系太中大夫、平南将军、南面大都督、清水县开国公李长寿妻陈晕所造,完工于永安三年(公元530年)七月十五日。

此外,南壁上方还有天保四年(公元553年)四月邑师僧岩道俗廿八人造像龛,东壁上部有永熙三年(公元534年)孙姬龛(插图一一)、普泰二年(公元532年)路僧妙龛(插图一二);窟门通道北侧有武平六年(公元575年)都邑师道兴龛(插图一三)等北朝小龛。

除上述北朝小龛外,洞内还有初唐小龛十四个。最早的是北壁的贞观廿三年(公元649年)十二月廿一日杨君雅龛;最晚的是正壁主佛北侧的显庆四年(公元659年)五月廿一日马伏驼龛。

药方洞正壁一铺五身大像、窟门的立柱、金刚力士和门上的造像记及左右飞天,应是同期完成的工程。关于这些造像的年代,学者的分歧很大,有人认为是北齐的,有人认为在齐隋之间,也有人认为是初唐的⑨。

主像(插图一四)通高327厘米,结跏趺坐于方形台座上。头上的肉髻平缓

一四　药方洞正壁坐佛像

⑨　认为药方洞造于北齐者,参见龙门文物保管所编《龙门石窟》,文物出版社,1981年北京版;认为药方洞造于唐代者,参阅注⑦。

一五　药方洞正壁右弟子像

磨光,面相方圆,眉骨之上用阴线刻出眼眉,眼睛用阳线勾出轮廓,再刻眼珠。鼻大、唇厚,下颏用一条阴线刻出,颈项上有三条横纹。佛像内着偏衫。胸腹部束带作结,外着双领下垂式袈裟,用圆刀法刻出稀疏而不规则的衣纹。方台座前垂覆的纹样作两排鱼鳞状,座前有摩尼珠和左右对狮。主像浅刻两重头光,内层莲瓣纹,外层为卷草纹,上刻七佛。身光宽大,包括二弟子直抵窟顶莲心,上饰桃形火焰纹。

坐佛左右两侧的二弟子(插图一五)及二菩萨像(插图一六)皆立于圆莲座上,莲瓣宽而短,瓣尖不凸起。菩萨项圈由两条串珠合成,裙腰外翻,裙上饰以弧线纹。

一六　药方洞正壁右菩萨像

窟门(插图一七)作圆拱形,两侧隐出八角式立柱,饰以莲花纹样。北侧立柱打破了道兴碑(公元575年)的东边。立柱外侧为二力士像。南力士的战裙和北力士的飘带均与南北立柱连为一体,这说明立柱和力士像是同期完工的,它们都晚于公元575年。据史书记载,武平六年(公元575年)北周大举攻齐,北齐洛州刺史独孤永业以金墉城降北周。这就表明药方洞不可能是北齐时开凿的。

窟门外南侧,由力士像右腰间伸出的飘带旁,后人利用其弯曲的空间部位刻出了永徽年间的四个小龛,其中一则题记是"永徽四年八月十日王师亮为兄造阿弥陀像一区",证明力士像的开凿年代不晚于永徽四年。

龙门有纪年的隋代小龛,共有三个:

一是在"伊阙佛龛之碑"北侧面之上方高60厘米处,造一佛二弟子二菩萨像的开皇造像龛(插图一八),但残破过甚。造像记云:"大隋开皇十五年岁次乙卯□月□四日辛……"。

二是在宾阳中洞窟门外北力士像的北侧有大业造像龛。造像记云:"蜀郡成都县募人李子赟行至此,敬为亡父见在母、兄弟、自身得早还相见,造观音像一躯,并及六道四生同沾斯福,大业十一年四月廿五日"。

三是在宾阳南洞北壁中层的大业造像龛。造像记云:"大业十二年七月十五日河南郡兴泰县人梁佩仁为亡男世纪、大寿二男敬造释迦像二龛四菩萨、香炉、狮子。并上为皇帝陛下,又为一切苍生同登正觉。"

上述隋代造像,皆着双领下垂袈裟,内有偏衫,但胸腹部没有系带,覆盖于方台座前的袈裟衣纹,作纵向散开的形式。佛像颈部也都有三条横纹。可以看出,药方洞的主像应晚于上述隋代造像。

对照药方洞和宾阳南洞正壁大像,我们还可以看出,它们有共同相似的地方,也有不同的特点,概括起来,

相似之处是:

一、　佛像偏衫束带作结,颈有三条横纹,两腿间有横向纹,皆右手出掌左手向下伸一指;

二、　左右弟子像皆合十恭立;

三、　左右菩萨像的裙腰没有表现出曲线的体形;

四、　主像前有侧身蹲踞的对狮。

不同的特点是:

一、　药方洞主像肉髻平缓磨光,而宾阳南洞主像的肉髻较高,已用涡旋

一八　隋开皇15年造像龛

发纹。但与宾阳南洞南壁大龛及破窑正壁贞观十二年(公元638年)道国王母刘氏所造弥勒佛相似;

二、 药方洞造像的衣纹还没有采用圆线条表达的方法,而宾阳南洞正壁造像的衣纹已经采用;

三、 药方洞主像的台座为方形,而宾阳南洞的主像则使用束腰方座,并已取消了鱼鳞状衣纹的表现方法。

通过以上的比较,我们可以看到:药方洞较多地保存了早期的因素,而宾阳南洞则作了不少创新和改进。

此外,我们还注意到药方洞主像的鱼鳞状衣纹表现法,也只有在贞观十一年的"洛州乡城老人佛碑"主像方座前才能找到。从药方洞与宾阳南洞南壁大龛的相同特征上,大致可以推断出药方洞完工于贞观十年(公元636年)或稍晚。

药方洞窟口上方一大碑,刻有永隆二年(公元681年)四月廿三日"究竟庄严安乐净土成佛铭记",铭文多泐,可能是在原碑上重刻而成。

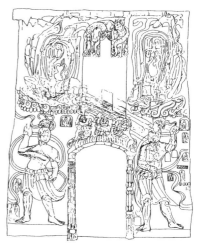

一七　药方洞窟门

(三) 宾阳北洞

宾阳北洞是北魏永平中,中尹腾奏为世宗皇帝营造的石窟,但未完工。

今洞内可见的北魏遗迹有三:

一、 窟顶有大莲花藻井十身飞天(插图一九);

二、 北壁壁脚刻五身神王,南壁壁脚现存三身,另二身已毁,共为十神王;

三、 窟门北侧下部有北魏造像残记一段,宽14、高9厘米。文云:"长从人苏……贵令胡……等于此敬(?)……苏玄德"。

洞内南北两壁现存八个造像龛。从造像形制上观察,都是永徽至乾封年间(公元650～668年)所造。窟门通道北侧的一身立佛像,高约2米,风化严重,约是中宗、玄宗时造。

该洞正壁一铺大像及前壁的浮雕天王,应是同一时期所作。

我们试以宾阳南洞、宾阳北洞和潜溪寺的三组大像作比较,就会看到三者渐次演变的情况:

一、 主像面相由方圆[如宾阳南、北洞(插图七、二〇)]到椭圆[如潜溪寺(插图二一)]。佛的身躯由挺直(如宾阳南洞)而略显胸部(如宾阳北洞)到刻出线条的双乳(如潜溪寺)。衣纹由腋下不用弧纹添充(如宾阳南洞)到用弧纹线条添充(如宾阳北洞、潜溪寺)。

二、 弟子和菩萨所踏的圆莲座,由莲心侧面没有莲瓣纹装饰(如宾阳南洞)而后出现莲瓣纹[如宾阳北洞(插图二二)]到演化出束腰圆莲座[如潜溪寺(插图二三)]。

三、 主佛左侧的菩萨由高宝冠、粗璎珞(如宾阳南洞)到低冠、冠中有化佛、持宝瓶、细璎珞[如宾阳北洞(插图二四)],再到低宝冠、高发髻、发髻中有立佛而宝冠中有化佛[如潜溪寺(插图二五)]、持宝瓶的装饰。

四、 造像组合中从无天王像(如宾阳南洞)到有浮雕天王像[如宾阳北

一九　宾阳北洞窟顶

二〇　宾阳北洞正壁坐佛像

二一　潜溪寺正壁坐佛像

179

二四　宾阳北洞正壁二菩萨像

二五　潜溪寺正壁二菩萨像

二二　宾阳北洞正壁
左弟子像

二三　潜溪寺正壁左弟子像

洞(插图二六)]、再到有圆雕天王像[如潜溪寺(插图二七)]。

　　从上述分析可知:宾阳北洞正壁大像晚于宾阳南洞正壁大像而早于潜溪寺造像。

　　为了探索宾阳北洞造像的年代,我们需要考察一下腾兰洞的造像。

　　腾兰洞是在宾阳洞院南壁东侧的一个小洞。宽255、深225、高260厘米。洞窟分前后二室,后室平面略呈方形。

　　该洞窟门两侧为二力士像(插图二八),窟门上方有造像记,残高66、宽43厘米。造像记两边各有一身飞天,高50厘米,飞天下有流云(插图二九)。这种立面布置,显然是从药方洞演变而来。该洞地面上,刻出四朵重瓣大莲花,布满地面。正壁及东西侧壁的造像布局是:一坐佛、二弟子、二菩萨、二立佛、二菩萨,三壁共计九身。前壁窟门上方左右是浮雕的二飞天,中间有造像记。

二六　宾阳北洞北壁天王像

二七　潜溪寺北壁天王像

二八　腾兰洞窟门

主像头残,衣饰同于宾阳南洞,结跏趺坐于束腰方台座上。二弟子、二立佛、四菩萨像皆立于圆莲座上。前壁浮雕的天王,窟门东侧一身保存良好(插图三〇),可以看到天王波状发纹,上以镶有宝珠的条带笼发。颈有顿项,披两档甲,肩有护臂,下着战裙,左手叉腰,右手举掌,脚下没有夜叉。

菩萨皆有一条璎珞,自肩头下垂,在膝前绕过身体。

窟门外东侧的力士像,高发髻,裸上身,明显刻出肋骨、双乳及腹肌。下着裙,裙腰翻出,系带,裙中部用横弧纹添充。左手前伸,出二指向前,右手握拳上举(插图二八),与宾阳北洞的力士像不同(插图三一)。

该洞虽有造像记,但由于文字残损过多,不知功德主姓氏和营造年代。但是,窟前室东壁上有一小龛,内造一佛二菩萨像,其造像形制是典型的永徽小龛。这就证明该洞的年代下限应是在永徽末年(公元655年)。至于它的上限,不会早于宾阳南洞(公元641年)。天王的出现、横弧纹样的使用,说明它和宾阳北洞的时间接近。

但是,我们注意到腾兰洞的天王脚下没有踩夜叉的做法,手中也没有持武器,表明它应略早于宾阳北洞。由此我们可以推断:腾兰洞约完工于贞观二十年(公元646年)左右,宾阳北洞约完工于贞观末年至永徽初年(公元649~650年)。

(四) 潜溪寺

潜溪寺是初唐新创的第一个大洞。它的上限,晚于贞观末永徽初的宾阳北洞。为了研究它的下限,我们需要考察一下韩氏洞,它完工于龙朔元年(公元661年)。

韩氏洞是位于敬善寺北侧的小洞。该洞宽116、深190、高160厘米。后室正壁是一坐佛、二弟子、二菩萨像(插图三二、三三)。两侧壁皆刻千佛。前室内侧刻二天王,外侧刻二力士像(插图三四)。天王与力士之间刻造像记和供养人像(插图三五)。

正壁主像结跏趺坐于八角束腰莲座上(插图三六)。所谓八角,就是将方座前面的两角磨平而成,这是一种新的台座形制,以后在唐窟中普遍采用。佛的两腿间用横向纹连成,佛座前面饰以同心圆纹样,这也是以后唐窟所常用

二九　腾兰洞窟门西侧飞天

三〇　腾兰洞前壁右天王像

三一　宾阳北洞窟门外南力士像

三二　韩氏洞正壁阿难像

三三　韩氏洞正壁坐佛、迦叶和菩萨像

三四　韩氏洞前室北壁天王、力士像

三五　韩氏洞前室北壁供养人像

三六　韩氏洞正壁坐佛像

三七　韩氏洞前室北壁夜叉

的样式。天王采用圆雕手法,护臂上做出虎头纹样,脚踏一坐式夜叉(插图三七)。

上述分析表明,潜溪寺正壁主像的袈裟一角垂覆于台座前,台座仍用方形,这都是贞观以来的旧样式。由此说明,潜溪寺的年代要早于韩氏洞。

值得注意的是,天王的形象自腾兰洞中出现以来,一直没有定型。在偃师有龙朔二年(公元662年)纪年的杨氏造卢舍那像小洞,南壁天王上裸,肩搭披巾,下着裙,踏一卧牛。北壁天王以双手在腹前持一宝剑,踏一卧羊。龙门梁文雄洞的浮雕天王像,一身手持长柄矛,一身持宝剑(插图三八)。天王形象的固定,是到双窑北洞(约完工于乾封、麟德年间)(插图三九)以后的事。

由以上的比较中我们大体可以推断潜溪寺是永徽末至显庆年间(公元655～661年)营造的。

(五)　高宗前期诸小洞

在龙门石窟中,唐高宗前期(永徽至咸亨顷)的小洞很多,绝大部分分布在宾阳洞至敬善寺附近。

宾阳洞院北壁上方有永徽元年(公元650年)王师德等三十人造像洞。该洞宽250、深100、高350厘米。但进深较浅,仿佛是一个大龛。正壁起坛,高60厘米,造像皆置于坛上。它的布局是:中央为一坐佛,其左右侧依次为二弟子、二菩萨、二力士像。主像结跏趺坐,台座为梯形束腰方座。弟子、菩萨像皆立于圆莲座上。二力士像的动势较大,一手握拳,一手叉腰。造像之下有摩尼珠及侧立的双狮。

梯形束腰方台座是一种永徽年间使用的座式,贞观年间和永徽以后均不见,显庆以后,它被八角束腰莲座所取代。

"伊阙佛龛之碑"上方的垂直峭壁上,有二层优填王小洞,三度空间都在150厘米左右,其中三小洞为法胜所造。

下层十三个小洞内分别题有"唐夫造"、"高顺达为……"、"明如供养"、"法藏供养"、"□徐为父母造"、"明如供养"、"法胜为法界造"、"明如供养"、"法藏供养"、"明如供养"、"唐夫为儿元顺造"、"明如供养"、"□□元等法真法……"等造像记。

在宾阳北洞上方约10余米的峭壁间有一小洞,宽175、深229、高235厘米,造一佛二弟子三身立像。主像右手向外散刻五条线纹,中间分别刻有飞天、合十恭立者、奔马和俯鬼的形象。主像装饰特殊,光头,着通肩袈裟,身披帔帛,臂佩钏。这一主像应是五道转轮王的形象,象征冥途亡人第三年厅府之王,其本地称阿弥陀如来。所谓"五道"即天道、人道、地道、鬼道和畜生道。由画面可知,用飞天表示天,恭立者表示人,奔马表示畜生,俯卧者表示饿鬼,唯有地狱道没有表现。此种题材,龙门仅此一例,时间约在唐高宗前期。

梁文雄洞在敬善寺北邻,宽190、深190、高210厘米。正壁起低坛,高7厘

三八 梁文雄洞南壁天王像

三九 双窑北洞南壁天王像

四〇 梁文雄洞南壁菩萨坐像

四二 袁弘勖洞菩萨坐像

四一 袁弘勖洞正壁坐佛像

四三 袁弘勖洞南壁天王像

四四 袁弘勖洞北壁天王像

四五 沈曇洞南壁右菩萨像

米。坛上置一弥勒、二弟子、二菩萨像。右弟子持香炉,二菩萨皆提净瓶。左右侧壁刻出姿势不同的坐式菩萨像,共二十五身(插图四〇)。窟顶无雕饰。前壁窟口两侧浮雕天王二身。南侧天王持长矛,北侧天王持宝剑,窟门外浮雕二力士像。

袁弘勖洞在梁文雄洞北邻,宽250、深210、高220厘米。正壁起低坛,高5厘米,坛上置一坐佛(插图四一)、二菩萨像。佛座前有摩尼宝珠和蹲踞的双狮。左侧菩萨像手提念珠,右侧菩萨像左手持长梗莲花。左右侧壁刻出坐式菩萨像各五身,皆坐于莲花上(插图四二)。左右侧壁的外侧,各有浮雕天王像一身,右壁者只存上部(插图四三),左壁者头足俱残(插图四四)。窟顶平形,正中刻重瓣大莲花,无飞天。窟门外左右侧为二力士像,右力士有璎珞,左力士残。

该洞的窟门上方有一后造的纪年小龛,题记曰:"宪台令史袁弘勖敬为亡父及见存母造观世音菩萨一区。麟德二年四月廿四日"。据此可知该洞的开

四六　优填王像龛优填王像

四七　二优填王洞永徽6年造像

凿,早于麟德二年(公元665年)。另外,从造像形制看,袁弘勣洞也早于韩氏洞(公元661年),所以我们推断该洞完工于显庆年间,即公元656～661年。

沈矗洞位于敬善寺南侧下部,宽150、深94、高140厘米,它完工于龙朔元年(公元661年)十一月底,动工于显庆五年(公元660年)十二月底,工程进行了十一个月。该洞正壁起低坛,高3厘米,主像为优填王,善跏趺坐于长方形台座上。今像已不存,仅存台座及雕于正壁上的靠背椅。左右侧壁外侧各刻一身菩萨像,立于束腰圆莲座上,左侧者已失,仅存右侧者(插图四五),窟顶平形,无雕饰。

前豫州司功参军事、上骑都尉王君洞在敬善寺上方最高一层,宽140、深150、高150厘米。正壁并造二像,左侧为阿弥陀像,右侧为优填王像,但造像已全失,仅存像座。完工于显庆四年(公元659年)六月十四日。

宋达意洞在敬善寺上方,宽150、深150、高150厘米。正壁造一优填王像,右壁造一阿弥陀并二胁侍菩萨像。左侧造像分上、中、下三层,上层是七佛并一菩萨立像,中层与上层同。下层内侧为一坐佛二菩萨像,外侧为一坐佛、二弟子、二菩萨像。上层有宋达意等题铭,中层有萨妙德等题铭,下层无题铭。

爨君协洞,在敬善寺上方,宽900、深100、高150厘米。正壁并列造出六身优填王像、一身释迦像。左壁造优填王像一身,右壁造一坐佛、二菩萨像。该洞由九名功德主共同开凿,采取各造尊像的形式。其中,有题名的功德主有洛阳县武骑尉、文林郎爨君协(显庆四年二月八日功讫)、高二娘(造优填王像二躯)、李安(龙朔元年三月十五日成)、李大娘(显庆四年七月)、徐乞德、皇甫文刚等。

该洞造像高度均在100厘米左右。最早完工的是显庆四年(公元659年)二月,最晚完工的在龙朔元年(公元661年)三月,说明该洞的工程至少进行了二年。

在龙门石窟中,造优填王像总数约在一百躯左右。这批优填王洞(插图四六),据调查全部完工于唐高宗时期(公元650～683年)。最早一例是二优填王洞,永徽六年(公元655年)十月十五日"比丘□□为亡父母敬造优填王像一躯"(插图四七,在敬善寺区),最晚一例是调露二年(公元680年)七月十五日万佛洞左右壁中央的优填王像。巩县石窟寺内的二躯优填王像,也是乾封年间(比丘思察)和咸亨元年(比丘法袢)完工的。

这批优填王像,风格很统一,倚坐高度一般在100厘米左右。其特征是:优填王像偏袒右肩,善跏趺坐于长方形台座上。薄衣透体,不作出衣褶纹样,状如赤裸。二腿之间,垂下一条宽带,右腿腕部有一衣纹卷过。

在总章、咸亨年间(公元668～674年),优填王像的座式有了发展。有的在佛像身后加上了倚背;有的在长方台座的两侧增加了二根立柱,立柱下端刻出狮子,足踏的小座也发展成叠涩八角座式,如咸亨三年(公元672年)十二月比丘道政造优填王像就是如此。

优填王像的进一步发展,则是成组造像的出现,即主像左右两侧,增加了胁侍弟子、菩萨和天王像的形象,如莲花洞门外南侧的龙丰伦洞就是这样,其时间当在永隆年间了(公元680～681年)。

优填王像的粉本,似来自印度的笈多式造像。优填王像消失前,它的靠背椅的座式即被移作弥勒佛像的座式,如惠简洞。此后,弥勒佛像普遍采用了靠背椅的座式,如大万五千佛龛、极南洞等等。

刘子道洞,在敬善寺上方北侧,宽150、深150、高150厘米。正壁起低坛,坛上造一坐佛、二弟子、二菩萨像。

八菩萨洞,在王君洞下方,正壁造一坐佛、二菩萨像,两侧壁各造三身菩萨立像,共计为一佛八菩萨。此种布局,龙门仅此一例。

三弥勒洞,在八菩萨洞上方稍南,宽250、深110、高120厘米,正壁并列造出三身弥勒倚坐像。

法胜洞在敬善寺南方,这是在一个长方形平面中(宽750、深80厘米),靠正壁起高坛,并列造出六身优填王倚坐像。每一像旁有功德主题铭,有三身皆题"法胜",另有三身题铭已失。该洞中有显庆五年(公元660年)王月十五日清信女李氏造小龛二铺。可知法胜洞的完工早于显庆五年(公元630年)。类似法胜洞这种由若干功德主共同营造的窟室,又各自造出尊像的方法,在唐高宗前期颇为流行。

二优填王洞在韩氏洞北侧高处,宽200、深150、高150厘米,正壁并列造出二身优填王倚坐像。南侧优填王造像铭云:"比丘□□为亡父母敬造优填王像一躯……法界供此福德。永徽六年(公元655年)十月十五日。"北侧造像铭已失。该洞南壁已残毁。

武上希洞在韩氏洞南侧高处,宽250、深80、高150厘米。正壁南侧造一坐佛、二菩萨立像,北侧造倚坐优填王像。洞内右壁造一坐佛、二菩萨立像。左壁上有武上希、唐德感造两小龛,时间都在显庆四年(公元659年)四月十五日,证明该洞的开凿,要早于显庆四年。

杨氏造卢舍那洞在莲花洞门外南侧,平面略呈方形,宽122、深105、高120厘米,绕正壁和左右侧壁前起低坛,高20厘米。正壁主像卢舍那佛,立于圆莲座上。其左右为侍立的二弟子、二菩萨像。主像前刻摩尼珠,左右为双狮。低坛上刻有供养人像,左侧男供养人五身(插图四八),右侧女供养人八身。左右侧壁各刻一天王、一力士像。左壁天王着铠甲,踏卧羊,双手于腹前持宝剑(插图四九)。右壁天王上裸,有帔肩,下着裙,踏一卧牛(插图五〇)。二力士像皆立于山形石块上。

该洞造像记在窟口南侧的通道上,曰:"大唐龙朔二年岁次壬戌……十四日……偃师县……郎杨……亡考妣……于龙门南……卢舍那像一龛今得……妹等供养。所愿……考妣托生西方俱登净土……众生咸同此福。息师□书。"据此可知该洞完工于龙朔二年(公元662年)。天王踏牛、羊者,龙门仅此一例。

上述的"八菩萨洞",不知其菩萨的名称。我们在宾阳南洞前壁上看到施主造"阿弥陀佛一龛及六菩萨"的题记,记此六菩萨之名是:观音菩萨、大势至菩萨、日光菩萨、月光菩萨、地藏菩萨和药王菩萨,时间也是唐高宗前期所造。这些佛和菩萨,是功德主共同信仰的对象,因而把它并列雕凿供奉,而并非依据佛经的规定。八菩萨洞的情况应与此类似。

四八　杨君造卢舍那洞正壁坛基供养人像

四九　杨君造卢舍那洞左壁天王像

五〇　杨君造卢舍那洞右壁天王像

五一　清明寺正壁右菩萨像　　　　五二　清明寺正壁坐佛像　　　　五三　清明寺正壁左菩萨像

五四　清明寺王仁恪造像龛

（六）　清明寺与蔡大娘洞

清明寺在万佛洞下方,平面略近方形,宽230、深280、高245厘米。主像着通肩式袈裟,衣纹写实,流畅自然,结跏趺坐于八角束腰莲座上(插图五二)。左右为二胁侍菩萨像。右胁侍菩萨右手持一株长梗莲花,上分别刻有含苞待放、初开和盛开的三朵莲花(插图五一)。左胁侍菩萨右手举莲苞,左手提净瓶(插图五三)。左右壁外侧各刻一狮。

清明寺的佛座较之敬善寺、双窑北洞的佛座最大的变化是,座上的双狮已独立出来,分别刻于左右壁前。这种作法被万佛洞等以后的洞窟所采用。

清明寺内最早的小龛是窟门通道北侧的王仁恪造像龛,时间是上元二年(公元675年)三月十五日(插图五四),由此我们推测清明寺晚于双窑而和惠简洞时间相近,约完工于咸亨年间(公元670～674年)。

蔡大娘洞位于万佛洞下方,与清明寺比邻。平面呈马蹄形,宽250、深300、高205厘米。正壁造像一坐佛、二弟子、二菩萨像。佛像头残,着双领下垂式袈裟,结跏趺坐于八角束腰莲座上,但座前已无双狮。左弟子手持念珠,左菩萨手提净瓶。窟顶有浅浮雕双重莲瓣藻井,未刻飞天。

洞窟南壁有天授二年(公元691年)蔡大娘造两小龛。

蔡大娘洞造像略晚于双窑,略早于清明寺,其营造时间当在总章年间(公元668～670年)。

此外,在摩崖三佛的下方有一大洞,宽320、深330、高300厘米,平面略成方形,似未完工而中辍的洞窟。正壁主像为一结跏趺坐佛,坐于八角束腰莲座上,已被凿离山体。左右胁侍像情况不明。现在两壁外侧有高浮雕之二天王、二力士像,高150厘米。天王足踏夜叉,身着铠甲,与双窑天王像类似。窟顶无雕饰,窟门已崩圮。

从天王和力士的形象看,皆类似于双窑,故可推断造于麟德年间(公元664～665年)或略早。

五五　敬善寺南壁弟子、菩萨像

五六　敬善寺正壁坐佛像

五七　敬善寺北壁弟子、菩萨像

1　窟门右侧

2　窟门左侧

五八　敬善寺二力士像

三　敬善寺、双窑、惠简洞和奉先寺的排年

（一）　敬善寺

敬善寺是纪国太妃韦氏所造的一处石窟，由宣德郎、守记室参军事李孝伦撰书的《敬善寺石像铭》，刻于该窟前室左壁上。它的造像较之潜溪寺等石窟有了明显的变化：

一、　敬善寺的主像座式(插图五六)，采用了八角束腰狮子座的形式，比潜溪寺主像的束腰方台座有了进步；

二、　敬善寺的弟子、菩萨像采用了束腰圆莲座的形式(插图五五、五七)，但腰部长度比潜溪寺造像要长；

三、　金刚力士像(插图五八)增加了装饰性的项圈和璎珞，比腾兰洞力士、宾阳南洞力士(公元650年)、韩氏洞(公元661年)力士都有了改进；

四、　在一铺大像中，增刻了代表功德主的比丘、比丘尼供养像，这是前所未有的现象；

五、　窟门上方正中造一佛二菩萨像龛，两侧刻飞天，较药方洞、腾兰洞的窟门布局，又创造出了一种新形式(插图五九)。

同样明显的是，敬善寺左右壁刻数十身菩萨的作法与其北邻的梁文雄洞、袁弘勣洞颇为相似。这三个洞的左右壁上的菩萨坐像，姿态、手势很自由(插图六〇)。菩萨高发髻或散发披肩，颈系桃形项圈，上体或披帛，或斜披络腋，双臂上或佩臂钏。菩萨腰束带，下着裙，坐于圆莲座台上，有的在莲台下再刻出一段莲梗。

但是，袁弘勣洞的主像坐于长方形的台座上，台座上部微有束腰，饰以仰覆莲瓣，还没有演变成束腰八角莲座式。杨君造卢舍那洞的弟子和菩萨立于

187

五九　敬善寺窟门

六〇　敬善寺菩萨坐像

六一　敬善寺二天王像

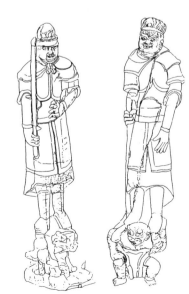

六二　巩县石窟寺优填王洞神王像

圆莲座上,也没有采用束腰圆莲座的形式。

综上分析,大体可以推断敬善寺营造于显庆后期,完工于龙朔年间(公元661～663年)。

敬善寺的浮雕天王着铠甲持剑(插图六一),也见于巩县优填王洞门两侧,称为"护法神王"(插图六二)。它的时间约在乾封某年(公元666～668年),当晚于敬善寺。

敬善寺、梁文雄洞和袁弘勖洞的左右壁均造五十身菩萨像。此五十身菩萨加上二胁侍菩萨合成五十二身,是为阿弥陀五十二身像,由此可知,敬善寺主像应是阿弥陀佛。

(二)　双窑与惠简洞

双窑是一组有共同前室的双洞。它的北洞平面呈长方形,造像布局是一坐佛、二弟子(插图六四)、二菩萨、二立佛、二菩萨(插图六三、六五)、二天王像。天王双足踏夜叉。南洞平面略呈马蹄形,正壁下起低坛,高14厘米。坛上造像为一弥勒倚坐像和二弟子、二菩萨像。左右壁的千佛,排列整齐。窟门外为二力士像,北力士已无存。

双窑北洞的坐佛,南北两洞的弟子、菩萨和力士像都与敬善寺造像相似。北洞主像的八角束腰莲座和南北两洞的弟子、菩萨、立佛的束腰圆莲座也与敬善寺的造像相似。但双窑的天王采用了潜溪寺天王的样式,不持宝剑,改用圆雕。

双窑南洞弥勒像的座式是:弥勒倚坐于长方形台座上,双足各踏一朵莲花圆座(插图六六)。莲花圆座下有莲梗相系,再由小方台承托。这样座式和梁文雄洞弥勒座式相似,但有发展。梁文雄洞弥勒像足踏二圆台,直接安放在小方台上,下面没有莲梗相联。

双窑北洞的一坐佛二立佛的"三佛"题材,是继承了腾兰洞的布局形式。考虑到杨君洞所造的卢舍那佛是一身着通肩袈裟的立佛,形象上与双窑北洞的立佛无异,似乎表明北洞的"三佛"应是表现法身、报身、应身的"三身佛"。

六三 双窑北洞南壁造像　　　　　六四 双窑北洞正壁造像　　　　　六五 双窑北洞北壁造像

六六 双窑南洞正壁造像

由上述分析可知,双窑大体上接近于敬善寺,又略晚于敬善寺。双窑前廊有咸亨四年(公元673年)所造的小龛,证明双窑不晚于此年。我们大体上可以推断,双窑完工于麟德、乾封(公元664～668年)之际。

完工于咸亨四年(公元673年)十一月七日的惠简洞(插图六七:1～4)比双窑又有了明显的变化。

一、 惠简洞的束腰圆莲座,在束腰部分的上下各加一匝凸箍,使之更加美观,也被以后的各洞所普遍采用。

二、 惠简洞弥勒佛座,大胆的采用了靠背椅的形式。这种靠背椅式的佛座,最早是优填王像上使用的座式,但较简单。如沈曩洞(公元661年)的弥勒佛靠背椅,只是在佛头光之外,刻出两重连弧纹的三角形椅背,每两个连弧相接的顶点,刻一宝珠。惠简洞的靠背椅上则刻出日、月以及象首、狮子等形象,十分华丽。连弧相接处的宝珠,也变成了一朵侧视的莲花。

三、 惠简洞的弥勒像面相,丰满适度,成为奉先寺主像的模式。

（三） 奉先寺

奉先寺在唐代的正名是"大卢舍那像龛",它是唐高宗主持开凿的,於上元二年十二月卅日(公元676年1月)毕功。在此之前,武则天曾在咸亨三年(公元672年)四月一日助脂粉钱二万贯。

大卢舍那像龛是把山体劈成凹形平面,就露天摩崖造出九身大像,摆脱了窟室的桎梏,开阔了空间,使它的造像规模宏大、气势雄伟。平面朝东,宽30～33米,进深38～40米,断崖壁面高约30米,造像地面距山脚下路面高约20米。

在正壁及左右壁下部,环以高53厘米的低坛。在低坛上造出一坐佛(插图六八)、二弟子(插图六九:1～2)、二菩萨(插图七〇:1～2)、二天王(插图七一:1～2)、二力士像(插图七二:1～2)。在两菩萨的外侧,有作供养的童男、童女像,立于低莲座上。

主像卢舍那佛结跏趺坐于八角束腰莲座上。头上的高肉髻饰以波状发

1 倚坐佛像　　　　　2 右弟子像

3 右菩萨像　　　　　4 左菩萨像

六七 惠简洞正壁造像

189

六八　奉先寺正壁卢舍那坐佛像

1　迦叶像

2　阿难像

六九　奉先寺正壁左右弟子像

1　右胁侍

2　左胁侍

七〇　奉先寺正壁左右菩萨像

1　南壁　　　2　北壁

3　夜叉

七一　奉先寺二天王像

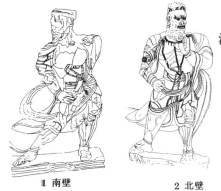

1　南壁　　　2　北壁

七二　奉先寺二力士像

纹,面相丰满圆润,有弯如新月的双眉,衬着一双微向前方凝视的双眼,高高的鼻梁,小小的嘴巴,露出含蓄微笑。下颏圆而略向前突,双耳下垂,安详持重。身着通肩式袈裟,自右肩头向左肩头披过一角,衣纹作同心圆式。佛座束腰部分,刻出披甲的神王(插图七三)。

二弟子、二菩萨像皆立于八角束腰莲座上。这种莲座是在束腰部分作成八角,在显出的五角每面刻以桃形壶门,束腰部分以上,刻仰覆圆莲座。这种座式是前所未有的。

北壁的天王像,左手叉腰,右手托一圆形宝塔,共三级。这种托塔天王形象,龙门仅此一例。袁弘勋洞窟门通道南侧浮雕的二天王,其中西侧天王手托七级方塔,也是龙门少见的形象。

奉先寺造像形式并没有重大的改进,但在刻画佛、弟子、菩萨、天王和力士的性格、气质等精神世界方面却取得了巨大的成就,反映了唐代雕刻艺术的高度水平。

而在奉先寺的造像形制方面,却起了定型的作用。这主要表现为:

一、　坐佛穿通肩式袈裟,坐于八角束腰莲座上;

二、　壶门的采用;

三、　供养人列入正壁一铺造像之中;

四、　弟子穿交领衫。

上述四项内容,常常被以后的造像所吸收,并影响到唐玄宗时代的造像活动。

四　老龙洞、破窑、赵客师洞和唐字洞的排年

(一)　老龙洞和破窑

老龙洞和破窑都是平面略呈马蹄形的大洞,洞内遍布小龛而没有凿出作

七五　老龙洞正壁永徽元年造像龛　　七六　老龙洞南壁永徽元年造像龛　　七七　老龙洞显庆4年造像龛　七八　破窑入口通宵道南壁永徽4年龛

为主像的一铺大像。曾有人认为,这是两个自然溶洞,唐人利用它们营造了许多小龛。

但是,这种说法是没有根据的,因为:

一、　如果是自然溶洞,当然古已有之。那么,北魏至隋代必然会有人利用它来营造小龛,像石牛溪那样狭窄而不规则的溶洞都有大量的北魏小龛,为什么在老龙洞和破窑内却没有一个隋代以前的小龛呢?

二、　如果说是自然溶洞,经唐人加工而成为有穹窿顶的大洞,那也是讲不通的。因为在这两个洞内营造小龛的功德主,谁也不会有力量为营造一个小龛去加工、整修一个大洞。老龙洞内现存小龛五十多个,有最早纪年铭的是贞观廿一年(公元647年)四月七日前息县令田弘道等造菩萨像两躯,位于老龙洞北壁西侧下部。破窑内现存小龛四十多个,有最早纪年铭的是贞观十一年(公元637年)十月五日道国王母刘氏造弥勒像龛(插图七四),宽90、高100厘米,位于破窑西壁正中。这两龛的位置,恰恰都在两洞的最深处西壁附近,可见这两龛的功德主绝不会为了营造一个小龛而先修整一个大洞。

唯一合理的解释是:隋代人开凿了这两个大洞,初具窟形时因政局骤变,工程就被迫停工。到了初唐,有人为了省力,利用隋窟各造龛像,形成了今天所见的面貌。

老龙洞和破窑只能被认为是小龛的集合体,故不详论之(插图七五～七八)。

七三　奉先寺坐佛坛座神王像

七四　破窑贞观11年刘氏造像龛

(二)　赵客师洞

赵客师洞是北魏晚期开凿而废弃的洞窟。洞内前壁南侧下部有永熙二年(公元533年)七月十日樊道德造释迦像龛。

该洞正壁一坐佛(插图七九)、二菩萨像(插图八○),是唐代所刻。主像头残,上身内着偏衫,外着双领下垂式袈裟,两腿间用横线条表示衣纹,坐于方形台座上。台座前用圆线条作成同心圆纹。菩萨有桃形项圈,佩璎珞。

从造像形制观察,赵客师洞的主像与龙门许多显庆年间的造像相似,故可推断为显庆年间(公元656～661年)所造。

七九　赵客师洞正壁坐佛像

191

(三) 唐字洞

唐字洞也是北魏开凿而废弃的洞窟。

北魏时完成了券面的庑殿式屋顶。洞内窟顶、地面均未完工，正壁尚未造像即被废弃。现存的北朝小龛有三个：在窟门外南侧的大统六年(公元540年)十月十五日韩道人造像龛；在窟门外北侧的天平四年(公元537年)八月十九日普慧寺卅人造像龛；在前壁南侧的大统七年(公元541年)正月十五日洛州灵岩寺沙门僧璟造像龛。此外，还有北朝佚名造释迦、多宝塔形龛等。

现存正壁造像是在残存的石胎上草草刻成的。主像头残，上身内着偏衫，外着双领下垂式袈裟，衣纹及座前纹样零乱(插图八一)。台座下刻摩尼珠及侧蹲双狮。菩萨像(插图八二)的璎珞自右肩垂下，在膝前横过，身体略具动势，立于有梗的圆莲座上。

唐字洞的正壁造像与宾阳南洞南壁大龛造像颇多相似，特别是左胁侍菩萨像，几乎照搬南壁大龛右胁侍菩萨像的衣饰和手势。佛像的衣纹处理得很不成熟，欲求变化而不知所为。由此我们推断：该洞主像完工于贞观十年(公元636年)前后，略早于药方洞。

(四) 高宗后期诸小洞

龙门有很多上元至垂拱以前(公元674～684年)唐高宗后期的小洞。兹选择一批介绍如下：

在奉先寺至火烧洞之间有一排小洞，自东向西是浮雕千佛洞、双塔洞、周远志洞、北市丝行像龛和三佛洞。除三佛洞外，另外四个小洞都是平面略呈方形，正壁起高坛，坛上置造像。

双塔洞宽195、深180、高190厘米，正壁起坛，高26厘米。坛上的全部造像已无存，仅存主像背光部分。背光由桃形头光和圆形身光组成。内刻葫芦状火焰纹，内饰卷草纹。窟顶无雕饰。窟门外两侧各有一座七级密檐方塔，高190、底宽70厘米。第一级塔内刻一坐佛二胁侍菩萨像。塔顶由覆钵、相轮、宝瓶和塔刹组成。窟门左侧七级方塔已大部残毁。

周远志洞宽145、深150、高155厘米，正壁起坛，高32厘米。坛上三身像已无存，只有佛座残痕。由残痕可知，主像坐于八角束腰方莲座上，二胁侍像是圆莲座式。正壁上有主像背光，形制与双塔洞一致。坛正中立面刻摩尼宝珠，由塔式高座承托；两侧为二身供养人像及或坐或立于莲花上的六身童子。

窟顶中央浅雕一圆周莲心，外绕双重大莲瓣。在主像头光上方两侧，各刻一身飞天，现仅存飘带残迹。

该洞右壁刻有上元二年(公元675年)十二月八日宣义郎周远志阿弥陀像文，左壁刻玄奘译《般若波罗蜜多心经》。

由此可知，双塔洞也大致完工于上元年间(公元674～676年)。

北市丝行像龛，宽220、深200、高190厘米，正壁起坛，高32厘米。坛上造像应为一坐佛、二弟子、二菩萨；坛下造像是二天王、二狮。窟门外为二力士。但全部造像中只存二狮(插图八三)和窟门左侧力士(插图八四)。

八〇　赵客师洞正壁左菩萨像

八一　唐字洞正壁坐佛像

八二　唐字洞正壁左菩萨像

八三　北市丝行像龛狮子

主像有高浮雕舟形背光,背光两侧边框内各刻五身伎乐人,共计十身。伎乐人双丫髻,衣带飘举,下有流云,手持乐器,具有装饰意味(插图八五)。天王和弟子像有圆头光,外刻火焰纹。菩萨为桃形头光。

坛壁上作出五个壶门,内刻伎乐人五身。

窟顶用阴线刻出莲心、子房,外绕双重大莲瓣。有六身飞天,面向主像,飞天皆用阴线刻出项圈,上裸,下着裙,长带飘扬(插图八六)。

力士像无项圈和璎珞,上裸,下着裙,腰束一带,系成小结。

前室左壁有垂拱四年(公元688年)秦弘等造像龛。洞内左壁有永昌元年(公元689年)比丘惠澄、善寂造像龛,这是纪年龛中最早的两个。

舟形背光中刻伎乐人,坛上伎乐人,有复杂的壶门,说明该洞晚于万佛洞。大致可以推断完工于垂拱元年(公元685年)或以前的时间内。

龙丰伦洞在莲花洞门外南侧,平面略呈方形,宽140、深110、高115厘米。造像布局是一优填王倚坐像、二弟子、二菩萨、二天王像,计七身。

优填王像薄衣贴身,仿佛赤裸。偏袒右肩,下衣绕右腿一道,两腿间出一粗带。双足踏两朵莲花,下有束腰圆莲座承托。左胁侍弟子合十,右胁侍弟子持净瓶。二天王像踏山形石。

龙丰伦洞的优填王像与万佛洞右侧壁的优填王像相似。该洞最早的纪年小龛是在主像右侧的龙丰伦龛,时间是垂拱二年(公元686年)五月八日,可以推测该洞当完工于调露、永隆年间(公元679～681年)。

王清信洞在火烧洞窟门外东侧,宽180、深180、高200厘米,平面略呈方形。造像布局是一坐佛、二弟子、二菩萨、二天王像。窟门外有二力士像。造像铭刻在窟门上中央。

主像内着偏衫,外着双领下垂式袈裟,坐于束腰叠涩方台座上。束腰的立面上刻出凹形壶门。像后有舟形大背光。二弟子像立于束腰圆莲座上。二菩萨像均毁。二天王像着铠甲,足踏夜叉。窟顶有阴刻莲花,无飞天雕饰。二力士像无项圈和璎珞。

在右壁下部,有永昌元年(公元689年)五月廿七日皇甫毛仁造像龛。

该洞佛座上有壶门,弟子的圆莲座束腰部分加凸箍,而舟形背光又与万佛洞相似,故可大体推断该洞晚于奉先寺而接近万佛洞,时间当在永隆间(公元680～681年)。

地藏龛在老龙洞外北侧,宽150、深50、高100厘米。主像为地藏,作菩萨装,左舒坐于束腰圆座上,像高80厘米。右手举起,左手抚膝。左右有二弟子、二菩萨、二天王像胁侍。时间应属唐高宗后期。龙门共有地藏造像约四十个龛,这是最大的一龛。

八四　北市丝行像龛窟门左力士像

八五　北市丝行像龛坐佛背光伎乐天

八六　北市丝行像龛窟顶飞天

八七　万佛洞南壁优填王像　　八八　万佛洞北壁优填王像

1 右天王像　　2 右菩萨像　　3 右弟子像　　4 坐佛像　　5 左弟子像　　6 左菩萨像　　7 左天王像

八九　万佛洞造像

8 左力士像

五　万佛洞、龙华寺和奉南洞的排年

（一）　万佛洞

在万佛洞窟顶莲花周围,镌文"大监姚神表内道场运禅师一万五千尊像。大唐永隆元年十一月卅日成"。其外,绕以八身飞天,现残存三身。此外,在窟门通道北侧有题刻"沙门智运奉为天皇天后太子诸王敬造一万五千尊像一龛"。

"大监"姚神表为宫中女官,智运是内道场之比丘尼,二人共同主持造窟,为唐高宗(天皇)、武则天(天后)、太子李显和诸王祈福[10]。

值得注意的是,在洞内左右壁的中央位置,各刻一龛优填王像(插图八七、八八)。北壁的题记是:"□□□□庚辰□□癸酉朔□□日丁亥比丘僧仁、藻玄、敏戬合门徒道俗洛州陈泰初,许州严玄献、许行感、胡处珍等并各舍珍玩,俱馨丹诚,奉为本师和上敬造优填王像一躯。愿万劫千生无亏供养,桑田碧海永固归依"。南壁的题记是:"大唐调露二年岁次庚辰七月十五日,奉为真莹师敬造功毕"。

由此可见,这两龛优填王像与两壁的万佛有计划地布置在壁面上,证明万佛洞的营造是应若干功德主的要求统一规划布局的(插图八九:1～8)。

万佛洞的布局较之以前的唐窟有了明显的进步,它试图表达一个"西方净土世界"。传统的五十二身菩萨退居于正壁之上,两侧壁则遍刻万佛,万佛之下刻出十身伎乐人,以烘染快乐的气氛(插图九○)。

在造像形式上,阿弥陀佛像的束腰八角莲座下刻出了四身负座力士(插图九一),所有造像座具的莲瓣变为宝装莲瓣,也是前所未有的。

二狮被安排在窟门外力士像的外侧,不再是作为佛座的附属品。这种布局,也被后来一个时期内造窟者所仿效。

用石窟来表现"阿弥陀净土",实始于万佛洞。此后的北市彩帛行净土堂,更直称这种石窟为"净土堂"了。东山的大万五千佛龛,则创造出了更为生动

[10]　宫中女官有"大监",见《魏书》卷十三《后妃传》:"大监,视二品"。

九○　万佛洞南壁伎乐天

九一　万佛洞正壁坐佛坛座力士像　　　　九二　龙华寺正壁坐佛像

的"弥勒净土"的模式。

后来,净土石窟的发展,又引发了"净土变"的雕刻。

(二)　龙华寺

九三　龙华寺正　　　九四　龙华寺正
壁左弟子像　　　　壁左菩萨像

龙华寺的布局比万佛洞又大进了一步,最重要的是围绕正壁和左右壁下部起高坛,坛高65厘米。在高坛立面上刻伎乐人像,全部造像皆在坛上。它的布局是:一坐佛、二弟子、二立佛、二菩萨、二坐佛、二天王,围绕三壁,共计十一身。窟门外左右侧为二力士、二狮子。

主像头残,着通肩式袈裟,结跏趺坐于束腰八角形叠涩莲座上(插图九二)。束腰部分有桃形壸门,内刻神王像。背光外周为舟形,内刻伎乐人像,现仅存北侧的吹笙、弹筝、击鼓者三身。

弟子(插图九三)、立佛、菩萨像(插图九四)皆立于束腰圆莲座上。束腰部位各刻三个桃形壸门,中间一壸门内刻神王坐像。

天王像踏坐式夜叉(插图九五)。力士像有项圈、璎珞(插图九六)。

窟内地面刻莲花纹,刻工精细。窟顶刻莲花、飞天。现仅存东北角一身飞天,长发,有项饰,右手托盘,左手平伸,帛带飘扬。

坛上伎乐人像高30厘米,无壸门之设,每壁四身,共计十二身,内有二人作舞,十人奏乐(插图九七)。

窟门外两侧的狮子,鬣毛竖起,下有三缕胡须,举一爪,尾巴成三缕卷毛,

九五　龙华寺东　　　九六　龙华寺窟
壁天王像　　　　门东侧力士像

九七　龙华寺东壁坛基伎乐天

九八　龙华寺前室西侧狮子

1　东侧力士像　　　2　西侧力士像

九九　奉南洞窟门造像

一〇〇　奉南洞东壁天王像

很有特色(插图九八)。

前室右壁上,有长安四年(公元704年)三月廿七日中山郡王李隆业造观世音像龛。

由上可知,龙华寺主像的舟形背光内刻伎乐人像,与北市丝行像龛类似。坛面上刻伎乐人,也与北市丝行像龛类似,但龙华寺的伎乐人尚无壸门之设。龙华寺的力士像有项饰和璎珞,而北市丝行像龛的力士像则无。因此,我们可以推断龙华寺应与北市丝行像龛的时间接近或略早,大致在垂拱元年(公元685年)以前。

龙华寺和北市丝行像龛所创制的三壁环绕起高坛的作法,影响至深,成为以后很长时间内造像布局的一种基本形制。

龙华寺正壁的一坐佛二立佛像,可能是表示"三身佛"。左壁的倚坐佛,可能是弥勒佛。右壁的结跏趺坐佛,可能是阿弥陀佛。这样的布列,完全是由功德主信仰使然,并无佛经依据。

(三)　奉南洞

奉南洞是一个从未引起过人们重视的大洞。它位于奉先寺南壁外侧,宽360、深370、高400厘米。三壁绕坛,坛高52厘米。坛上造像布局是一坐佛、二弟子、二菩萨、二天王、二狮子,窟门外两侧为二力士像(插图九九:1~2)。

主像置于正壁坛上,有桃形头光,内刻三佛,外为圆形身光,左右各刻二佛。肩部以上残,上体着通肩式袈裟,坐于八角束腰莲座上。台座前纹样呈同心圆状,佛像鼓腹明显。紧贴佛座之前另设一束腰圆莲座,束腰部分作圆球形装饰,其上设圆形香炉,左右二身供养人像,侍立在束腰圆莲座上。

天王像的顿项宽大,胸前两圆镜无吊带(插图一〇〇)。夜叉为坐式,西壁夜叉长发竖起,东壁夜叉长发分向两旁。夜叉前肢为二趾兽蹄,着牛鼻裈(插图一〇一:1~2)。

双狮分置左右,头向主像,举一爪,有三缕胡须,蹲坐于长方台座上(插图一〇二)。

坛上有长圆形壸门,内刻伎乐人像,高30厘米。正壁伎乐人二身为舞者,两侧壁各四身伎乐人为乐者。舞者高发髻,上裸,佩项饰,下着裙,持带而舞(插图一〇三)。

窟顶中心是九瓣大莲花,外围四身卧式飞天(插图一〇四),再外为四只大雁。飞天略胖,低发髻。上裸,有项饰,下着裙。

窟门外的力士像,取消了项饰、璎珞。上裸,下着裙,腰间束带,裙腰没有翻出。

奉南洞与龙华寺的造像比较,有如下一些变化:

一、窟顶增加了四雁(插图一〇五);

二、夜叉长发竖立;

三、力士取消了项饰和璎珞;

四、主像前另设香炉;

五、狮子列入洞内一铺造像中。

以上几点变化，可以看出，奉南洞要晚于龙华寺，即晚于垂拱元年（公元685年）。它的下限早于八作司洞，大体上和军元庆洞（公元689年）造像相似，可能完工于天授初年（公元690年）。

（四）　军元庆洞、丝南洞与高碑西洞

军元庆洞在路洞南侧上方，平面略呈方形，宽155、深145、高153厘米。三面环坛，坛高15厘米。

窟门上方有造像题记，是右玉钤卫大将军军元庆并夫人史氏造佛龛一所，时间是载初元年（公元690年）二月十日。

坛上的造像布局是一坐佛、二弟子、二菩萨、二天王像，窟门外为二力士像。佛前坛面上刻双狮。

正壁主像头毁，着双领下垂袈裟，结跏趺坐于八角束腰莲座上。台座前纹样作同心圆状，佛像鼓腹较明显。

右弟子像着宽边交领袈裟，与奉南洞右弟子接近。二弟子、二菩萨均立于素面束腰圆座上。莲座的下部，明显收束，成倒梯形状（插图一〇六）。

天王足踏夜叉，夜叉下有长方形台座。夜叉裸身，只穿牛鼻裤，上肢如人手，下肢作两趾兽蹄，以手抱天王腿部（插图一〇七）。

窟顶无雕饰。窟门上方与窟顶连通。

二力士像无项饰、璎珞。上裸，下着裙，腰束带，裙腰向外折出（插图一〇八）。

军元庆洞的造像较之奉南洞，略有变化。主要是天王服饰更精美，力士裙腰外折。这可能因奉南洞是一大洞，工期长，自然保留旧的因素要多些，而军元庆洞是小洞，工期短，反映新因素多些。

值得注意的是，军元庆洞右胁侍菩萨像的项圈中饰以云朵状纹样，天王胸前十字形索带的下端也饰以类似的纹样，一时成为当时有特色的装饰纹样。

丝南洞在北市丝行像龛南端，平面呈马蹄形，宽270、深230、高250厘米，三面环坛，坛高27厘米。

坛上造像布局，正壁是一倚坐弥勒佛二侍立菩萨像，左壁是一托钵坐佛二侍立菩萨像，右壁是一结跏趺坐佛二侍立菩萨像。窟门外两侧为二力士像，左侧者无存。

弥勒像着通肩袈裟，足踏两朵莲花台座。座前另设束腰圆座，上为摩尼宝珠。两侧有跪拜的持香炉供养人像，形式与奉南洞接近。

左壁佛像结跏趺坐于束腰圆莲座上，着通肩式袈裟，双手在腹前托一药钵。右壁佛像亦着通肩式袈裟，作禅定印，坐束腰圆莲座。

窟顶无雕饰。窟门外的右力士像残存下部。

由丝南洞的造像布局及形制上看，与奉南洞接近，完工时间当在天授顷（公元690～691年）或略晚。

1 西壁天王足下　　　2 东壁天王足下

一〇一　奉南洞夜叉

一〇二　奉南洞东壁狮子

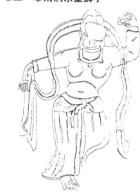

一〇三　奉南洞正壁坛基伎乐天

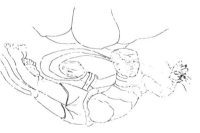

一〇四　奉南洞窟顶飞天

一〇五　奉南洞窟顶

一〇六　军元庆洞正壁右侧造像

丝南洞的三壁三佛，正壁是弥勒佛，表示弥勒净土；左壁是药师佛，表示东方琉璃世界；右壁是阿弥陀佛，表示西方极乐世界。汇三净土于一堂，是功德主净土崇拜的反映。

高碑西洞位于奉先寺北壁"大唐内侍省功德之碑"西邻，平面呈马蹄形，宽245、深265、高270厘米，正壁起坛，高55厘米。

坛上为三立佛，皆着通肩式袈裟，立于束腰圆莲座上。佛像头残，鼓腹明显。

两侧壁及窟顶无雕饰。仅存晚期二个小龛。

窟门上方用阴线刻出尖拱状。尖拱的顶部，饰以云朵状纹样。两侧有飞天，现仅存西侧一身。飞天有项饰，下着裙，披帛飘扬，手持短柄香炉。飞天下有彩云(插图一〇九)。

窟门外的二力士像仅存左侧力士的腿部。

由佛像鼓腹、尖拱饰以云纹等来看，大体可以推断该洞略晚于北市丝行像龛，与军元庆洞接近，约在垂拱末年(公元688年)完工，或略晚。

一〇七　军元庆洞天王像　一〇八　军元庆洞力士像

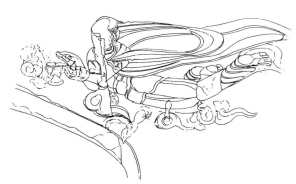

一〇九　高碑西洞窟门飞天

一一〇　北市彩帛行净土堂前室长安年造像龛

六　净土堂、极南洞、火下洞和八作司洞的排年

(一)　北市彩帛行净土堂

北市彩帛行净土堂外立面的作法是，在长方形窟门的上方和左右侧，作成长方形边框。上部横向刻结跏趺坐的佛像十二身。左右侧边框自上至下各有四个圆拱龛，除最下龛左右刻狮子外，其余六龛内皆刻一结跏趺坐佛并二侍立菩萨像。十二佛之上是题额："北市彩帛行净土堂"。

洞内平面作横长方形，宽308、深177、高226厘米。三边环坛，坛高25厘米，造像应在坛上，但均已无存。从残迹观察，正壁原有一坐佛、二弟子、二菩萨像。南北侧壁各一坐佛二菩萨像。

造像记在正壁左侧，残甚。题记大致为：佛国混同，岂有东西之异？檀那等金雕凿之良工，择山川之胜境"凿岩开室，号之曰西方净土"。造阿弥陀佛像三

一一一　北市彩帛行净土堂前室观音像

铺并侍卫总计十一尊像。延载元年(公元694年)岁次甲午八月壬子朔卅日功讫。

此外,在正壁右侧,刻《佛说菩萨呵色欲经》,已残。

净土堂造像,虽已无存,但仍可知其佛座形制。正壁像是方座,左右弟子及菩萨像是八角座。南北侧壁中央是八角座,左右为小八角座。

净土堂前室北壁上(插图一一〇),有长安某年(约公元701~704年)造像龛。南壁上有景云元年(公元710年)造像龛。南壁西侧有一大龛,造一坐佛二侍立菩萨像,龛内左侧有一舒坐骑象菩萨像,时间约在武则天晚期(插图一一一)。

净土堂内造阿弥陀像三铺,这是崇信的一种表现形式。同样,我们在万佛洞南通道上看到有永隆元年(公元680年)九月三十日胡处贞造弥勒佛五百躯,在东山万佛沟有造观世音一百八十躯,在敬善寺区有垂拱二年(公元686年)五月十五日夏候氏造业道像五十躯等等。这种多造佛像多得福的思想,应是民间信仰的产物。

——五 极南洞左右菩萨像

——六 极南洞西壁天王像

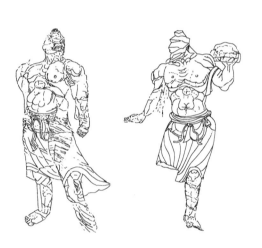

——二 极南洞窟门力士像　　——三 极南洞正壁坐佛像　　——四 极南洞左弟子像

(二) 极南洞

极南洞是有名的大洞。该洞立面是在圆拱门的上方并列刻出三个圆拱龛,每龛内皆造一坐佛、二弟子、二菩萨像。门的两侧为二力士像,上裸,下系裙,束带裙腰折出(插图一一二)。

窟内呈方形,宽340、深446、高420厘米。三面环坛,坛高60厘米,造像皆在坛上。布局是:一身倚坐佛像、二身弟子像、二身菩萨像、二身天王像和二身似人非人的怪像。

主像高肉髻上刻块状波发,善跏趺坐于长方形束腰莲座上,足踏二莲花(插图一一三)。身着通肩式袈裟,自颈部向左右翻出衣纹。弟子(插图一一四)、菩萨像(插图一一五)立于束腰圆莲座上。天王踏坐式夜叉(插图一一六)。怪像为人身兽蹄,作半蹲坐式。

坛上三面刻伎乐人像,每面四身,除二身作舞蹈状外,其他皆作奏乐状。

——七 极南洞西壁坛基伎乐天

⑪ 兹录《极南洞碑铭》并考证如下:

"……尽……天……之力阐定。能仁拯授,运慈舟于苦海,明慧炬于……者……大夫……二州都督、长沙县公姚意之妻也。龙朔年中……河南之别业也。夫人时入洛城,路由此地……男女长大,皆予班秩,因于山壁敬造一……二尚书同□台凤阁三品、上柱国、梁县……幸早亡。女八娘,吴兴县君,夫陈正规,任中……潞州司兵参军。□□任泽州陵川县……卫州司兵参军。爰同任……任□州功曹参军。爰任宋州参……任雍州……并任……孙廉任□州……南周氏□妻陇西……福安,同沐荣庆,今各抽赀俸……子子孙□常保安乐,释迦之……后代子孙、他年眷属□此……大慈□□高龛……后裔登乎……书"。

陆增祥在《八琼室金石补正》卷三十二中收录该碑残文,称《姚夫人残刻》,然不详在龙门何处。

按:碑文云:"……大夫……二州都督、长沙县公姚意之妻也。"此姚意即姚崇之父姚懿。据胡皓撰《大唐故嶲州都督、赠幽州都督、吏部尚书、文献公姚府碑铭》曰:"公讳懿,字善意……太宗东伐王充,授鹰府郎将、长沙县男……寻除陕州刺史,累加银青光禄大夫……龙朔初,邛蛮作梗,乃除使持节、嶲州都督……以二年十二月一日终于官舍,春秋七十有三……初,景龙年,以时宰先人,特制追赠幽州都督……"(《八琼室金石补正》卷五十)由此可知:"大夫"即"银青光禄大夫","二州都督"即本官嶲州都督、赠官幽州都督。"长沙县公",胡碑称"长沙县男",稍有不同。

胡碑称姚懿(公元590~662年)字善意,但《姚彝神道碑》和《元和姓纂》皆云名为善意。极南洞称姚意,当以此刻为准。

伎乐人像饰双丫低髻,颈佩桃形项饰,上裸,刻出双乳、小腹。交脚盘坐(插图一一七)。有方形或圆拱小龛。

窟顶正中为莲花,莲心凸出,莲瓣为浅浮雕,外以六身飞天环绕。飞天长发作髻或作长发垂肩,耳佩环。肩头有圆形项饰,但颇具象征意味。飞天肥硕,双乳和小腹突出,下着长裙,不露足,皆用粗犷的阴线刻成。

前室南壁有浮雕的双龙盘首造像碑,高164、宽70厘米。现存十八行,计二百字,占原文三分之一。陆增祥《八琼室金石补正》卷三十二收录残文七行,六十六字,称《姚夫人残刻》。笔者通过残文考证为姚崇(字元之)等为亡母刘氏做功德之碑,神龙二年(公元706年)启造,约景龙四年(公元710年)完工⑪。以前学者认为极南洞是则天武周时期(公元684~704年)的作品,也有学者认为是开元年间(公元713~741年)所造。经考证,它应是武周之后、开元之前唐中宗时(公元705~710年)的作品。这对龙门唐窟年代分析上有重要价值。

(三) 火下洞和八作司洞

火下洞是在火烧洞下方的一个不被人注意的大洞,平面呈方形,宽400、深400、高400厘米。三面环坛,坛高60厘米。坛上仅存正壁坐佛。坐佛有阳纹舟形背光,内刻卷草纹,着通肩式袈裟,禅定印,结跏趺坐于束腰方莲座上。束腰部分有神王、力士托举佛座。

环坛三面刻十二身伎乐人像,现仅存六身,皆刻于壹门中。壹门形状及伎乐人像均与八作司洞相似。伎乐人所佩桃形项圈,仅用两条阴线刻成,具有象征性。上身虽裸,但不着重表现丰满之胸、腹(插图一一八)。

窟顶有莲花藻井,莲心凸雕,外绕六身飞天。飞天面相圆满,长发垂肩,或佩项圈,身体丰硕,双乳及小腹突出(插图一一九)。下着裙,腰带在两胯处作结。双臂张开,帛带飘扬。有的以手托盘。

窟门外两侧为二力士、二狮子。力士像上裸,下着裙,裙腰折出,一手托山,与极南洞力士像相近。

八作司洞平面呈方形,三面环坛,造像在坛上。布局是一坐佛、二弟子、二菩萨、二天王、二狮子。窟门外为二力士。

主像螺发髻,通肩袈裟,结跏趺坐于方形束腰莲座上,束腰部分有力士托座(插图一二○)。与火下洞佛座不同的是,座下又加一层束腰台基,台基的束腰部分也有力士托承。主像舟形身光中,内刻伎乐人,外刻卷草纹。

弟子(插图一二一)、菩萨像(插图一二二)立于八角束腰莲座上,束腰部分

一一八 火下洞坛基伎乐天　　　　　　一一九 火下洞窟顶飞天

刻单莲瓣形壸门。这种座式与奉先寺壁面上所刻四十八身阿弥陀立佛［开元十八年(公元730年)造］的座式接近。

南北二天王像(插图一二三)足踏的夜叉及双狮之下均增设云形台座。南天王腹前饰虎头纹，右手持宝珠。北侧狮子尾上有三缕卷毛。

坛上刻十二身伎乐人像，皆在壸门内。壸门形状、伎乐人的形态与火下洞一致(插图一二四)。

窟顶风化严重，仅知有一朵大莲花，余不可辨。窟门上方向外斜出，门上几无壁面。

窟外两侧有二力士像，现仅存右侧一身。上举雉尾，圆头光，外有火焰纹。上裸，下着裙，束带作结，裙腰翻出(插图一二五)。

由上可知，火下洞和八作司洞关系甚密：两洞主像的四角束腰莲座类似，但八作司洞增加了台基。两洞坛上伎乐、壸门基本一致。两洞的力士相似，八作司洞增加了雉尾。此外，八作司洞主像螺髻式样，与奉先寺阿弥陀佛的发饰接近，佛座也同于阿弥陀的佛座。由此推测，火下洞约早于八作司洞。估计火下洞大体完工于开元十年至十五年(公元722～727年)之间，八作司洞约完工于开元十八年(公元730年)前后。

(四) 摩崖三佛、卢公洞和宝塔洞

摩崖三佛和奉先寺一样，也是将山坡劈成三面而露天造像的。南北宽达1685厘米，东西进深800厘米，崖壁高730厘米，气势宏大。

造像布局是并列的三坐佛，而以倚坐的弥勒像居中(插图一二六)。此项工程未完工，中途便废弃了。

过去学者认为它是初唐作品，但未阐述理由[12]。我们从造像形制与式样看，摩崖三坐佛应造于武则天前期，因为：

一、 三坐佛虽是方形台座(未完工)，但台座前均刻出较长的同心圆纹样，此种作法见于奉南洞主像佛座；

二、 三身坐佛及一身已开脸的菩萨像，面相丰满，眉骨高耸，此种作法始于奉先寺；

三、 南侧坐佛着通肩式袈裟，在颈前有一道衣纹自右肩向左肩头搭敷。

"姚意之妻"即姚崇生母刘氏(公元706年卒)。

碑文称："男女长大，皆予班秩"，内中一子是"……二尚书同□台凤阁三品、上柱国、梁县……"。这就是姚崇(字元之)。据《新唐书》卷一二四《姚崇传》及《则天本纪》可知：长安四年六月(公元704年)，"相王府长史姚元之兼知夏官尚书同凤阁鸾台三品"，旋改春官尚书。又因参与张柬之谋诛二张事件(长安五年正月)，"以功封梁县侯"。

碑云："　龛任宋州参……"。据《新唐书·宰相世系表》知姚懿有一子叫元素，元素有一子，名龛，官至楚州刺史，当即此人。

总之，《极南洞碑铭》应是"同沐荣庆"的姚意子孙"各抽赀俸"为刘氏所造。故其上限，是刘氏亡故的神龙二年正月，其下限不晚于开元三年十月十三日，因为此时又追赠姚懿"吏部尚书"、"谥文献公"，刘氏也"累封彭城郡夫人"。

结合极南洞造像考察，我们认为该洞当完工于景云元年(公元710年)前后。

⑫　认为摩崖三佛造于初唐，见《龙门石窟之研究》，30～31页，同朋舍，昭和五十五年版。

一二○　八作司洞正壁坐佛像　　一二一　正壁左弟子像　　一二二　正壁左菩萨像　　一二三　北壁天王像　　一二四　八作司洞坛基伎乐天

一二五　八作司洞窟门南侧力士像

一二六　摩崖三佛像

一二七　卢公洞正壁右菩萨像

① 王昶：《金石萃编》卷八四收有录文，但释读有误，如将"四十八事"释成"一十九事"。

此种作法很近似于双窑莫神疾龛(公元687年)的样式，比奉先寺卢舍那的形式更突出；

四、 取消了"贴泥条"式的刀法，不应是初唐之作。

综上所述，大致可以推断摩崖三佛约辍工于长寿年间(公元692～694年)或以前。

卢公洞在龙华寺北侧下方，宽150、深155、高175厘米。正壁起坛，坛高27厘米。坛上造一坐佛、二菩萨像。主像已无存，仅有束腰圆莲座。二菩萨立于束腰圆莲座上。此时的束腰圆莲座采用下圆大、上圆小的形式。菩萨像的姿势优美，装饰简练。右菩萨左手托小净瓶(插图一二七)，左菩萨左手提净瓶。

两侧壁刻千佛。窟顶无雕饰。窟门外两侧亦未见雕刻遗痕。

造像记在左壁，高64、宽44厘米，题曰"大唐故朝散大夫行梓州司户卢公龙门山石像赞"，纪年为万岁通天二年(公元697年)六月廿三日。

宝塔洞在路洞北侧上方，因洞内刻有三座宝塔，故以名之。

该洞宽400、深350、高400厘米。平面方形，三面环坛，坛高65厘米，造像在坛上。布局是一坐佛、二弟子、二菩萨、二天王像。门外为二力士像。但大部造像已残，或全身毁去。

地面、环坛、窟顶均未完工。

南壁有为杨仙广造像龛，时间是开元八年(公元720年)。据此，可作为宝塔洞的下限。

依残像观察，宝塔洞天王像接近于极南洞的天王，但比之略早。我们推断宝塔洞当辍工于武则末年，即长安年间(公元701～704年)。

七　玄宗时代西山诸小洞

(一)　内侍省造四十八身阿弥陀像

奉先寺北壁外侧有摩崖刻碑一方，题为"大唐内侍省功德之碑"，高280、宽100厘米。这是内侍省高力士等"一百六十人奉为大唐开元神武皇帝"造像记，内称"敬造西方无量寿佛一铺四十八事"。时间是开元十八年(公元730年)六月七日①。

这四十八身佛像，分组穿插于大卢舍那像龛岩壁间。全部造像为立佛，高190～200厘米，即所谓等身佛像(插图一二八)。这批佛像如出一辙，螺髻、鼓脸，着通肩式袈裟，或双领下垂大衣，立于八角束腰莲座上，束腰中刻单莲瓣形壸门，内刻着甲天王。佛有桃形头光，而无身光，头光由莲瓣、七佛和火焰组成。

龙门等身造像(插图一二九)之风起于唐高宗前期，如在老龙洞北壁有永徽二年(公元651年)九月三十日樊庆为亡兄造"等身救苦观世音像"。但等身像的大量雕造却是在武则天及唐玄宗时期，如在老龙洞上方有万岁通天元年(公元696年)许乾夫人徐氏造"等身救苦观世音菩萨像"，又如在老龙洞上方有开元三年(公元715年)八月十日韦利器兄弟为亡姊造"大弥陀等身像一铺"。此龛高92、宽46厘米。在惠简洞北侧一龛,宽300、深350、高300厘米,有大药师佛等身像一铺。药师佛螺发,通肩袈裟,肩部衣角向两肩搭敷。右手上举,托一圆钵,立于束腰圆莲座上。其左右外侧各有菩萨、力士像一身。营造时间当在开元末年(公元741年)。龙门的药师佛像龛,约有二十多个。据统计,除奉先寺崖壁处,龙门共有等身像龛约五十个左右,惜大多已成无像的空龛了。

一二八　奉先寺正壁右侧等身像

(二)　徐悝洞与杨思勖洞

徐悝洞在极南洞南侧下方。平面呈方形,宽113、深113、高120厘米。洞内三面环坛,坛边延伸至窟外,坛高15厘米。造像布局是:一坐佛、二弟子、二菩萨、二天王像。门外两侧为二力士像(插图一三〇:1～2)。窟顶无雕饰。

主像头残,通肩袈裟,坐于八角束腰莲座上。左弟子残,二菩萨已毁。天王高髻,肩上有宽大的顿项,胸腹前饰以云状纹样。足踏下的俯卧式夜叉,长发,前蹄二趾。

前室左壁有开元廿一年(公元733年)十月四日郎中徐悝造阿弥陀像记,高50、宽30厘米。

杨思勖洞在奉先寺北壁,平面方形,宽150、深180、高175厘米。三面环坛,坛高19厘米,也是采用坛边直通窟外的形式。

洞内造像一身无存。窟顶无雕饰。

一二九　奉先寺北壁等身像

造像记在窟门上方,曰"唐上柱国虢国公杨思勖造像记",高50、宽130厘米。时间当在开元十三至廿三年间(公元725～735年)[14]。

窟门外两侧有二力士像。力士上裸,下着裙,双手持帔帛,在足部作八字形向外飘扬。

三面环坛,坛边直通窟外,这是当时流行的作法,东山看经寺北侧的开元廿年(公元732年)五月一日梁知古洞也是如此。梁知古洞宽185、深160、高170厘米,造像全部无存。

(三)　新罗人像龛、六天王洞与五佛洞

新罗人像龛平面呈方形,宽185、深160、高180厘米。三面环坛,坛高24厘米,坛边直通窟外。今窟内外造像全部无存。仅窟门上方有"新罗像龛"题额。该龛设高门槛,与余龛稍异(插图一三一)。其时间,当在中宗至玄宗初年(公元705～712年)。

六天王洞在路洞北侧上方,平面方形。宽190、深184、高177厘米。三面环坛,坛高23厘米,坛边直通窟外。坛上造像,主像及有无弟子像均不详。再外为左右各二身菩萨、三身天王像。门外无力士。

六天王服饰相似,皆着铠甲,足踏夜叉。天王均一手叉腰,一手举拳。夜叉四坐二卧,有蹄,头发竖立。一窟中雕六天王仅此一例。时间当在玄宗初年(公元712年)。

五佛洞在南极洞南侧下方,平面呈长方形。宽120、深200、高150厘米。三

1　天王像　　　　2　力士像

一三〇　徐悝洞造像

⑭　阎文儒:《龙门奉先寺三造像碑铭考释》,《中原文物》,1985年特刊。

面环坛,坛高20厘米,坛边接近直通窟外的形式。

坛上造像的布局是:一坐佛、四立佛(插图一三二)、二菩萨、二天王像(插图一三三)。窟门外两侧为力士和狮子。所有造像均采用圆莲座。左壁菩萨左舒坐,右手持莲花,应为地藏菩萨(插图一三四)。右壁菩萨无存。天王踏一夜叉(插图一三二),形象与徐悝洞相似,应是开元二十年(公元732年)前后所造。

洞内五佛,未悉名称。据开元十三年(公元725年)六月十三日"大唐中岳东闻居寺故大德珪和尚纪德幢"上方所刻四方佛是:阿弥陀佛、宝生佛、阿閦毗佛、天鼓音佛。加上本尊大日如来,共为五佛。但这五佛既不同于胎藏界,也不同于金刚界,应是密宗传布以前的作法。

一三一 新罗人像龛外景

一三二 五佛洞正壁立佛像　　一三三 五佛洞南壁天王像

一三四 五佛洞半菩萨像

一三五 天宝洞正壁坐佛像

(四) 天宝洞与路南洞

天宝洞在极南洞下方,平面方形,宽130、深125、高150厘米。三面环坛,坛高22厘米,坛边直通窟外。

坛上造像是一坐佛、二弟子、二菩萨像。窟门外为二力士像。

主像高肉髻、波状发纹,面相丰满,着通肩式袈裟,肩头两侧敷搭衣角,结跏趺坐于束腰仰覆圆莲座上(插图一三五)。弟子着交领袈裟(插图一三六)。菩萨项圈取消,璎珞简单,仅为串珠而成。右菩萨左手持一宝珠,右手提帔帛(插图一三七)。正壁及左右壁刻千佛。

在窟外右力士(插图一三八)上方有"天宝十载"字样,可知造于天宝十载(公元751年),是龙门玄宗时期有纪年最晚的洞窟。

路南洞在路洞南邻上方,平面略呈方形,宽210、深220、高220厘米。正壁起坛,坛高27厘米。坛上造像全部无存,仅在正壁上有主像椅背的痕迹。

两侧壁刻千佛,千佛皆着双领下垂袈裟,结跏趺坐。

窟内平顶,正中为圆莲心,外绕莲瓣。再外有一圆圈,由莲瓣边缘向外呈放射状宽线若干条。

窟门左右两侧力士像,今残存右力士一身。

主像椅背作舟形,由两重连弧纹组成。每两连弧之尖端刻一宝珠。椅背上有尖角弧纹,左右为日、月形象。椅背外侧上方向左右各有一张口、卷鼻、吐舌的龙头。椅背以上,刻菩提树。

路南洞的椅背,比惠简洞、大万伍千佛龛和极南洞更为复杂,并将椅背与菩提树结合起来,其营造时间当在天宝年间(公元742~756年)。

(五) 释迦洞和魏牧谦洞

释迦洞在奉先寺南峭壁间,平面呈方形,宽170、深150、高150厘米。三面环坛,坛高15厘米,坛边直通窟外。

正壁释迦像结跏趺坐于束腰圆莲座上,束腰部分有球状装饰。肉髻螺发,着袒右肩袈裟。左壁普贤菩萨坐像,舒左腿,扬右手。右壁文殊坐狮子,舒右腿,扬左手。窟门已残。

该洞的营造大约在开元至天宝年间(公元713～756年)。

魏牧谦洞在石牛溪内峭壁上。平面方形,三壁环坛,坛上造阿弥陀像、释迦牟尼像和弥勒像三铺。时间是开元五年(公元717年)八月十五日。值得注意的是,这三铺像是作为"三世佛"供奉的。《魏牧谦家像铭》云:"尝读佛经,云过去、未来、现在为三世佛,欲求解脱而不归依者未之有也。先世尚焉,崇信极矣……乃于龙门奉先寺北敬为亡考妣造阿弥陀像、释迦牟尼像、弥勒像,合为三铺,同在一龛。"这里把"阿弥陀佛"视为"过去佛"。在老龙洞门外上方有开元三年(公元715年)韦利器造阿弥陀像龛,也称"弥陀得道四劫前,庄严幽路百福先",同样视"阿弥陀佛"为"过去佛"。

八　大万伍千佛龛及擂鼓台南北洞的排年

(一)　大万伍千佛龛

大万伍千佛龛又名擂鼓台中洞,是一个布局新颖的大洞。它是以比丘道远为首的邑社共同建造的,可能就是宋代游人常称的"远公龛"⑮。

平面呈马蹄形,正壁起高坛,宽73、高150厘米。坛上造倚坐弥勒佛并二侍立菩萨像一铺(插图一三九)。左右壁及正壁下部壁脚刻有传法罗汉二十五身(插图一四〇)。上有7厘米的边框,下面离地面20厘米,罗汉高70厘米左右。在宽阔的窟室中央有长方形凹坑,深2.5、南北宽430、东西长340厘米。凹坑的中央保留一石台,高35厘米,南北宽260、东西长170厘米。

窟顶中心是浮雕重瓣莲花,周围刻出祥云宝塔(塔内有化佛)、飞翔的裸体童子(有飞扬的帔帛)、猞猁鸟以及飞翔的筝、琵琶、细腰鼓、曲颈琵琶、铋、鼓、摩尼珠等(插图一四一)。

除上述雕刻外,全窟其余壁面遍布千佛。

窟门外为二力士像,仅存残痕。窟门上方题刻"大万伍千佛龛"。题榜左右及力士周围亦遍刻千佛(插图一四二)。

洞内有题榜:"上方壹切诸佛"、"北方壹切诸佛"、"东北方壹切诸佛"、"西北方壹切诸佛"、"南方壹切诸佛"、"东南方壹切诸佛"、"西南方壹切诸佛"。

窟门之内南侧下方刻有经文《佛说阿弥陀经》、《金刚般若波罗蜜经》、《六门陀罗尼经》、《般若波罗蜜多心经》。在二十五身罗汉旁,刻有摘自《付法藏因缘传》的段落。

从上述的布局可知,这是表现一处"弥勒净土",除西方阿弥陀佛、东方药师琉璃光佛外,包括了"一切诸佛"。

该洞在表现净土世界上,继承了万佛洞的构思而又有重要的发展。

从继承上来说:

一、　主像在后壁表现,前面有宽广的空间;

二、　用万佛壁以示亿万人成佛;

三、　镌字于窟顶,表示各方诸佛。

从发展上来说:

⑮　在该窟门外左侧刻有上下四排供养人像,总高78、总宽50厘米。上排第一人榜曰:"比丘道远,一心供养"。

一三六　天宝洞正壁左弟像

一三七　天宝洞正壁右菩萨、弟子像

一三八　天宝洞南力士像

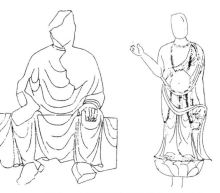

一三九　大万伍千佛龛弥勒及左菩萨像

一四〇　大万伍千佛龛北壁罗汉像

一四一　大万伍千佛龛窟顶雕刻

一四二　大万伍千佛龛窟门

一、　用后壁起高坛置主像,以便安排环绕三壁的二十五身罗汉像;

二、　取消人间伎乐,让乐器在空中飞翔,以示净土世界百般乐器"不鼓自鸣"之状,更富有幻想和吸引力;

三、　把净土表现和强调法统的二十五罗汉、重要经典结合起来。

大万伍千佛龛的弥勒佛着通肩式袈裟,坐叠涩束腰方座,足踏两朵莲花座,与龙华寺北壁倚坐佛相似。左胁侍菩萨像的项圈比龙华寺左菩萨的简化,但姿态更加生动。可以推测,大万伍千佛龛应晚于龙华寺洞,与丝南洞相当。

在窟内所刻经文中,多次出现武则天创制的日、月、天、地、臣、正等文字,说明该洞刻于武则天时代(公元684～704年)。

在窟外南力士左侧有一段造像题记残文,高20、宽20厘米。在"佛弟子王楚珪"、"佛弟子刘帝释"等人名之后有"圣□"字样,即是武周圣历(公元698～700年)年号,这是该窟时间的下限。

综上分析,我们推断大万伍千佛龛完工于天授年间(公元690～692年)。

(二)　擂鼓台南洞与刘天洞

擂鼓台南洞平面略呈方形,地面中央有方坛,高10厘米,南北宽330、东西长230厘米。

窟顶为一浮雕莲花。除此之外,在三壁50厘米以上遍刻结跏趺坐于短梗莲座上之菩萨像。这种菩萨像,一般高40厘米,有状如冠形的高耸发髻,或尖顶,或圆顶,缀以珠宝;有装饰复杂华丽的项圈、璎珞,并佩有臂钏。有的肩披有帔巾,有的斜披络腋,手势各异,总数约千余身。

该洞中央现存一身大日如来像(插图一四三),但我们无法确定此像是否是本洞之原作。所以,不能据此断代。唯一可据的是这批菩萨像,而可与这批菩萨像作比较的则是刘天洞。

刘天洞在擂鼓台北洞之北侧,是一座结构特殊的小洞(插图一四四)。洞窟明显区分为上、下两层楼式。上层高120、下层高110厘米,中间隔梁高29厘米。从平面上看,是三壁环坛、坛边直通窟外的形制。宽150、深165厘米。

上层坛上造像的布局是:主像(无存)、二弟子、二菩萨(右侧无存)、二天王像。门外两侧为力士像。下层正壁是大日如来,左右胁侍无存。两侧壁上各刻十身菩萨坐像,分上、下两排,每排五身。隔梁上刻供养人与狮子。

大日如来,头残,坐高82厘米。颈有桃形项圈,内圈缀宝珠一周,尖部缀宝珠两颗。斜披袒右肩袈裟,右臂佩石榴状臂钏,禅定印,结跏趺坐,露脚掌、足趾,坐于束腰圆莲座上。这是龙门石窟中为数不多可以确定的大日如来形象(插图一四五)。

两侧壁上的菩萨像,全部结跏趺坐,高发髻如冠,缀以宝珠。项圈、璎珞复杂多样,大量使用宝珠装饰。有的有披肩,边上亦镶宝珠。大体上和擂鼓台南洞的菩萨像类似,即所谓"首戴发髻,犹为冠形"(插图一四六)。

上层的侍立菩萨像无璎珞,帔帛自两肩垂下,不再绕于身前。天王皆踏云状山石,左天王左手扬起,手持宝珠。力士战裙较短,仅至膝上,与军元庆洞类似。

在窟前室北壁上有一小龛，造像记云："佛弟刘天愿行□平安，敬造阿弥陀□二躯，一心供养。天授三年三月八日"。龛高17厘米，造像记高4、宽14厘米。显然，天授三年(公元692年)是刘天洞年代的下限。

由于刘天洞上层造像与军元庆洞相似，所以可推断：刘天洞完工于天授初年(公元690年)。

由上述刘天洞与擂鼓台南洞坐式菩萨相似，可以推断擂鼓台 南洞的完工也 在天授年间(公元690～692年)。

(三) 擂鼓台北洞

擂鼓台北洞平面呈马蹄形，三面环低坛，高13厘米。

正壁造大日如来像，结跏趺坐于束腰方莲座上，头戴宝冠，颈有桃形项圈，上缀以宝珠、莲花、宝铃等物。袒右肩，右臂有臂钏(插图一四七)。南壁仅存束腰八角莲座，佛像无存。北壁佛像着通肩袈裟，坐于八角束腰莲座上，螺发、有舟形背光。三坐佛之间的壁面上，刻有菩萨坐像约三十身以上。这类菩萨散发披肩，有桃形项圈(上无宝珠装饰)，无璎珞。有斜披之络腋、帔帛等，下着裙，上裸、双乳及小腹表现突出(插图一四八)。

窟门内南侧为八臂菩萨立像，北侧有四臂菩萨立像。

窟顶刻大莲花，外绕四身飞天。高髻，桃形项圈，上裸，下着裙，张开双臂作舞蹈状。

窟门外北侧有一比丘残像，南侧比丘无存。圆拱门上方刻尖拱楣，有开元六年(公元718年)十月十五日完工的崔山龛，打破了尖拱楣，可证擂鼓台北洞的完工要早于开元六年(公元718年)。

该洞的飞天略似极南洞，大体可以推断擂鼓台北洞完工于睿宗时(公元710～711年)或略晚。

该洞所造的"三佛"，似应是"三身佛"，以法身大日如来居中。

九 万佛沟内诸洞排年

(一) 三佛洞

三佛洞在万佛沟北崖中段上方峭壁间，窟门南向。平面方形，宽360、深335、高300厘米。三面环坛，高42厘米，造像约置于坛上。

造像布局是一弥勒、二弟子、二菩萨(无存)、二坐佛、二菩萨(无存)、二天王像。门外两侧为二力士、二狮子。窟顶及坛面上均无雕饰。

弥勒头残，着双领下垂式袈裟，胸下系带，坐于长方形台座上，足踏两朵莲花座。无靠背及头光。弟子及菩萨皆立于束腰圆莲座上，莲花瓣尖突起。四身菩萨均被盗凿，仅存主像左菩萨手持的一枝莲花，上有含苞待放和盛开的

一四三　擂鼓台南洞正壁大日如来像

一四四　刘天洞窟门

一四五　刘天洞正壁大日如来像

一四六　刘天洞菩萨坐像

207

一四七　擂鼓台北洞正壁大日如来像

一四八　擂鼓台北洞北壁菩萨坐像

一四九　高平郡王洞正壁坐佛像

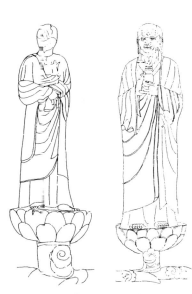

一五〇　高平郡王洞正壁弟子像

莲花。东壁坐佛着双领下垂袈裟，胸下系带，西壁坐佛着通肩式袈裟，有块状波形发髻，二佛皆坐于八角束腰莲座上。二天王皆踏一夜叉。左天王除顿项外，肩有帔巾。腹前饰云头纹，与八作司洞的天王相近。窟门外力士上裸，无项圈、璎珞装饰，下着裙，腰间系带，与极南洞力士相似。二狮子皆有三撮胡须，举一爪，尾拖于腿下。

由上述造像特征可知，三佛洞约完工于开元初年(公元713年)或略晚。

(二)　高平郡王洞

高平郡王洞在万佛沟北崖东段上方，平面呈方形。正壁上高浮雕串枝五朵莲花座，中间一朵较大，余四朵较小。莲花上饰以两重莲瓣纹。造像布局是一坐佛(插图一四九)、二弟子(插图一五〇)、二菩萨像(插图一五一)。主像头残，着通肩式袈裟，肩头左右敷搭衣角，结跏趺坐，有舟形背光。五身像下，距地表45厘米处有坛，坛深40厘米，坛上刻坐佛一排，计九身。坐佛通高110厘米，皆突胸束腰，结跏趺坐，着通肩袈裟或袒右肩，坐于圆莲座上(插图一五二)。东起第二身有臂钏。

西壁及前壁西侧均刻上、中、下三排坐佛。大小、衣饰、坐姿与正壁相似。有的有波状发纹，有的有臂钏。东壁及前壁东侧尚未刻出佛像。方顶，无雕刻。

窟室内有插佛座用的孔洞24个，直径28、深20厘米。活动佛座方形，长50、宽50、高20厘米。

窟门外力士像高髻，嵌一宝珠。上裸，下着短裙，裙腰折出，系带。帔帛呈八字形在腿间向外飘扬。头光圆形，外有火焰纹(插图一五三)。

洞内原有圆雕佛像座若干，造像记十则，有三则署开元十六年(公元728年)二月廿六日。重要题记有两则：

一、"大唐开元十六年二月廿六日,香山寺上座比丘慧澄检校此龛庄严功德记。同检校比丘张和上,法号义琬。刻字人常忠"。

二、"大周之代高平郡王图像尊仪躯有数十,厥功未就,掩归四大。自兹零露,雨洒尘沾。遂使佛日沉辉,人天福减。惟我香山寺上座慧澄法师,伤之叹之,惭之愧之,爰徵巧匠,尽取其□,饰雕翠石,焕然紫金,即身之弃……"。

由此可知,此洞是高平郡王武重规所造。武重规事见《新唐书》卷二一五上,天授元年(公元690年)受封高平郡王,神龙元年(公元705年)降封邠国公。史书未载卒年。

此洞造像形制晚于大万伍千佛龛,力士的高髻,接近开元初形式。大体推断,高平郡王洞缀工于开元初年(公元713年)。

该洞地面上安设二十四佛,合主尊共二十五身,或许是为破二十五有而设的"二十五坛别尊法"。

一五一　高平郡王洞正壁菩萨像

(三)　沟口洞与党晔洞

沟口洞在万佛沟西口北崖上,平面方形,宽240、深210、高200厘米。三面环坛,高32厘米、坛上造像布局是一坐佛、二弟子、二菩萨、二天王像。门外两侧为二力士像。

主像螺髻,通肩袈裟,禅定印,结跏趺坐于束腰圆莲座上。二弟子头残,阿难袈裟双领下垂,从左领内翻出一角,交手侍立。菩萨着细璎珞,帔帛横过身前两道。天王高髻(插图一五四),嵌以宝珠,面相丰满,足踏夜叉。夜叉长发,蹲坐(插图一五五)。二力士上裸,无项圈、璎珞,下着裙,束带,裙腰翻出。

该洞完工的时间,当在开元初(公元713年)。

党晔洞在万佛沟西口南崖,鸽子板下方。平面方形,宽195、深150、高220厘米。三面环坛,高28厘米,坛边直通窟外。坛上造像布局是一坐佛、二弟子、二菩萨(无存)、二天王像。窟门外两侧为二力士像。

一五二　高平郡王洞坐佛像

主像螺髻,着双领下垂式袈裟,袈裟左肩下有吊钩,结跏趺坐于束腰圆莲座上,座上有二卧狮。天王像高髻,上端向两侧分卷。面相丰满,有髭须。腰间束带,腹前有云头纹,足踏夜叉。窟顶无雕饰。力士像上裸,下着裙。

一五三　高平郡王洞力士像

一五四　沟口洞正壁右天王像

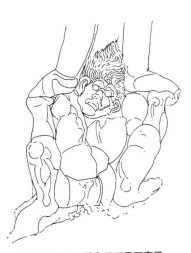

一五五　沟口洞正壁左天王足下夜叉

209

一五六 西方净土变龛上层坐佛像

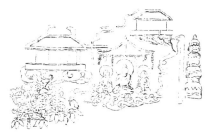

一五七 西方净土变龛上层佛殿

一五八 西方净土变龛上层菩萨坐像

一五九 西方净土变龛下层菩萨坐像

一六〇 西方净土变龛下层舞伎

窟门上方有大历七年(公元772年)党晔等人题记,破坏了原有的题额。党晔洞的完工当晚于沟口洞,约在开元末年(公元741年)。

(四) 西方净土变龛

西方净土变龛在高平郡王洞下方东侧,高265、宽295以上、底深84厘米。龛右侧残毁。

造像分上、下两层,中间隔有横梁。龛左右侧刻二力士像,右力士无存。

上层中央是一坐佛,着通肩式袈裟,衣角敷搭双肩,结跏趺坐,高85厘米(插图一五六)。其左右侧为舒坐菩萨像,有璎珞。坐像有圆形头光和大圆形身光。菩萨为圆形头光。佛和菩萨头上方有宝盖,饰以团花纹、云头纹。

佛头正上方刻二层四阿顶楼阁,左右有飞翔的细腰鼓和琵琶。龛的左上角有三化佛,结跏趺坐于云端,上有宝伞盖。佛作波发髻,圆头光。化佛左侧有宝幡和四层宝幢。化佛右侧有飞鸟和飞翔的笛子。化佛右上方有化出的四阿式佛殿,以云纹衬托。化佛左上方也有一座化出的四阿式佛殿(插图一五七)。

在一佛、二菩萨之间,刻菩萨坐像八身,右端二身无存。菩萨有桃形项饰,缀以宝珠,没有璎珞,帔帛由两肩垂下。双乳及小腹刻划丰满、写实(插图一五八)。靠近左侧边缘处,刻八棱三级石幢一座。每级之间刻仰覆束腰莲座式的接头,上有半圆形帽,其上有宝珠。

下层分上、下两排。上排刻菩萨坐像四身(插图一五九),菩萨立像二身,坐佛像二身,下排中心刻双人对舞(插图一六〇),左右各三身伎乐坐像(插图一六一),再外左右各三身供养菩萨立像(插图一六二),有持香炉供养者。舞伎高27厘米,上裸,无项饰和璎珞。双乳、小腹丰满。下着裙,有帔帛自两肩垂下。这身舞伎与极南洞的舞伎比较,在表现丰乳、小腹上近似,但已取消了桃形项饰。

龛左侧的力士像上裸,无饰物,下着裙,举山形巨石,与极南洞力士相似。

综上分析,西方净土变龛略晚于极南洞,约在开元初年(公元713年)营造。

一〇 看经寺、二莲花南北洞和四雁洞的排年

(一) 看经寺

看经寺是龙门东山规模最宏大的洞窟。它的立面呈长方形,中间为圆拱形窟门,左右为二力士像。窟门上方中央应有题额或佛龛,左右有二身飞天,惜现已无存,唯存右侧飞天的飘带。力士像仅存北侧一身,昂首,上裸,下着裙,足部有八字形帔帛飘扬。

平面呈方形,窟顶为四面起坡的平顶。正壁及左右壁下部浮雕传法罗汉

二十九身,高170~175厘米。正壁十一身,南北壁各九身,现较完好的有二十六身(插图一六三:1~21)。

窟顶正中有八瓣莲花,围绕六身飞天(插图一六四)。飞天高髻,面相丰圆,颈前有圆形项饰,颇具象征性。下着裙,腰束带,腰带从两腿间飘出,露足。两肩上有圆形帔帛,一手托果盘。此种飞天与火下洞飞天相似。

据飞天的造型,可推断看经寺约完工于开元十年后到十五年前(公元722~727年)。

看经寺洞壁面上没有主像。二十九身罗汉应是依据费长房《历代法宝记》的传法二十九祖刻出。禅宗十分重视传承,唐玄宗时禅宗南北两宗斗争激烈。北宗的普寂、义福在两京(长安与洛阳)颇有势力,看经寺的开凿可能与北宗的传播有关。

一六一 西方净土变龛下层伎乐天

(二) 二莲花南洞

二莲花南洞平面呈方形,宽490、深430、高420厘米。三面环坛,高60厘米。正壁坛前又起一供台,长210、宽105、高33厘米。

坛上造像布局是:一坐佛、二弟子、二菩萨、二天王像(皆无存)。窟门外两侧为二力士像,左侧已无存。

主像肉髻上作块状波发,着通肩袈裟,敷搭左肩。结跏趺坐于束腰八角叠涩莲座上,舟形背光(插图一六五)。右弟子着交领袈裟,左手持念珠。菩萨像高髻,饰串珠圆形项圈,佩串珠璎珞。左菩萨手提净瓶,右菩萨左手托小净瓶。

环坛上有半圆形壶门,内刻伎乐人像。正壁下二身跪舞者(插图一六六,右侧者不清),丫髻,圆项饰,下着裙,两臂张开,持帛而舞。像高38厘米。左右壁下各有四身坐式伎乐人,有二身手托一圆形物,有一身手持帔帛(插图一六七)。似乎皆无乐器。

窟顶中央为八瓣大莲花,外绕四身飞天,体胖,一身托盘(插图一六八),三身作舞,帛带飘动,与极南洞的飞天相似。

窟门上方有二身飞天(插图一六九)。高髻,上裸,面相丰满,露足。皆手托一盘。北侧者残。

该洞主像、飞天均与极南洞相似,推断其完工在中宗时代(公元705~710年),或略晚。

一六二 西方净土变龛下层供养菩萨像

(三) 三莲花北洞

二莲花北洞的结构、布局、窟门外立面布置等,均与二莲花南洞相似(插图一七〇)。但该洞坐佛的座式用叠涩束腰方座,座前刻天王托炉、足踏夜叉的作法,是奉南洞主像前设香炉形式的发展。

窟顶为八瓣莲花,绕以四身线刻飞天。飞天高髻,有象征性圆形项饰,上裸,双乳、小腹丰满。皆一手托盘,盘中无果品,露足,帛带飘扬,彼此呼应,颇具动势。飞天形象与极南洞相似。

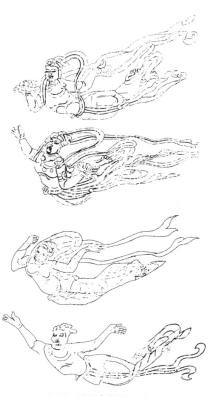

一六四 看经寺窟顶飞天

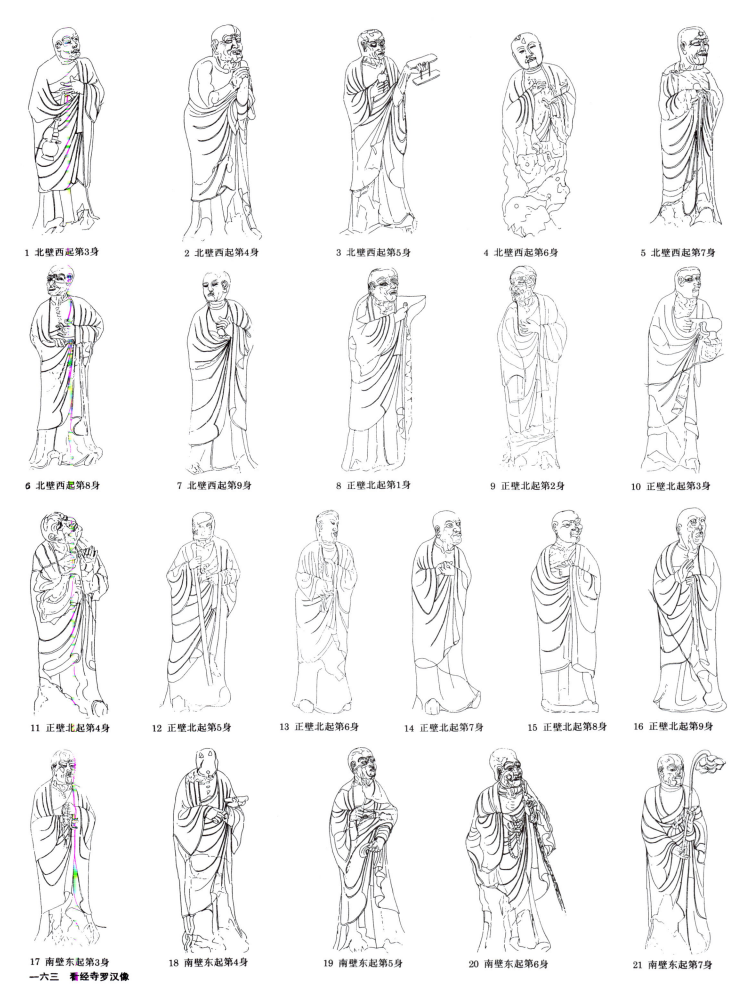

1 北壁西起第3身　　2 北壁西起第4身　　3 北壁西起第5身　　4 北壁西起第6身　　5 北壁西起第7身

6 北壁西起第8身　　7 北壁西起第9身　　8 正壁北起第1身　　9 正壁北起第2身　　10 正壁北起第3身

11 正壁北起第4身　　12 正壁北起第5身　　13 正壁北起第6身　　14 正壁北起第7身　　15 正壁北起第8身　　16 正壁北起第9身

17 南壁东起第3身　　18 南壁东起第4身　　19 南壁东起第5身　　20 南壁东起第6身　　21 南壁东起第7身

一六三　看经寺罗汉像

在前室北壁上,刻有先天二年张庭之造像龛(插图一七一),可证该洞不晚于先天二年(公元713年)。

由主像前设香炉、飞天又近似极南洞等来分析,该洞约完工于武则天末年,即长安年间(公元701～704年)。

(四) 四雁洞

四雁洞平面呈马蹄形,正壁起坛,坛高70厘米。坛上造像今全部无存。

窟顶圆形,中心刻八瓣莲花,绕以四只大雁(插图一七二),再外为四身飞天。飞天皆长发垂肩,戴圆项饰,上缀以圆铃。面相丰满,上裸,下着裙,露足,皆右手托盘,盘中有仙果。四身飞天皆无帔帛,腰部未束带(插图一七三)。

四雁洞的窟顶形制发展了奉南洞的作法:

一、 奉南洞的飞天皆手托一圆盘,盘中无果品,四雁洞则有果品;

二、 奉南洞的四雁翅膀上不刻羽毛,四雁洞则刻出羽毛。

四雁洞的飞天较之火下洞、看经寺等窟又有三点变化:

一、 四雁洞飞天虽有长发垂肩,但无高髻;

二、 四雁洞飞天虽着裙,但胯两旁无衣结;

三、 四雁洞飞天取消了腰带和帔帛。

但四雁洞飞天有象征性的圆项圈,双乳及小腹丰满等又与火下洞、看经寺相似。所以我们大致可以推断:四雁洞晚于火下洞、看经寺,约完工于天宝年间(公元742～756年)。

四雁洞南邻一洞,平面呈马蹄形,宽290、深240、高300厘米。正壁起坛,高40厘米,形制与四雁洞相同。但全窟内外无雕饰,大概与四雁洞开凿时间相近。

一一 玄宗以后的唐窟排年

(一) 千手千眼观世音菩萨龛

千手千眼观世音菩萨龛位于万佛沟东段,在西方净土变龛以东。

龛高238、宽177、深42厘米,内刻一身十二臂菩萨立像,头上有波状发纹,高髻,正中刻一身化佛,结跏趺坐。

菩萨面相方圆,眉骨高耸,两眼细长,额头正中竖刻一目。颈有三环纹(插图一七四)。腹前有串珠璎珞。下着裙,裙腰出一圆形衣角,双曲线衣纹紧贴双腿,裙边外摆。

菩萨胸前有四臂,腹前有二臂。另外,两侧又各有三臂。左上臂手持"梵夹",其余手上持物不明,皆戴手镯。在身侧膝部以上,围绕菩萨上身,遍刻千手(插图一七五),每手心出一目。

这身菩萨腿上刻出双曲线纹、裙边外摆的作法及腰部微向左倾的姿势,都与天宝洞接近。但高耸的发髻,饰以波状发纹,又趋近于卢征龛。所以,大体

一六五　二莲花南洞正壁坐佛像

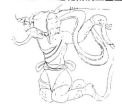

一六六　二莲花南洞北壁坛基伎乐天

一六七　二莲花南洞北壁坛基伎乐天

一六八　二莲花南洞窟顶飞天

一六九　二莲花南洞窟门北飞天

一七〇　二莲花北洞窟门南飞天

一七一　二莲花北洞先天二手龛

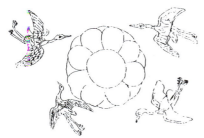

一七二　四雁洞窟顶

一七三　四雁洞窟顶飞天

一七四　千手千眼观音像龛菩萨头部

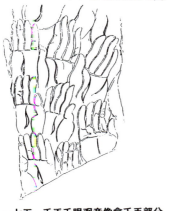

一七五　千手千眼观音像龛千手部分

可以推断该龛晚于天宝而早于贞元,约完工于代宗时(公元765～779年)。

这身菩萨像似应根据唐菩提流志所译《千手千眼观世音菩萨姥陀罗尼经》而造出,经文中所谓的观音面具三眼、体具千臂、掌中各有一眼的说法,与此身造像完全吻合。

(二)　卢征龛

卢征龛在万佛沟西段北崖上方,是一方形龛。高230、宽123、深110厘米,内造一身等身救苦观世音菩萨像。

菩萨有圆形头光,外有火焰纹。高髻,上有化佛,下有宝珠,发纹作波状,长发散布于两肩上。面相丰圆,眼角细长。双耳佩圆耳坠,串珠璎珞交叉于腹前圆形饰物上。颈系项饰,缀以宝珠。下着裙,裙腰外折。另从腰前下伸一条长带,直拖足部。带上作两个花结。帔帛宽大,自两肩下垂,绕腹前飘下。左手提净瓶,右手上举。手已残。足踏束腰圆莲座。(插图一七六),

据造像记可知:这是户部侍郎卢征所造"救苦观世音菩萨石像"时间是贞元七年(公元791年)二月八日[16]。

(三)　千手千眼观音洞

千手千眼观音洞位于高平郡王洞下方东侧,平面作方形,宽162、深150、高132厘米,平顶,无雕饰。

洞内正壁造像全残,据残痕观察应是一佛、二弟子、二菩萨像。

西壁遍刻千佛,皆坐于莲花台座上。

东壁正中有一千手千眼观音像,高109厘米。身躯被盗,尚残存六臂的局部及千手千眼局部。观音下部左右各有一小龛,内刻21厘米高的舒坐菩萨像,头均残(插图一七七)。

此龛因残毁过甚,时间判断约与千手千眼观音龛同时,但要早于代宗时。

一二　结语

龙门唐代洞窟大体上可分如下四期:

第一期:太宗晚期,大约自贞观十年前后至贞观末年(公元636～649年)。这是初唐风格建立期。

这时期的造像大都面相方圆,身躯僵直,胸腹和腰部无大起伏。佛座主要是方形台座式 或束腰方台座式,莲瓣宽而短,贴附于台座上。弟子和菩萨像立于圆莲座上。佛的衣纹垂于台座前,但较零乱,或状如鱼鳞,或于台座前中部刻出呈同心圆状衣纹,两侧则是竖条衣纹。弟子像或正面,或侧面,且多作双手合十状。菩萨像高宝冠,腰间束一条垂至足部的腰带。有一条或两条璎珞,形体呆板。

此期初唐风格已经确立,如方圆的面相,颈有三条横纹,衣纹多用贴泥条式的技法。

第二期:高宗前期,始自永徽元年,约止于永隆以前(公元650～679年)。这是唐代风格的成长期。

这期的造像很快变得丰满适度,体形也表达得较好。特别是力士像,肌肉丰满,充满动势。弟子和菩萨像手中持宝瓶、念珠、莲花等,比较自由。天王像也在本期内出现并被普遍采用,足踏夜叉的形制也已定型。

佛座式样经历了梯形束腰方座或抹角束腰方座,并演化成八角束腰莲座式。这种莲座普遍被采用而成定式。弟子和菩萨像的座式也经历了矮束腰圆莲座而形成束腰圆莲座的形式。

第三期:高宗晚期至武则天时期,约自永隆元年至长安末年(公元680～704年)。这是唐代风格的繁荣期。

这一期的各类造像,特别是力士、菩萨、飞天和伎乐人像,力求表现人体美。着力刻画男性发达的肌肉、女性丰满的胸腹。菩萨的体态更富于变化,呈现出所谓"三道弯式"。

佛像的背光采用舟形内包含头光的形式。伎乐人大量使用,或刻于坛壁,或刻于背光之中。佛座上或坛壁上往往刻出壶门。八角束腰莲座更强调叠涩部分。束腰圆莲座的束腰部分的上下,增加一匝凸箍的作法,并普遍被采用。

洞内三壁环坛或正壁下起坛,造像置于坛上。莲瓣纹翘尖或宝装莲瓣代替了单式莲瓣。

飞天由俯卧式转变成张臂式。力士则逐渐取消了项圈和璎珞。夜叉多有长发,以手抱住天王腿部,蹄有二趾。

第四期:中宗至玄宗时期(公元705～756年)。这是唐代风格的鼎盛期。

在窟形方面,本期有宽大的窟门,窟门顶部直通窟外。环坛的坛边也直通窟外,洞内宽敞、明亮。

佛像多着敷搭双肩式通肩袈裟,螺髻或块状波发。座式由双重束腰方座、长方形八角束腰莲座等复杂形制,渐趋简化成束腰圆莲座式。

天王胸腹间装饰云纹。力士手托山形巨石。夜叉蹲坐,长发直竖,或于尖端作卷曲形状。伎乐人、飞天的胸腹丰满,高髻长发,项圈简化,仅具象征性。

总之,本期雕刻技艺纯熟,刀法简练。但在各类形象上无大的发展,装饰性纹样渐呈简化趋势,透露出由盛至衰的消息。

在龙门唐代窟龛中,能鉴别为皇室和官吏造像者计有一百三十余龛。其中有帝(如高宗)、王(如魏王李泰、河间王李孝恭、温王李重茂、中山郡王李隆业、高平郡王武重规等),也有后(如武则天)、妃(如纪国太妃韦氏、道国王母刘氏)、公主(如豫章公主、安乐公主);有武将(如左玉钤卫将军、薛国公阿史那忠,右玉钤卫大将军军元庆,洛阳宫使、守右领军将军、柱国、京兆公阎武盖)、文官(如吏部尚书唐临,夏官尚书同鸾台凤阁三品姚元之,户部侍郎卢征)、宦官(如内侍省高力士、杨思勖);也有地方官吏(如银青光禄大夫、羽林将军、上柱国、颍川县开国男许某等)。

皇室和官吏造像龛的规模大小是由出资多少决定的。如河间王、道国王

一七六　救苦观音像龛观音像

一七七　千手千眼观音洞东壁小龛菩萨像

⑯　卢征附见于《新唐书》卷一〇九《刘晏传》。

母刘氏、中山郡王李隆业等人，似财力所限，只是营造了一些小龛，而魏王李泰、纪妃韦氏、高平郡王武重规则营造了大洞。在开窟造像者中，既有虔诚的佛教信徒(如唐临)，也有为父母作功德用表孝心者(如以不信佛而著称的姚元之)。

高宗以来，一批无官职的人士营造了许多小洞(如洛州人杨妻韩氏等)，可能是庶族地主阶层发展的产物。

唐代的造像题材扩大了。随着许多新经典的翻译、诸宗派的发展，除北朝旧有的释迦、弥勒、无量寿、观世音、三世佛等像之外，还出现了卢舍那佛、药师佛、大日如来、地藏菩萨、优填王、业道像、天王像、传法罗汉群像、净土变像等等，反映了《华严经》的流行、净土崇拜、三阶教的发展。某些依照密教经典而造出的形象，是密宗成立前的造像。在众多的小龛中，把自己崇信的形象造于一龛的作法也十分普遍。到中宗至玄宗时期，造像记中往往只称"造功德"，而不言所造为何佛。如果说从北魏造像中可以看到调和大、小乘教的情形，那么，在唐代我们又看到了融合各宗派、各经典的情况。文献资料表明，中唐以后更发展出调和儒、释、道三教的形象来。

总之，龙门唐窟的营造使中国雕刻艺术攀上了时代的顶峰。丰富的内容、多变的形象也是前所未有的现象。可以说唐代的石雕艺术也从一个侧面反映了大唐帝国的强盛和繁荣。

唐代龙门十寺考察

温玉成

一、 序论

龙门古称阙塞,《左传》昭公二十六年:"晋知跞、赵鞅帅师纳主,使女宽守阙塞。"又名伊阙,《水经注》卷十五伊水条:"伊水又北入伊阙,……水历其间北流,故谓之伊阙矣。春秋之阙塞焉。"早在西晋初年,就有道徒在此"登仙"。《魏书·释老志》:"初,文帝(力微之子沙漠汗)入宾于晋,从者务勿尘,姿神奇伟,登仙于伊阙之山寺。识者咸云魏祚之将大。"沙漠汗入宾洛阳,时在曹魏景元二年(公元261年)至西晋咸宁元年(公元275年)间,则知"伊阙之山寺"之立,必在此之前。

北魏太和十七年(公元493年),孝文帝迁都洛阳后,始于伊阙凿窟建寺。杨衒之《洛阳伽蓝记》卷五:"京南关口有石窟寺、灵岩寺"。据研究,石窟寺即今之古阳洞,灵岩寺为今之宾阳洞①。唐代元和中,伏牛山自在禅师(公元741～821年)"居洛下香山,与天然禅师(公元739～824年)为莫逆之交。所游必好古,思得前贤遗迹,以快逸观。龙门山得后魏三藏(菩提流支)翻经处"②,可知龙门有菩提流支译经之寺,唯寺名及地址无考。

至唐大和六年(公元832年),乃号称有"龙门十寺"。大诗人白居易(公元772～846年)于大和六年八月所写的《修香山寺记》中说:"洛都四郊山水之胜,龙门首焉;龙门十寺观游之胜,香山首焉。"③在白氏诗文中,可考见的龙门寺院有香山寺、乾元寺、宝应寺、菩提寺、奉先寺、天竺寺和玉泉寺七处。

但是,随着历史的推移,兵车蹂践、烟火焚燎,繁盛帝都,化为灰烬,至元末龙门山寺已荡然无存。萨都喇(公元1308～?年)游龙门后在《龙门记》中写道:"(龙门)旧有八寺,无一存者。但东崖巅有垒石址两区,余不可辨。有数石碑,多仆,其立者仅一、二,所刻皆佛语,字剥落不可读,未暇详其所始"④。萨氏游龙门,约在至正年间,即十四世纪四十年代⑤。已宣称龙门旧寺无一存者。

降至明、清,不仅十寺荒残,甚或连十寺的名称,也成聚讼纷纭的问题。兹列表说明各家持论之异如后(见表一)。

有关龙门十寺的条目,首见于《洛阳县志》。《洛阳县志》由路敬夫创修于明嘉靖戊子年(公元1528年),崇祯间有增补。继由武攀龙重修于清顺治戊戌年(公元1658年),但日久多脱简。今存者为龚崧林于清乾隆十年(公元1745年)所修的《洛阳县志》、施诚于乾隆四十四年(公元1779年)纂修的《河南府志》,称武攀龙所修者为《旧洛志》。《河南府志》卷十五古迹志云:"后魏所建龙门八寺见于《伽蓝记》者惟有石窟、灵岩二寺。余六寺见于《旧洛志》,曰乾元、曰广化、曰崇训、曰宝应、曰嘉善、曰天竺,而奉先、香山不与焉。然奉先、香山据《旧洛志》亦建于后魏,则八寺外益以奉先、香山则为十寺。故居易记曰龙门十寺香山为冠。"

龙门十寺是一个关系到魏、唐以来佛教史和文学史的问题,又是一个涉及中外关系史的问题。笔者通过实地考察和研读史料,可以确定唐代的龙门十寺是香山寺、奉先寺、宝应寺、乾元寺、天竺寺、菩提寺、广化寺、敬善寺、玉

① 详见拙作:《龙门古阳洞研究》第七章,河南省博物馆《中原文物》. 1985年特刊。

② 《宋高僧传》卷十一. 唐洛京伏牛山自在传。

③ 《白氏长庆集》卷六十八,《修香山寺记》。

④ 萨都喇:《龙门记》,转引自《河南府志》卷八十四《艺文志》。

⑤ 《新元史》卷二三八。

217

表一　各家所论的龙门十寺

年　代	作者	龙门十寺	文　献	简　评
1779年	施诚	香山寺、奉先寺、广化寺、天竺寺、乾元寺、宝应寺、石窟寺、灵岩寺、嘉善寺、崇训寺。但疑嘉善寺即敬善寺。	《河南府志》卷十五：古迹志	石窟寺、灵岩寺是石像龛，嘉善寺、崇训寺不见于唐人诗、文中。
1870年	路朝霖	同　上	《洛阳龙门志》	同　上
1935年	关百益	寺名同上。但说奉先寺亦曰龙华寺，又名天竺寺。说石窟寺即宾阳洞。	《伊阙石刻图表》	将奉先寺与天竺寺混一，只余九寺。石窟寺应是今古阳洞。
1941年	不野清一 长广敏雄	香山寺、奉先寺、广化寺、天竺寺、菩提寺、敬善寺、玉泉寺、龙华寺、灵岩寺。	《龙门石窟之研究》	龙华寺已并入奉先寺，只余八寺。将敬善寺石龛、大卢舍那像龛当作寺院。

泉寺和胜善寺(插图一)。兹分别介绍如下。

二、　香山寺

香山寺创建于北魏熙平元年(公元516年)。经宋人陈振孙作《白文公年谱》称"(香山)寺在龙门山后，魏熙平元年建。"此说应是可靠的。因为禅宗二祖慧可(公元487～593年)即"出家依龙门香山宝静禅师得度具戒"。他约于四十岁时(公元526年)始入嵩山，投菩提达摩为师⑥，则可知公元526年以前香山寺已存在了。

香山寺的重兴，在唐垂拱三年(公元687年)以后。《华严经传记》卷一载，中天竺国三藏法师地婆诃罗，"爰以永隆初岁，言届京师……以垂拱三年十二月廿七日……无疾而卒于神都(洛阳)魏国东寺……香花辇舆痤于龙门山阳，伊水之左。门人修理灵龛，加饰重阁，因起精庐其侧，洒扫供养焉。后因梁王(按：即武三思，武则天之侄，受封于天授元年九月)所奏，请置伽蓝，敕内注名为香山寺。危楼切汉，飞阁凌云，石像七龛，浮图八角。驾亲游幸，具提诗赞云尔。"据此，则知香山寺在龙门东山南部。此处原有一处废寺，是地婆诃罗的门人修理灵龛(即"石像七龛")、加饰重阁(即"飞阁凌云")之后，经武三思奏请而重设伽蓝的。

则天称帝后，曾率群臣春游香山寺，命群臣赋诗，讴歌武周政权，流传着"赐夺锦袍"的诗坛佳话。神龙元年十月(公元705年)亦曾"幸龙门香山寺"⑦。

三藏法师玄奘大弟子文雅(公元613～696年)死后，于万岁通天元年(公元696年)七月廿五日"燔于龙门香山寺北谷，便立白塔"⑧，今塔已无存。长庆初年，新罗国使金柱弼偕沙门无染来唐后，曾上香山寺，向如满禅师问禅法。

白居易晚年退居洛阳履道里，常常幽栖于香山寺中。大和六年(公元832年)，他为好友元稹撰墓志获酬六、七十万贯，施修香山寺。"虽一日必葺，越三月而就"。会昌六年(公元846年)白居易卒，"遗命不归下邽，可葬于香山如满禅师塔之侧。家人从命而葬焉。"⑨

香山寺的残破大约在唐末五代之间。陶谷(公元903～970年)在后周广顺三年(公元953年)所见到的龙门白公祠已成荒祠，"岁月未积，栋宇将坏"，陶

⑥ 《续高僧传》卷十六《慧可传》。

⑦ 《旧唐书》本纪第七。

⑧ 宋复：《大周西明寺故大德圆测法师佛舍利塔铭并序》，《金石萃编》卷一四六。又据该《塔铭》说：圆测的在京学徒西明寺主慈善法师，大荐福寺胜庄法师曾从香山葬所分骸一节，盛以宝函石椁，别葬于长安终南山丰德寺东岭上。北宋政和五年(公元1115年)四月八日，同州龙兴寺广越法师将丰德寺供养者迁葬于兴教寺玄奘之左，创起新塔，与窥基塔规范无异。

⑨ 《旧唐书》卷一六六《白居易传》。

218

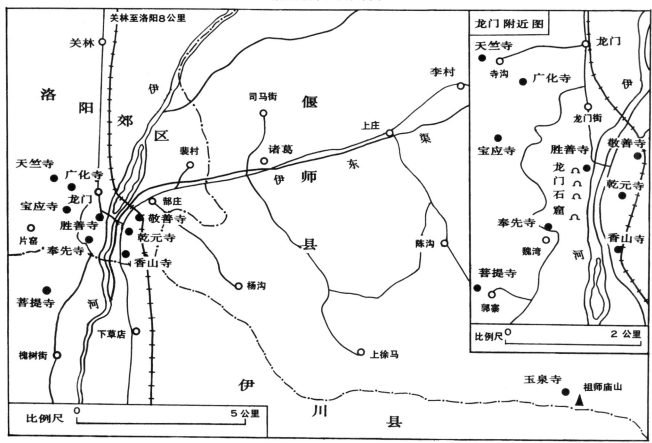

洛阳龙门十寺分布图

谷乃重修白乐天影堂,以供拜谒⑩。

北宋时,对香山寺又略加修整。宋人梅尧臣、司马光、蔡襄、范纯仁等都有吟咏香山寺的诗篇,尤以登香山寺石楼为乐,"石楼临晴空,南眺出千里"。⑪金末元好问(公元1190～1257年)登石楼时,感慨"石楼绕清伊,尘土无所限。人言无僧久,草满不复刬"⑫,又呈荒芜景象了。

但是,直到元代前期,香山寺仍然存在。刊于公元1296年间阎复撰的《嵩山大法王禅寺第九代复庵和尚塔铭并序》一文中,记载复庵圆照(字寂然,公元1026～1283年)的"嗣法小师"中,就有"香山寺住持福海"。另外还记载了复庵的"法弟""奉先寺首座圆敏"⑬。

元末以来,香山寺不再见于史乘。明代郑安作《伊阙观澜亭记》,叙述天顺辛巳年(公元1461年)太守虞廷玺等游龙门,只言"浮小舟之八节滩,过东山,吊唐居士白乐天墓",而未言及香山寺,暗示该寺已不复存在。

清代在唐乾元寺旧址重修香山寺,这是康熙四十六年(公元1707年)三、四月间的事。由学政汤右曾、知府张玮、知县吴徽黼出资倡修,费时三十八日,修亭五间、正殿三间、白公祠堂三间,请履公为住持,檀越施田百余亩。今琵琶峰上的唐少傅白公墓,是修封佚名旧冢时建,时在康熙四十八年(公元1709年)三月十三日。乾隆十五年(公元1750年),高宗弘历巡游的香山寺,正是这座清代的香山寺。

唐代香山寺遗址在龙门东山南端擂鼓台东侧,今洛阳轴承厂疗养院及其西北面山坡间。

该遗址北依香山,南临伊河。主轴线方向南偏西约15度,在疗养院二号楼迤北,南北长250米。自南向北,现存三级逐步升高的台地。第一层台地(即二

⑩ 陶谷:《龙门重修白乐天影堂记》;龚崧林纂:《重修洛阳县志》卷十四《艺文志》。

⑪ 司马光:《龙门》诗,引自路朝霖《洛阳龙门志》,同治九年刊。

⑫ 元好问:《龙门杂诗二首》,引自《洛阳龙门志》,同治九年刊。

⑬ 阎复:《嵩山大法王禅寺第九代复庵和尚塔铭并序》,刊于元贞二年(公元1296年),今存登封县北法王寺旧址内。福海(公元1242～1309年)也曾住持过山东长清灵岩寺(《新续僧传》卷六十一)。

三　香山寺建筑遗址

号楼所在的平面)南北长115米,东西阔70~50米不等。这层台地,因风雨剥蚀,形成七条南北向的冲沟。除此之外,南北部分高差仅2~3米,第二层台地南北长25米,东西阔50~25米不等。第三层台地南北长35米,东西阔90~50米不等。在第三台地以北与香山间,第二层台地和第一层台地间,均有宽窄不等的几条过渡带,每条宽约7~9米。

在主轴线以西的第一层台地两侧,即疗养院一号楼附近,有大约100米见方的一块坡地,可能是香山寺的西院。一、二号楼相距为100米,在一号楼以西和二号楼以东,均为山谷,构成香山寺的自然边界线(插图二)。

在香山寺遗址发现的遗迹共有三处:两处夯土台和一座房基。在第二层台地北侧有夯土台基一处,南北长10米,东西宽15米,残高1.2~1.4米。在第三层台地北侧亦有夯土台基一处,南北长22.5米,东西宽27.5米,残高1.2米。两夯土台基的中心线都与主轴线吻合。

在遗址的三层台地上都有大量的布纹板瓦、灰色大筒瓦、米字纹方砖、莲花纹圆瓦当等遗物。在一号楼北山坡间,发现残石兽雕刻一块。

房基遗址是1965年3至5月间试掘时发现的(插图三)。在一号楼南2~4米处开挖5×5平方米探方四个,因在第三层发现房基,后将探方扩大为12×14平方米。

从探方断面可知,该处的地层堆积比较简单,共划分三层。

第一层厚0.20~0.60米,黄褐色土,掺杂有黄土结核碎块,砾石碎片等,可能是山上洪水冲刷淤积而成。包含物有唐代碎砖破瓦、宋至现代瓷片、铁钉等。这是被扰乱过的耕土层。

第二层厚0.30~0.54米,黄褐色土,掺有少许黄土结核、红烧土碎块,土质较硬。包含物有唐代板瓦、筒瓦、碎砖,少许泥质灰色陶器残片、铁器、瓷片、

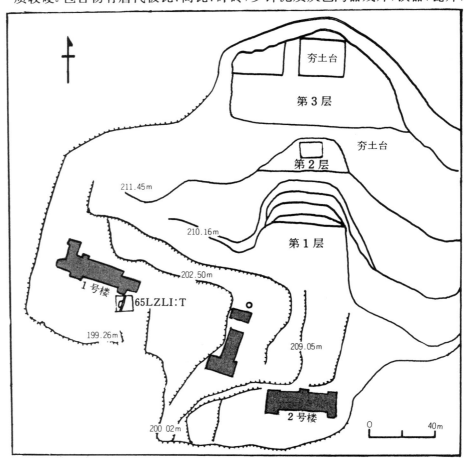

二　香山寺遗址平面图

铜钱。其出土的铜钱,除一枚五铢外,都是唐宋铜币,如"开元通宝"、"景福元宝"、"天圣元宝"、"绍圣元宝"和"崇宁重宝",共十三种二十余枚。

在本层位上层出现铺以碎石的土路一段,宽2.25米,残长5.25米,厚0.15～0.20米,走向为西南—东北,时间略晚于宋代。该土路的西侧发现砖砌圆坑一个,外径0.98米。

第三层厚0.20～0.50米,红褐色土,土质较松软。其下,即是生土及山石。本层发现房基一座,房内有烧土碎块、草灰土、黑煤土、碎木炭及大量碎砖破瓦堆积物。

房基的纵轴方向是290°,长方形,面阔11米,进深不详。居住面为红烧土面,土质坚硬,厚0.10～0.15米。该房以夯土墙为壁,厚0.45米。房前有宽1.1米的前廊。前廊地面由砖平铺砌成,廊外有散水坡。房正中为门道,门外是坡形台阶。在前廊南端转角处,有方形石柱础一块(边长0.60、厚0.25米)。屋内地面上有石莲花佛座一个,石柱础、石块四个。从石莲花佛座和铺地方砖可断定该房基为唐代遗迹(插图四)。

香山寺的平面布局,依遗址地势观察,似呈矩尺形。重阁和危楼应在第二、第三层台地上。地婆诃罗的八角浮图、如满师塔和白居易墓,似应在西院西北角山麓台地上。石像七龛应在寺院东侧,这就是白居易记述的东佛龛。著名的建筑石楼及其下方的石盆泉遗迹均未发现,但石楼应在山腰部位,方可"南望出千里"。总而言之,香山寺的平面布局,有待于考古发掘才能搞清。

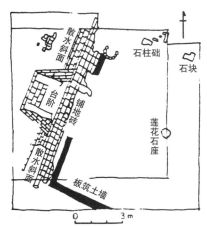

四　香山寺建筑遗址平面图

三、　奉先寺

奉先寺创立于唐高宗调露元年(公元679年)。雕刻于龙门大卢舍那佛座北侧的"河洛上都龙门山之阳大卢舍那像龛记"云:"调露元年己卯八月十五日,奉敕于大像南置大奉先寺。简召高僧行解兼备者廿七人,阙即续填,创基住持。范法、英律而为上首。至二年正月十五日,大帝书额,前后别度僧一十六人,并戒行精勤,住持为务……"(插图五)。

五　奉先寺大卢舍那像龛记拓片

但是,开元十年(公元722年)春,"伊水泛涨,毁城南龙门天竺、奉先寺,坏罗郭东南角。平地水深六尺以上……屋舍树木荡尽。"[14]同年十二月五日,"敕旨:龙华寺宜合作奉先寺。"这就是说,大水毁掉奉先寺的建筑物后,朝廷即下令将附近高处的一座龙华寺合并到奉先寺中,取消了龙华寺的建制。龙华寺可能是建于北魏的一座古老寺院。龙门药方洞南壁东侧上方有一则造像记云:"天保二年三月廿□日,龙华寺比丘……含生,值佛闻法……菩……"。但据《洛阳伽蓝记》载,洛阳城中还有二座名"龙华寺"者,故不可骤断在此药方洞造像者就是龙门的龙华寺比丘。

开元二十四年(公元736年),大诗人杜甫写了《游龙门奉先寺》一诗。诗云:"已从招提游,更宿招提境。阴壑生虚籁,月林散清景。"过去常有人把大卢舍那像龛同奉先寺混同起来,显然是错误的。"阴壑"、"月林"不是大卢舍那像龛所能有的景色。

唐代禅宗北宗七祖义福(公元658～736年)卒后,葬于奉先寺北岗[15]。此塔名曰福公塔,在唐宋时代很有名,唐代刘长卿在《龙门八咏》中就有咏《福公塔》一诗。　义福的女弟子优婆夷未曾有(公元717～738年)卒

⑭　《旧唐书·五行志》。

⑮　严挺之:《大唐故大智禅师碑铭并序》,《金石萃编》卷八十一。但《旧唐书》卷一九一说义福"葬于伊阙之北",实际是葬于伊阙奉先寺之北,而奉先寺在伊阙之南,故《旧唐书》记述有误。又据《八琼室金石补正》卷五五所收杜昱撰《大唐故大智禅师塔铭》载,义福卒后,"迁神于奉先寺之西原起塔守护,礼也。"从而可知,福公塔应在奉先寺之西北。

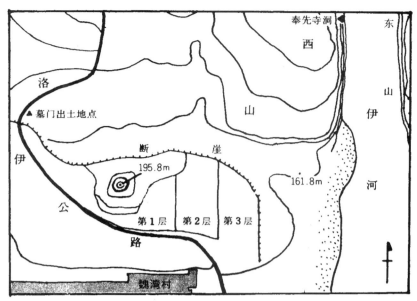

六　奉先寺遗址平面图

⑯　《贞元释教录》卷十四

⑰　白居易:《如信大师功德幢记》、《东都十律大德大圣善寺钵塔院主智如和尚荼毗幢记》,分别见于《白氏文集》卷六十八、六十九。

⑱　圆珍:《行历抄》,转引自冢本善隆《支那佛教史·北魏篇》。

⑲　在龙门唐字洞外北侧有一摩崖刻碑,残存碑文如下:

"东京……巨象□须弥山□□超……论无异□□若天地……此龛无替。铭曰:清□寺□……乐业。郡救苦□□哉。顾公□崔公芳……检校僧□奉先寺上座圆觉……天竺寺上座法潘□□寺上□□和□年□□月……"。该碑称洛阳为"东京",显系唐碑,年号为"□和"。在唐代,有"和"字的年号有延和、元和、大和、中和诸号。但延和(公元712年)、元和(公元806~820年)时洛阳不称"东京",中和(公元881~885年)时黄巢军已入洛,不可能有检校寺龛之举,故此处年号应是大和(公元827~835年)。此时的"奉先寺上座圆觉"可能就是在公元856年陪同圆珍参拜奉先寺的那位圆觉。

⑳　引自路朝霖:《洛阳龙门志》。

㉑　《邵氏闻见录》卷十一,中华书局,1983年版。

㉒　《重修洛阳县志》卷十九《艺文志》。又据《邵氏闻见录》卷一载:"太祖登极未久,杜太后上仙,初从宣祖葬国门之南奉先寺。"

后,亦葬于福公塔侧(《八琼室金石补正》卷五十六)。

开创唐代密宗的开元三大士之一南天竺僧金刚智(公元669~741年)卒后,"至天宝二年(公元743年)二月廿七日,于奉先寺西岗起塔。"永泰元年(公元765年),经不空之请,代宗赐金刚智塔额曰:"东京龙门故开府仪同三司大弘教三藏塔"⑯。自此以后,常有密宗金刚界的法裔祔葬于这座祖师塔附近。宝历元年(公元825年),唐东都临坛开法大德如信(公元750~824年)"迁葬于奉先寺,祔其先师塔庙"。开成元年(公元836年),东都十律大德、大圣善寺钵塔院主智如(公元749~834年)"迁祔于奉先寺祖师塔西而建幢焉。"⑰

大中十年(公元856年)正月十三日,日本国园城寺僧圆珍(智证大师,公元814~891年)"与圆觉等,回至龙门西岗,寻金刚智阿阇梨坟塔,遂获礼拜,兼抄塔铭。便于伊川东边,望见故太保白居易之墓。"⑱陪同圆珍参拜金刚智坟塔的圆觉,很可能就是奉先寺上座圆觉⑲。

北宋至元代前期,奉先寺仍香火不绝。文彦博(公元1006~1097年),有诗《题龙门奉先寺兴禅师房》、《寄题龙门临伊堂兼呈奉先寺兴公》等⑳。司马光(公元1019~1086年)亦曾游奉先寺、登华严阁㉑。张耒(公元1054~1114年)有《奉先寺》诗,称:"荒凉城南奉先寺,后宫美人官葬此。角楼相望高起坟,草间陌下多石人。秩卑焚骨不作冢,青石浮图当邱坟。家家坟上作饷亭,守门相问无人声……",足见北宋时期奉先寺附近已成坟场,甚为荒凉㉒。

元代奉先寺首座圆敏禅师,与嵩山法王寺住持圆照,同是曹洞宗大师万松行秀(公元1166~1246年)的弟子,则知元代的奉先寺传曹洞宗禅法。元末以来,奉先寺不再见于史乘或石刻资料中。

唐代奉先寺遗址位于龙门西山南端,今魏湾村以北,坐西朝东,主轴线东偏南20°(插图六),遗址被洛伊公路分开,成南北两部分。北半部地势较高,似为佛殿位置;南半部地势较低,似为僧舍位置,但已被现代建筑破坏,无可考察。

北半部最西岗阜,海拔195.8米,有夯土台基。从此向东,有三级递降的台地,第三级台地的东边缘,距伊河岸边约190米。北半部东西总长约400米,南

七　从空中俯视奉先寺遗址与奉先寺

北宽约250米。它的北边缘,是冲沟形成的断崖,与龙门石窟隔沟相对,形成天然界限。它的南边缘,也是一条冲沟。

第一级台地的西端是一岗阜,岗阜上有夯土台基一处,平面略呈椭圆形,残高约10米,东西宽15米,南北宽13.5米。台基四周,绕以围墙,平面呈六角形。墙基厚2.2米,残高3米左右,为版筑黄土墙,保存较好。该墙东西距离47米,南北距离43米。从航空摄影的照片上,可以清晰地看到台基及围墙(插图七)。第一级台地呈不规则形状,南北向最宽处140米,东西向最长处224米。

第二级台地低于第一级台地约7米,南北宽约250米,东西长84～168米不等。

第三级台地低于第二级台地约4米,南北宽约250米,东西长75米。

在第二级台地与第三级台地相交的断崖上,距地表深1～1.5米处叠压有大量唐代砖瓦。在该断崖上所挖的一个土窑内,在距地表2.5米处发现东西走向水管道一段。水管为瓦制,内外两层扣合,内径0.28米,外径0.34米。

在奉先寺遗址各处,散布着大量的唐代砖瓦和宋元瓷片(插图八:1)。

雕砖残长20、残宽12、厚5.5厘米,泥质,浅灰色,侧面雕出莲花纹,上下两面均有凝固的石灰浆。这应是砌于建筑外表的构件,在第一级台地围墙外采集到。

板瓦,按弯曲度大小可分为三种:大板瓦,泥质灰色,表里均为素面。残宽21、曲向残长30厘米;中板瓦,泥质灰色,表为素面,面涂黑色。残宽14、曲向残长24厘米;小板瓦,泥质灰色,表为素面,里为粗布纹。残宽15、曲向残长17厘米。

瓦当共四种,泥质灰色兽纹圆瓦当(边宽2、厚1.5、直径16厘米)、泥质灰色莲花纹圆瓦当(边宽1.8、厚1.3、直径13.5厘米)、泥质灰色莲花纹小圆瓦当(边宽1.3、厚1.7、直径10厘米)和泥质灰色三角形瓦当(残长10、残宽6厘米,刻出羽毛形状,参见插图八:2)。

此外,还采集有唐三彩器物残片、灰沙红陶瓮底残片、印花开片青瓷残片、淡蓝釉瓷盘残片等等。

据施诚纂《河南府志》卷一〇八《金石志》载,奉先寺曾出土《唐辩正禅师奉先寺塔铭》,徐现书,惜清代已佚。

1981年春,某部队在奉先寺遗址西北靠近洛伊公路东侧平整地面时,出

八　奉先寺遗址出土文物

1 陶片与瓦当

2 瓦当拓片

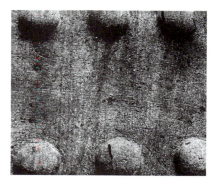

3 石墓门乳钉

土了石制墓门一扇。石墓门呈长方形,高133、宽144、厚12厘米。门框部分厚14、门边厚17厘米。墓门系由整块青色石灰岩雕成,正面遍刻乳钉(插图八:3),上起第二排乳钉下刻锁一把。门框上刻半破二方连续曲波纹、花卉和飞鸟等。门框的左右下角,用阴线刻出合十供养比丘各一人,高20厘米。左下角者题榜曰"门人僧光德"(插图八:4),右下角者题榜曰"门人僧道俨"。第一排乳钉下刻出左右对称的天王,高12、宽16厘米。天王盘坐,上体裸露,手腕足腕皆戴镯,手托宝剑。唇髭明显。第二排乳钉下刻出左右对称的飞天,高8、宽15厘米。飞天高发髻,上体裸,佩项圈,手托果盘。有羽翅,出于腋下,遮去腿部。第三排乳钉下刻出左右对称的老者,高12、宽10厘米。戴幞头,长髯,一手抚膝,一手举胸前,盘坐。第四排乳钉下刻出左右对称的狮子,高12、宽17厘米,右侧者较小。张口、瞪目、举爪 鬃毛卷曲。

这墓门显然是一位高僧的地宫部分。石门上的雕刻,具有典型的盛唐风格。

从现存的奉先寺遗址来观察,第一级台地西端的夯土台基处于全寺最高的位置,似是华严阁的遗迹。据载:"司马温公居洛……尝同范景仁游嵩山。由辕辕道至龙门,游奉先诸寺,上华严阁、千佛岩,寻高公堂"[23]。据此,北宋时华严阁尚存,不知毁于何时。

奉先寺西北出土的石墓门,似是大智禅师义福的墓门。"门人僧光德"很可能就是大照禅师普寂(公元651~739年)的弟子广德[24]。普寂和义福都是神秀的弟子。在唐代,禅宗北宗尊神秀为六祖,普寂、义福并立为七祖。因此,广德可以同时师事普寂和义福。

义福的葬礼,极为隆重,送葬者数万人。太尉房琯、兵部侍郎张钧、中部侍郎严挺之、礼部侍郎韦陟常等皆执弟子之礼[25]。

福公塔不知何时毁掉,金刚智塔的位置尚未发现。

四、 宝应寺

龙门山宝应寺不知创建于何年。唐宝应元年(公元762年),代宗以雍王李适为天下兵马元帅。是年冬十月,击败史朝义,收复洛阳。彼时,各地以"宝应寺"命名者甚多。

《宋高僧传》卷八《洛京菏泽寺神会传》云:"(神会于)上元元年嘱别门人……其夜示灭,受生九十三岁矣,即建午月十三日也。迁塔于洛阳宝应寺,敕谥大师曰真宗,塔号般若焉。"依此,上元元年(公元760年)宝应寺已存在了。

权德舆《唐故宝应寺上座内道场临坛大律师多宝塔铭》云:"大师讳圆敬,姓陈氏,河南陆浑人……代宗朝征入内道场。累诏授兴善、安国、宝庆等寺纲首,又充僧录,寻授宝应寺上座,赐律院以居……"[26]。圆敬(公元729~792年)死后,弟子灵凑等为他建了一座多宝塔。

白居易曾明确地指出了宝应寺的地理位置,他在《唐东都奉国寺禅德大师照公塔铭并序》中说:"(神照,公元776~838年)以开成三年冬十二月,示灭于奉国寺禅院,以是月迁葬于龙门山。明年……卜兆于宝应寺荷泽祖师塔东若干步窆这而塔焉,示不忘其本也……伊之北西,洛之南东,

㉓ 同㉑

㉔ 王缙:《大唐东京大敬爱寺故大德大证禅师碑铭》,《文苑英华》卷八六二。

㉕ 《宋高僧传》卷九,《唐京兆慈恩寺义福传》。

㉖ 《文苑英华》卷七八五。

法祖法孙,归全于中。旧塔会公,新塔照公,亦如世礼,祔于本宗。"[27]可知宝应寺在伊阙之西北一带。

4 墓门雕刻(拓片)

神会是禅宗南宗的七祖,所以南宗的法子法孙多葬于宝应寺,神照即是其一。

唐武宗毁佛事件后,唐宣宗初复佛法,统左禁军杨汉公访求沙门知玄,入宝应寺。知玄(公元811~883年)很得唐文宗、宣宗崇信[28]。

北宋时,西京广爱寺普胜(公元917~979年)善讲《唯识论》,宋太祖赐号"宣教法师",葬于龙门山宝应寺西阜[29]。

宝应寺僧义从(公元971~1033年)善讲《百法论》及《弥勒上生经》,卒于寺中[30]。

彭城人刘用元(公元1000~1061年)曾于龙门山宝应寺、奉先院、西京遐庆院、白马寺四处设平等大会各一次[31]。

北宋末期,宝应寺出了一位"白云和尚"孔清觉(公元1043~1121年)。他于大观二年(公元1108年)移居杭州白云庵,创立佛教异端"白云宗"。其说专斥禅宗,颇得下层民众信仰,朝廷屡加禁止,无效,至元代犹有信徒传播之[32]。

金代的宝应寺香火大盛。见于诗人吟咏者即有魏博霄的《次田若虚游龙门宝应》、赵元的《早发宝应龙门道中有感》、张子羽的《宿宝应》等等[33]。张子羽在诗中写道:"重岩烟霭合,宝阁春风暮,山深月影迟,坐久识归路。"生动地描绘了坐落在群山之间的宝应寺的自然环境。

木庵性英曾作过宝应寺住持,他与元好问是结交四十年的诗友,《木庵诗集》就是元好问为之作序。兴定六年(公元1222年)镌刻的《重修面壁庵记》(李纯甫撰,在少林寺初祖庵)就是宝应寺住持木庵性英(字粹中)所书、前宝应寺住持定迁禅师等施银助缘的。

元初,宝应寺得到少林寺僧藏云慧山(公元1243~1308年)的"护持"。少林寺住持还原福迁(公元1245~1313年)也曾作过宝应寺的住持。慧山是万松行秀的法孙、雪庭福裕(公元1203~1275年)的弟子。福迁是福裕的法孙、中林智泰(公元?~1290年)的弟子[34]。由此可见,金末以来宝应寺传曹洞宗禅法。元末以来,宝应寺不复见于史乘。

龙门山宝应寺遗址是1983年12月发现的。它位于龙门西山北段的西侧,在群山环抱的山沟里,现在是洛阳市粮食仓库。其地理环境,与文献所载完全一致。

粮食仓库工人在平整场地时,于水塔西南20米处发现了一座古墓。这就是著名的禅宗南宗七祖神会(公元684~758年)墓(插图九)。出土由门人比丘慧空撰的塔铭曰《大唐东都荷泽寺殁故第七祖国师大德龙门宝应寺龙岗腹建身塔铭并序》。

该墓南北向,土圹东西宽310、南北长240厘米左右。内为石椁,用13块青石板构筑而成,石椁高120、宽113、长125厘米。《塔铭》就刻在东壁上部第一块石板上。

石椁内出土的珍贵文物有鎏金铜塔式罐、铜净瓶、银盒、黑釉陶钵等。

宝应寺遗址是一块东西长约400米、南北宽60~140米的狭长地段,主轴线为东西向。自西向东可分为递降的三级台地,神会墓位于最东一块台地的中心部位(插图一〇)。神会墓西北高岗处,发现有砖铺地面,采集到莲瓣纹圆

[27] 《白氏文集》卷七十一。

[28] 《宋高僧传》卷六《知玄传》。

[29] 《宋高僧传》卷二十八《普胜传》。

[30] 《八琼室金石补正》卷八十二。

[31] "刘用元墓幢",今存洛阳市孙旗屯乡马营村。

[32] 《释氏稽古略》卷四,《佛祖统纪》卷四十六。

[33] 引自路朝霖:《洛阳龙门志》。

[34] 见拙作:《少林寺与孔门禅》,《世界宗教研究》,1981年 2期。

九　宝应寺神会禅师墓遗址

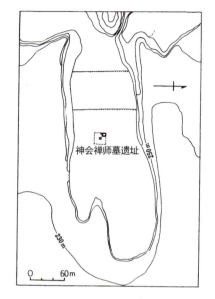

一〇　宝应寺遗址平面图

㉟　见拙作：《记新出土的荷泽大师神会塔铭》,《世界宗教研究》,1984年,2期。

㊱　《金石萃编》卷九十五。

㊲　《白氏长庆集》卷三十四。

㊳　《中京龙门山乾元寺杲公禅师塔铭并序》,《金文最》卷五十六。

㊴　关百益：《伊阙石刻图表》,民国二十四年,河南博物馆出版。

瓦当、网格纹大方砖(长、宽均34,厚5.5厘米)以及厚约6.5厘米残砖等(插图一一:1~2)。遗址南侧,有温泉一口。

神会塔铭的出土是禅宗史研究上的重要发现,引起了学术界的注目。通过《塔铭》的研究,可知神会生于公元684年,在公元758年死于荆州开元寺,永泰元年(公元765年)由洛阳信士李角等人迎来真身,入塔于宝应寺㉟。

五、　乾元寺

龙门山乾元寺首见于《义琬禅师墓志》。该墓志记述义琬(公元673~731年)是嵩岳会善寺大安的弟子。大安,即道安(公元584~708年),禅宗五祖弘忍的弟子。乾元二年(公元759年),郭子仪榜其居寺曰"乾元寺",大历三年(公元768年),代宗赐义琬号曰"大演禅师"㊱。由此可见,至迟在唐玄宗时乾元寺已经存在。

白居易《春日题乾元寺上方最高峰亭》诗中说:"危亭绝顶四无邻,见尽三千世界春。但觉虚空无障碍,不知高下几由旬。回看官路三条线,却望都城一片尘……"㊲。

宋代龙门有"临伊堂",约在今龙门文物保管所一带。文彦博在《寄题龙门临伊堂兼呈奉先寺兴公》诗中说:"山僧知我思归意,为我临伊创草堂。闻说绕阶耸巨石,更须当槛植修篁。窗间东望乾元刹,门外南趋积庆庄……"。

在金代,乾元寺有慧杲禅师。金承安间祝发受具,至乾元寺投住持丁照为师,后任乾元寺住持,约卒于兴定二年(公元1218年)㊳。

据关百益引孙应奎《乾元寺记》云:"(乾元寺)旧在伊阙东巅,魏时八寺,唯此为早"。至明嘉靖三十九年(公元1560年),僧道连等迁乾元寺于东山南端迤东草店村附近,有沈应时《迁寺记》可证㊴。

乾元寺遗址就在今香山寺一带。白居易所写的"危亭"应在今山顶无梁庙附近。由此四望,可以看到通往偃师、汝州和栾州的三条官路;向北望去,东都洛阳城在一片烟尘之中。文彦博所说的"窗向东望乾元刹",从今保管所临窗东望,只能见到今香山寺,可证今香山寺即唐之乾元寺。

在龙门东山万佛沟内,有高平郡王武重规所开石窟,规模宏大,但未完工。洞内佛座上有铭刻曰:"大唐开元十六年三月廿六日,香山寺上座比丘慧澄检校此龛庄严功德记。同检校比丘张和尚,法号义琬。刻字人常惠。"这是目前可以找到的有关乾元寺的唯一遗物了。

在乾元寺上方最高峰亭遗址,有一座俗称"无梁庙"的建筑,今存清道光五年(公元1825年)季秋吉日所立"创建斗母庙金妆碑记"一通。

六、　天竺寺

北印度迦湿弥罗国僧人阿儞真那,华言宝思惟(公元? ~ 721年),于唐长寿二年(公元693年)到洛都。至中宗神龙丙午(公元706年),译出《不空羂索陀罗尼经》等七部。"后于龙门山请置一寺,制度皆依西域,因名天竺焉……以开元九年(公元721年)终于寺,构塔旌表焉。"[40]

苏颋《唐河南龙门天竺寺碑》详记此事云:"(宝思惟)法师乃乱流东济,止彼香山。又于山北见龙泉二所,洞彻深浅……法师乐之,爰创方丈,邻于咫尺。坚持愿力,善诱檀心……更于其侧造浮图精舍焉。飞观遥峙,仙茎崛起。远而趣之,虚空缥缈于其间;近而察之,岑蘙青荧于表里,羌难得而名也。景云岁辛亥月建巳日辛卯制:以法师所造寺赐名曰天竺……殿中侍御史赵国李畬,字玉田,育粹含英,妙机强学,佑其垂成,宪以从事。法师即于山之东偏建丈六石龛。匪渺而攻,载鑢而琢……"。又在此文偈语中赞颂天竺寺的建筑曰:"洛之表兮伊之东,山有香兮泉道蒙。攒栌叠栱兮飞在空,错石雕珉兮生梵宫。"[41]

由上可知,天竺寺约创建于神龙丙午以后,得名于景云岁辛亥(公元711年)。地点在东山北段邻于二泉处。

但是,就在宝思惟去世的第二年,一场洪水毁掉了这座天竺式建筑。

"安史之乱"以后,代宗于龙门西山再立天竺寺,我们称之为西天竺寺。据宋魏宜《龙门山天竺寺修殿记》(元丰七年〔公元1084年〕)三月十五日追述云:"唐代宗即位之元年(宝应元年〔公元762年〕),梵僧五百自天竺来,以扶化而开人之天,驻锡于洛之龙山,构梵刹以容其众人……其后迭兴迭废,尤盛于德宗之贞元间。历五代之兵而烬于火,梁末复兴。至宋庆历中(公元1041～1048年),虽殿像俱坏,其山清水灵秀发一谷而得于天者犹在。有河南马守则……独出力新之,一年而落成。"(插图一二)[42]

杨皎撰《大唐东都弘圣寺故临坛大德真坚幢铭并序》载真坚(公元728～784年)卒后,即"于东都龙门西天竺寺南窑安厝,仪也。出家姊、安国寺主真心,俗弟、庐州长史,彼弟子、弘圣寺僧嗣兴等敬造尊胜陀罗尼石幢,以纪迁谢。"[43]

此西天竺寺在唐武宗毁佛时,也遭毁坏。比丘义川撰《唐东都圣善寺志行僧怀财于龙门废天竺寺东北原创先修茔一所敬造尊胜幢塔并记》(大中四年〔公元850年〕五月十一日)指出,有则上人于废天竺寺东北原修茔一所,立尊胜幢塔,并镌《佛顶尊胜陀罗尼》、《心中心真言》、《广大宝楼阁善住秘密陀罗尼》、《随心真言》、《大轮金刚陀罗尼》。文中指出这里(龙门乡寺沟村)的地形是:"南临禹阙,伊水灌其前;北望鼎郊,凤苑镇其后;岗连古寺,目饱烟霞。"

《太平广记》引《纂异记》说,大和元年(公元827年),李玫习业于龙门天竺寺,有香山敬善寺僧镜空访之,预言佛法将衰[44]。这正是武宗毁佛之前的事,彼时天竺寺尚存。

白居易诗中有《天竺寺七叶堂避暑》、《题天竺南院赠闲元旻清四上人》等,也是指武宗毁佛前的西天竺寺。

在元初,仍有憨禅师住于龙门天竺寺,事见嵩山法王寺前引阎复撰《复庵和尚塔铭》。

元末以来,天竺寺无闻。

东山北段的原天竺寺,已无遗迹可寻。西天竺寺在伊阙西北2公里的寺沟村,除发现上述的碑、幢外,别无遗物,亦不详其平面布局。

[40] 《宋高僧传》卷三《宝思惟传》。

[41] 《文苑英华》卷八五六。

[42] 该碑原在龙门乡寺沟村内,今移至龙门文物保管所。

[43] 《唐文续拾》卷四。此幢今存龙门文物保管所,原从龙门乡寺沟村移来。

[44] 《太平广记》卷三八八,齐君房条。

1 砖与瓦当

2 砖(拓片)

—— 宝应寺遗址出土文物

227

七、 菩提寺

龙门山菩提寺不知创于何时。

据《唐故尚舍直长薛府君夫人裴氏墓志铭并序》载：裴氏（公元667～725年）终于东都通利里，"先是，遗付不许从于直长之茔，以其受戒律也。今奉所志，以明年丙寅（开元十四年［公元726年］）二月廿三日葬于河南龙门山菩提寺之后岗，明去尘也……"（《八琼室金石补正》卷五十三）。这说明菩提寺至迟建于唐玄宗开元十四年以前。裴氏是严守戒律之优婆夷。

白居易在《菩提寺上方晚望香山寺寄舒员外》诗中写道："晚登西宝刹，晴望东精舍。反照转楼台，辉辉似图画。冰浮水明灭，雪压松偃亚。石阁僧上来，云汀雁飞下……"[45]。诗中点明菩提寺在龙门西山南部，与香山寺隔伊河相望。他在《菩提寺上方晚眺》诗中写道："楼阁高低树浅深，山光水色暝沉沉。嵩烟半卷青绡幕，伊浪平铺绿绮衾……"[46]。由此可知，从菩提寺上方可以远眺嵩山（少宝山）景色。

在宋代，有西京天宫寺僧义庄（公元901～978年），卒后之次年，迁塔于龙门菩提寺西[47]。宋人李建中有《题菩提寺》诗，欧阳修（公元1007～1072年）有《自菩提步月至广化寺》、《晚登菩提寺上方》等诗，可知宋代该寺犹存。

据少林寺《少林寺住持嗣法沙门第二十七代从公无方碑铭》（成化二十年［公元1484年］四月八日）载，无方可从禅师（公元1420～1483年）曾应檀越冯老人之请住持菩提，立法明宗，指事传心，时间在成化十年（公元1474年）以前。

菩提寺遗址在龙门西南3公里的郭寨村，清代以来称皇觉寺。《洛阳县志》卷十一《古迹志》称："皇觉寺在伊阙西南，唐开元时建。"今存皇觉寺大殿，三开间，进深二间，系清代建筑。八棱陀罗尼经幢一段，残高47厘米，文云："建中三年（公元782年）九月二十日，东都大安国寺比丘尼唐十六师法号□□"。还有莲花龙凤佛座一个，系石雕，总高40厘米，上雕二龙戏珠、单凤彩云等，刻制精美。大殿前有古井一口，人称"井下三尺泉"，味甘美。

实地踏察表明，站在菩提寺西面山岗上，既可以看见古香山寺，也可以眺望少室山景色，完全印证了白居易诗歌所描绘的真实性。

另外，从菩提寺至香山寺，有一座跨过伊河的石砌漫水桥，常年在伊水中，天旱时可以见到，长约200米。当地群众称作"和尚桥"，早废，只存残迹。

八、 广化寺

龙门山广化寺遗址在今龙门镇西北岗阜上，直到公元1965年，尚保存不少遗物。

广化寺是乾元元年（公元758年）就善无畏（公元636～735年）塔院而设立。

李华《玄宗朝翻经三藏善无畏赠鸿胪卿行状》云："（善无畏），中印度

一二 天竺寺佛顶尊胜陀罗尼幢（拓片）

⑤ 《白氏长庆集》卷三十。

⑥ 《白氏长庆集》卷三十一。

⑦ 《宋高僧传》卷二十八《义庄传》。

228

摩谒陀国人……以开元四年丙辰,大赍梵夹,来达长安……十二年随驾入洛,于大福先寺安置……洎开元二十三年十一月七日,右胁累足寂于禅室,春秋九十九,僧夏八十。法界凄凉,天心震悼。赠鸿胪卿,葬于龙门西山。鸿胪丞李岘与释门威仪定宾律师监护丧事……"[48]。

据《大唐东都大圣善寺故中天竺国善无畏三藏和尚碑铭并序》载,乾元岁,再造天维,善无畏入室弟子宝思(荥阳郑氏)、明思(琅琊王氏)爰以偈颂,刻之金石。诸信士营龛,弟子舍于旁。"乾元元年,郭令公奏塔院为广化寺。"[49]

大中九年(公元855年)十二月十七日,日本国僧人圆珍"踏雪没膝至东都龙门伊水之西广化寺,礼拜无畏三藏舍利之塔,沙门道圆撰《三藏和尚碑》,流传海东(日本)。"[50]

自善无畏葬后,密宗胎藏界法师往往祔葬于广化寺。如洛京长寿寺净土院住持可止(公元860～934年)"塔于龙门广化寺之东南隅",洛京福光寺道丕(公元889～955年)"葬于龙门广化寺之左,立石塔焉",以及洛京法林院僧照和(公元?～948年)等等[51]。道丕是受到后唐庄宗、明宗,后晋高祖,后周太祖所敬信的高僧。

五代至北宗,广化寺颇活跃。后唐庄宗同光二年(公元924年)十二月乙酉,"舆驾幸广化寺祈雪"。三年五月,因时雨不足,令河南府依法画龙置水祈请,令宰臣于诸寺烧香,"戊申,帝幸龙门之广化寺,开佛塔请雨。"[52]

清泰中(公元935年)梦江(公元?～956年)受广化寺之请,讲《百法论》。后唐末帝幸广化寺宣问,妙辩天逸,悦可上心。前后训导,二十余年[53]。

北宋开宝八年(公元975年)三月,宋太祖"幸洛阳,至龙门山广化寺,开无畏三藏塔,瞻敬真体。"大中祥符四年(公元1011年)三月,宋真宗"幸洛阳龙门山广化寺,瞻无畏三藏塔,制赞刻石,置之塔所。"[54]

元祐八年(公元1093年),广化寺僧令观(公元1003～1093年)卒于寺[55]。

广化寺遗址坐西朝东。东西长约400米,南北宽约160～250米。西部连接山岗,南、东、北三面是断崖。自西向东,有递降的四级台地,周围沿断崖绕以围墙。墙为版筑,墙基厚5.6米,高5～8米不等(插图一三)。

在最西部台地的中心部位,南北长30、东西宽20米,有一片经人工浇灌的地面,十分坚硬。浇灌物以石灰、碎石粒等为材料。

1965年10月调查时,寺内有宋熙宁(公元1068～1077年)某年石碑、宋元丰壬戌(公元1082年)《广化寺刻诗碑》、宋金间石刻地藏并道明弟子及金毛狮子像、明嘉靖三年(公元1542年)《重修广化寺钟楼碑》、明万历二十年(公元1601年)《重修伽蓝殿记》、明天启七年六月(公元1627年)《重修钟楼碑记》以及清碑多通。此外,还有泥塑地狱像、石佛座及大量唐宋时代的砖瓦。

《广化寺刻诗碑》高40、宽85厘米。据诗文可知,元丰年间广化寺有复阁周廊及塔等建筑物。当时的住持是清澄、副主持清贤、知客德彦、塔主德逊、殿主宝觉大师德良[56]。

《重修伽蓝殿记碑》,高150、宽60厘米。据此可知,大明国河南府卫洛阳县各里军民人等一百六十人曾共施捐重修广化寺伽蓝殿。碑立于万历二十九年三月。

《大清重修广化寺碑》,高172、宽85厘米。康熙四十四年(公元1705年)五月廿二日立。据碑文可知,此次重修的有大佛殿、三藏殿、地藏殿、伽蓝殿、天王殿、山门和钟楼。此碑仍存于遗址东部南侧,已是现存之唯一碑刻。

砖瓦等遗物有灰面布纹里筒瓦(宽15、厚2.5、唇长4厘米)、兽纹圆瓦当(直

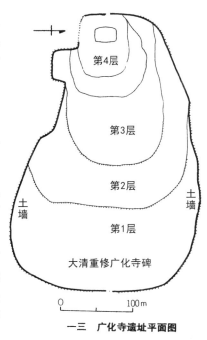

一三　广化寺遗址平面图

⑱　《大正藏》卷五十,页二九〇。

⑲　《大正藏》卷五十,页二九一。

⑳　同⑱。

㉑　《大正藏》卷五十,页七四八、八一八。

㉒　《册府元龟》卷一四五。

㉓　《宋高僧传》卷七《梦江传》

㉔　《佛祖统纪》卷四三、四四。

㉕　《补续僧传》。

㉖　该碑现已佚失。笔者1965年10月调查时获拓本一份,兹录文如下:

宣德郎、知河南府河南县事兼监常平仓黄伸:《陪仲冯学士同年登龙门广化寺阁留题》

虎变龙飞不记春,洒然傲睨了无垠。

一山中断波涛出,双阙南开气象分。

历历旧碑列翠琰,冥冥荒

229

冢臥黄云。

夜深难更招提宿，月色依微照竹氛。

同年弟、太常博士、彭城刘挚上:《次韵奉和河南宣德彦发五兄同登广化寺阁之作》

夕岩阴岭郁常春，复阁周廊瞰绝垠。

忧病登临逢暂适，交情尊酒念将分。

川光极目滩前雪，雨气终期塔顶云。

一宿岂能穷胜事，几时幽往出尘氛。

元丰壬戌六月十八日，殿主、赐紫、宝觉大师德良模勒上石……

一四 广化寺遗址出土瓦当(拓片)

[57] 《全唐诗》，中华书局版，页五四〇〇。

[58] 《全唐诗》卷五八六，中华书局版，页六七九〇。

[59] 赵俪生、温玉成:《一通与唐史、中亚史有关的新出土墓志》，兰州大学《西北史地》，1986年3期。

[60] 《全唐诗》，中华书局版，卷四五一。

[61] 《全唐诗》，中华书局版，卷四五四。

[62] 《全唐诗》，中华书局版，卷四六二。

[63] 《重修洛阳县志》卷二十三。

径13、边厚1.3、边宽2厘米)、莲花纹瓦件、灰色三角形瓦当、磨光灰砖(厚4.5厘米)、绛色瓷片、青瓷片(开片)等等(插图一四)。

九、 敬善寺

龙门石窟西山北部有李孝伦撰《敬善寺石像铭》，内称纪王李慎(公元?～687年)之母为"纪国太妃韦氏"，可知该窟开凿于唐高宗时期。有人认为此石窟就是敬善寺，这是概念上引起的误会。"敬善寺石像"只是敬善寺附属之设而已，正像天竺寺有"丈六石龛"、香山寺有"石像七龛"、奉先寺有"大卢舍那像龛"一样。李德裕(公元787～849年)在有关敬善寺的一首诗的序言中说:"比闻龙门敬善寺有红桂树独秀伊川"[57]，石窟中怎么会种桂树?刘沧《登龙门敬善寺阁》云:"独步危梯入杳冥……花落院深清禁闭。"[58] 石窟中又怎么会有高阁、危梯和深院?

大和元年(公元827年)，李玫习业在龙门天竺寺(即西天竺寺)，比丘镜空自香山(即东山)敬善寺访之，显然，敬善寺应在龙门东山。

1981年4月，在龙门东山北段迤东(今啤酒厂)出土了一方《唐故陆胡州大首领安君墓志》(高42、宽43厘米)和大批唐代文物。《墓志》记述了安菩萨(公元601～664年)及夫人何氏(公元622～704年)合葬于敬善寺的情况:"夫人何氏，其先何大将军之长女，封金山郡太夫人。以长安四年正月廿日寝疾，卒于(东都)惠和坊之私第，春秋八十有三。以其年二月一日殡于洛城南敬善寺东，去伊水二里山麓，礼也[59]。"

由地理方位可推知，唐代敬善寺在今龙门煤矿办公院一带，惜已无遗物可寻了。

龙门老龙洞南壁上层有造像记云:"惟显庆三年岁次戊午□月癸丑朔，佛弟子杨真藏为亡祖先灵愿上品往生诸佛国。闻经悟道……于洛州龙门山敬善寺之南西颓造阿弥陀像一铺并二菩萨，庄严成就，相好具足，以此功德，普施苍生入萨婆若海。"可证敬善寺建成于显庆三年(公元658年)以前，它坐落在龙门的东山。

十、 玉泉寺

唐代名玉泉寺者有多处。龙门玉泉寺不知建于何年，《重修洛阳县志》卷十一称: 玉泉寺建于唐太宗时，未言何据。

白居易《独游玉泉寺》诗云:"云树玉泉寺，肩舁半日程。更无人作伴，祗共酒同行。新叶千万影，残莺三两声。闲游竟未足，春尽有余情。"[60] 他还写有《玉泉寺南三里涧下多深红踯躅繁艳殊常感惜题诗以示游者》[61]《夜题玉泉寺》[62]等诗，并有徐凝《和夜题玉泉寺》。从白居易的诗中可知玉泉寺在一僻静的山区，需坐"肩舁"半日方可抵达。在这里"玉泉潭边松间宿，要且经年无一人"。

宋代邵雍(公元1011～1077年)的《八日渡洛登南山观喷玉泉会寿安县张赵尹三君同游》诗中说:"渡洛南观喷玉泉，千峰万峰遥相连。中间一道长如雪，飞入寒潭不纪年。"[63]

据《河南府志》卷十五《古迹志》:"唐玉泉寺……按玉泉寺唐大通神秀禅师讲律道场，汾阳王郭子仪奉敕建。后天成年(公元926～930

年),明宗改名得当寺。"但神秀(公元约606～706年)卒时郭子仪(公元697～781年)才虚龄十岁,不可能奉敕建寺。神秀所住,为荆州玉泉寺,不是龙门的玉泉寺。

按《永乐大典》卷九五六一所收《河南府洛阳县之图》,阙塞山(今称龙门山)以东是香山,香山以东是玉泉山,玉泉山以东是万安山。今人通称为万安山,玉泉山之名,清末以来无称之者。

玉泉寺遗址在今偃师县李村乡之祖师庙山(俗称"小顶山")北坡。祖师庙山在龙门东南约15公里,海拔937.3米。南崖陡直,人不可攀。北坡略缓,向北2公里处地势平坦,有泉一口,今称"白龙潭",面积约73平方米,深约2米,冬夏不竭。现有土屋数间,为林农所居。白龙潭北边石崖上有宋人留题,文曰:"司马光君实、王尚恭安之、闵交如仲孚同至此处。元丰元年八月癸丑。"元丰元年(公元1078年),恰值司马光虚龄六十岁。

白居易家住东都履道里,约当今洛阳市关林乡贺村附近。由贺村至玉泉寺,约20公里,所以白居易说"肩舁半日程"。这里山多路狭,所以是"要且经年无一人"了。白居易所记玉泉寺南3里有涧,与今地形也完全符合。

玉泉寺废寺为道观,大约在明末清初。但最初之道观似在祖师庙山顶,号称"荡魔观",以后才扩展至玉泉寺,"玉泉"也就改称"白龙潭"了。

十一、 胜善寺

龙门山胜善寺见于宋代范祖禹(公元1041～1098年)所写的《龙门山胜善寺药寮记》。范祖禹是一位历史学家,从司马光在洛阳编修《资治通鉴》十五年,与富弼、文彦博的关系也很深。《药寮记》云:"龙门距洛城十五里。其西山有浮图祠曰胜善,兴于唐开元而坏于五代。迄今本朝太平百余年,诸祠稍复葺而胜善尤古,未能兴之。事之兴弊,存乎其人。药寮者,太尉潞国文公之所建也。公悯下民之疾苦而不得其疗者,思有以济之。相其地,得胜善祠之下方,当阙塞之阨、水陆之冲、南北之通途而行旅之所便也。其山出泉,曰'珍珠泉'。公出俸钱命工叠石以为址,即泉为药井,而建寮于其上,十有三盈。是岁,熙宁六年也(公元1073年)。公又以'胜善'为功德寺,择僧之知医者为寮主以掌之。寮之上侧,泉之所出也,为堂曰'珠渊'。其南侧三堪,为屋以覆大像,又其南曰第四堪,亦屋之,于是胜善之祠复新。人之至者有游息之所,故乐而忘其劳,而药寮之地益加胜矣!其东,俯视伊水,晖光澄澈;望香山石楼,若屏帏图画,盖天下奇伟之观也。"[64]宋代,胜善寺有清照禅师见于《续传灯录》卷十三。

《永乐大典》卷一三八二三载:"胜善寺,《洛阳志》本名敬爱寺。在石道间,兼三龛石像。其地甚广,开元二十七年建,有上方、中方。世传武后避暑之地。山下有泉,沸涌成小池,号'真珠泉',南有石井甚深,逾丈,水出其上,与真珠泉会流,作小磴于道右。会宋,改今名。"

这段记述,是把"圣善寺"当成了"胜善寺",又说"本名敬爱寺"。敬爱寺在东都建春门内怀仁坊,不在龙门山,它始建于显庆二年(公元657年)。圣善寺是唐中宗为武则天追福,立于神龙元年(公元705年),次年完工[65]。此寺也不在龙门山,而在彰善坊。

龙门胜善寺的遗址就是在今龙门文物保管所。"珍珠泉"就是今禹王池,"三堪"就是今之宾阳三洞。可惜,除禹王池外,我们再也找不到唐、宋

64 《范太史集》卷三十六,中华书局影印,四库全书文渊阁本。

65 《唐会要》卷四十八。

寺 名	创立年代A.D	创立人或功德主	简 历	遗 址
香山寺	北魏熙平元年(516)		因地婆诃罗葬此,重兴于唐垂拱三年(687),武三思为功德主.大和六年(832)白居易修茸之.历宋、元而衰.	龙门东山南端迤东,今洛阳轴承厂疗养院一带.
奉先寺	唐调露元年(679)	唐高宗	开元十年(722)毁于大水,与龙华寺合.历宋、元而衰.义福、金刚智葬此.	龙门西山南口魏湾村北.
宝应寺	约唐宝应年间(762?)		历宋、金、元而衰.神会葬此.	龙门西北山后,粮食仓库.
乾元寺	唐玄宗以前		乾元二年(759),郭子仪榜其寺曰乾元寺.明嘉靖三十九年迁至伊川县草店村.清康熙四十六年修茸后改称香山寺.	今龙门东山山腰的香山寺.
天竺寺	唐神龙丙午年(706)以后,得名于景云辛亥岁(711)	宝思惟 李畬	开元十年毁于大水.宝应元年,代宗再立西天竺寺,宋庆历中重修,历元而衰.	原天竺寺遗址无可寻.西天竺寺在今龙门乡寺沟村.
菩提寺	唐玄宗以前		历宋、元、明,清初改称皇觉寺.	今龙门西南郭寨村.
广化寺	唐乾元元年(758)		因金刚智塔院而立.历宋、元、明、清.	今龙门镇西北岗埠上.
敬善寺	唐高宗显庆三年(658)以前		宋及宋以后不详.	今龙门东山北端龙门煤矿办公院.
三泉寺	约唐代宗时		后唐时改名得当寺.约清初改为道观.	今偃师县李村乡祖师庙山北坡.
胜善寺	唐开元二十七年(739)		宋熙宁六年,文彦博重修为功德寺.	今龙门文物保管所一带.

胜善寺的遗迹、遗物了。

通过上述的考察可以证明,在白居易生活的时代,龙门确有十寺的存在。我们将这十寺的简况,综合成"唐代龙门十寺一览表",以供参考。

从十寺的分布范围可以看出,白居易所说的"龙门"是指唐代的龙门乡而言,不是狭义的龙门山(伊阙)。

除此之外,据《宋高僧传》记载,有不少高僧葬于龙门十寺附近,如北天竺迦毕试国人释智慧(梵名般剌若),"葬龙门之西岗,塔今存矣"[66]。著名佛教旅行家、翻译家义净(公元635～713年)亦葬龙门,"今塔在洛京龙门北之高岗焉。"[67]南天竺国高僧菩提流志(公元?～727年)卒后,'迁窆于洛南龙门西北原,起塔勒石志之"[68]等等。

总之,龙门十寺的简况和地理位置已大体明确,龙门十寺遗址地下应含有极珍贵的历史文物,这些都急待考古发掘加以证实。

[66] 《宋高僧传》卷二。

[67] 《宋高僧传》卷一。

[68] 《宋高僧传》卷三。

奉先寺诸像的建造与白凤、天平雕刻

大桥一章

一 序言

中国唐代佛像雕刻的造形理念,简言之是写实主义的。可以说是从对人体的关心,即人体写生开始的,与南北朝时期佛教雕刻严格的抽象化的造型有着明显的区别。关心人体的意识是从南北朝末期至隋代逐渐萌发的,到了唐代得到迅速发展。然而初唐期的人体写生尚未成熟,至盛唐期,基于准确的观察与造型,富于人体生命活力的佛像雕刻和进而揭示性格、心态的佛像出现了。

概观日本古代的佛像雕刻,六世纪前半期从百济传入的佛教至推古王朝(公元592～628年)时期呈现出活力,建寺造像持续不衰,所谓飞鸟雕刻由此成立。以止利式为代表的该时期的佛像据说是渊源于中国南北朝的佛像样式,经由朝鲜半岛传入日本的。如此说来,飞鸟雕刻只是间接的接受了中国雕刻的影响,直接接受中国雕刻影响的是后来的白凤雕刻和天平雕刻。

唐王朝建立后,日本派出遣唐使,积极与唐接触。结果日本的佛教雕刻接受了初唐写实风格的影响,艺术手法虽嫌稚拙,但已能制作出面部充满生气的佛像,其中也包括按初唐雕刻原样复制的砖佛和锤鍱金属佛。白凤雕刻在日本相当于写实的萌芽期,其后的天平雕刻可以说是写实的完成期。白凤雕刻向天平雕刻的转换历来被认为是与中国的初唐雕刻向盛唐雕刻发展相对应的,但这一转换期何在,无论对中国还是日本都是至关重要的问题。特别是在日本关于白凤雕刻和天平雕刻样式的认识,存在着种种异议。我认为在讨论这一问题之前,必须首先理解初唐雕刻与盛唐雕刻的样式,明确其转换期。为此,拙稿特以龙门奉先寺诸像为中心展开讨论。

无庸置疑,唐代雕刻是以长安、洛阳两京为中心发展起来的。不要说在那里建立的豪华绚烂的寺院与殿堂中安置的庄严华丽的本尊,即使其它的佛像也几乎都未能流传至今。因此在中国如同在奈良的寺院一样参拜飞鸟、白凤、天平时代的传世佛像是不可能的。现存的不过是地下发掘出的小石佛、砖佛或鎏金铜佛,此外还有石窟中的佛。石窟佛像中虽有莫高窟那样的彩塑,但一般均为石佛,不似都城内佛殿中的佛像那样庄严华丽。然而,因其材质坚硬或是开凿于山中和边陲之地,得以免遭破坏,大量保存至今。

的确,石佛与鎏金铜佛、干漆造像的素材相比有所逊色,且缺乏庄严性,但我认为唐代龙门的石佛比起石佛以外的一流雕刻品来也并不逊色。

为何如此呢?龙门石窟地处唐文化的一个中心东都洛阳的郊外,洛阳也云集着一批不亚于长安的佛教、美术、土建等诸行业的专家,可以推测这些专家也积极参与了龙门石窟的营造。再看一下石窟的发愿者,潜溪寺洞(斋祓洞)是为了供养唐代第二位皇帝太宗第四子魏王泰亡母文德长孙皇后而开凿的[①],敬善寺洞是太宗妃,太宗第十子纪王慎之母纪国太妃韦氏开凿的(《敬善寺石像铭》)。同时,龙门规模最为巨大的石窟奉先寺洞是根据魏王泰同母

① 立于宾阳中洞与南洞之间的《伊阙佛龛记》自欧阳修的《集古录》以来,一直被认为是关于宾阳三洞营建的文字记录。但大村西崖氏则做出了不同解释,即该碑文记载了宾阳三洞为北魏开凿,魏王泰对此进行了修补,又新凿潜溪寺洞等历史事件。进而指出潜溪寺洞佛像的面相、姿态及衣褶的形式正是初唐作风。他又将此窟称作锣鼓洞(大村西崖《支那美术史雕塑编》,佛书刊行会,1915年;国书刊行会,覆刻版,1972年)。又水野清一、长广敏雄两氏据碑文中"或依旧增严,或维新极妙"的记载,解释为修缮旧窟,开凿新窟。修补的旧窟是宾阳南、北洞,魏王泰的新窟应为潜溪寺洞。其大概开凿于贞观中(公元627～649年)(水野清一、长广敏雄《龙门石窟的研究》,座右宝刊行会,1941年;同朋舍,覆刻版,1975年)。张若愚氏认为潜溪寺洞与伊阙佛龛碑位置是分离的,因而该碑并未记载潜溪寺洞营造一事,旧窟应指宾阳中洞,新窟指宾阳北、南洞(张若愚《伊阙佛龛之碑和潜溪寺、宾阳洞》,《文物》,1981,1)。最近,李文生氏根据碑的形式和邻近的宾阳中洞力士像雕出的顺序,主张碑本身是北魏遗物(李文生《龙门石窟北朝主要洞窟总叙》,《中国石窟·龙门石窟》1卷,平凡社,1987年)。

一 奉先寺阿难像

二 奉先寺右胁侍像

② 水野清一《唐代佛像雕刻》,《中国的佛教美术》,平凡社,1968年。

弟高宗的敕愿开凿的(《大卢舍那像龛记》)。

总之,唐代龙门石窟是根据皇子的发愿而始建,后来皇妃以至于皇帝本人都直接参与了发愿开窟,皇室从最初开始就积极致力于龙门石窟的开凿。唐皇室是独一无二的最高统治集团,不难想象,他们是集中了政治、经济与技术力量来推进造佛事业的。纵令是石佛也足以作为唐代美术的代表。

我对唐代龙门石窟的认识如前所述。历来对初唐期和盛唐期雕刻进行编年分类时,都将奉先寺诸像置于初唐的最末期②,即奉先寺是初唐雕刻向盛唐雕刻过渡时期的样式。考虑到其为高宗敕建,又系龙门最大之窟,奉先寺诸像可能在洛阳龙门,甚至在当代都是出类拔萃的杰作。

本稿将通过规模冠绝龙门的奉先寺诸像的营造来考察盛唐雕刻的成就,同时以奉先寺诸像为基准,阐述笔者对日本白凤雕刻向天平雕刻发展之拙见。

二 关于奉先寺诸佛的造型

规模堪称龙门之最的奉先寺洞,是将高约30米、面阔进深皆30米的岩石从山腹中凿挖出来,正壁即西壁的中央雕出本尊卢舍那佛,左右雕二罗汉、二菩萨,南北侧壁为二天王、二力士。

本尊是高达13米的巨像,坐在八角莲座上,膝及两腕已损坏,腿的坐式与手的姿势不明,面孔圆润端庄,波状的头发超出脸部轮廓,略显高大,宛如戴有假发。同样的发式在惠简洞和万佛洞也可以看到,只是形体远小于前者,眼部的弧线,上眼睑曲率略高,下眼睑比上眼睑稍短,即上眼睑覆于下眼睑之上,眼睛与其说是远望,莫如说是望着近前的下方。小而端正的鼻子与紧闭的嘴表现出坚毅勇断的气质。与盛唐期的极南洞本尊的面部相比,算不上是写实性的。配有一双下垂的大耳,具有高大的颈部的整体容颜似乎浮现出几分威严。

同时本像的比例极佳,身躯魁伟,两肩舒展,双臂下垂。身着的衣服是印度格调的遮胸通肩式。这种衣着式样亦见于奉先寺诸像之间的龛中雕出的佛立像和东山石窟。由于衣着很薄,表现出肌肤的柔美。但肉体曲线很粗略,同时质感尚不够强。臂部衣褶呈直线状,胸腹部为流畅的弧线,断面呈阶梯状。

二罗汉中,左面的迦叶从头部至躯体几乎完全损坏,右面的阿难左颊至下巴、右肩、双手均已无遗,胸部出现大裂纹。尽管如此,原来的形象还是充分保存下来了。

少年一样丰满的脸上刻画出美丽弯曲的眉,注视着远方的眼睛使人感到温和慈祥,高而有力的鼻子则单调且不柔和,小口紧闭,青春的容貌充满了朝气。魁伟而富于重量感的体躯略矮,但显得宽厚。丰满的肉体象要撑破僧衣,也许是因为衣服太厚,难以窥见肉体曲线,但衣褶的表现自然,特别是膝下衣襟重叠的部分表现出强烈的立体感(插图一),远比惠简洞、万佛洞的罗汉自然,但心理与性格的刻画则未及盛唐期东山看经洞的罗汉像。

菩萨像除右侧一尊欠缺右手之外,保存良好。均为内侧手臂弯曲,向躯前抬举,外侧手臂下垂。

左侧的菩萨脸部下方丰满,眉梢上吊,上眼睑内端一度向上扬起,然后将微妙下凹的曲线延伸至眼梢的三分之二处,又将再度下凹的曲线延伸至眼梢。下眼睑内端松弛的曲线似乎覆盖于上眼睑之下,呈内凹状,随后又平缓的折返,伸至眼梢。即所谓半眼下视。鼻部高大,小口略松弛,显得可爱。发际与宝冠之间的几缕束发明显的膨起,宝髻向上扎起,高过宝冠。右侧菩萨的面容亦大致相同,但眉的弯曲有些差异,眼睛睁开的幅度略大,鼻与嘴亦稍大,发由双耳右面垂下,呈波状披散在肩的前后左右。

躯体肩部魁伟宽厚,腋部以下胸廓急剧收缩。因此,腹、腰、腿显得极小。此菩萨像不仅肩和胸部,头部与颈部也相当粗大,与腹部以下下半身的比例极不和谐。特别是右侧的菩萨上下半身宛如异体雕像拼合在一起。而且,两尊菩萨像腰部微扭曲,右侧之像因腹、腰与腿的结合生硬,姿态笨拙(插图二、三)。

这样的比例与姿势无论如何谈不上是出色的,但透雕的宝冠、梳痕清晰的头发、颈饰、璎珞、天衣与长裙的褶襞等精巧细致的雕法,表现出写实风格。同时胸部的两处隆起、腰带勒入腹部以及透过长裙表现出双腿的轮廓等都是龙门造像前所未见的洗炼技法。以前的菩萨造像均体现出一定的重量感,此处除去比例失调之外则显得轻快。这是因为巧妙地把握了人体构造,换言之是立体感的艺术表现更明快了。

其次是天王像和力士像,南壁的几乎全部毁坏了,北壁的大体保存了下来。

天王像戴冠披甲,耸肩,右臂向外托起宝塔,左手叉腰。腰微内屈,重心落在左腿,右腿屈膝踏在邪鬼头上。口紧闭,眉目上吊,眉间有皱纹,面部宽大,凝视着左前方。皮甲装饰着莲花纹、狮面纹等丰富的纹饰,胸腹部筋骨强健丰满,腰带以下的衣襟部分宽松地罩住双腿,充分表现出柔和的质感。

可是天王像与菩萨像一样,均为胸部以上较大,腹部至腿部越发瘦弱。特别是本像上身宽阔,下身越来越窄,同时腰部明显向左侧扭曲,叉腰的手臂短小,左腿用力,右腿弯曲,可是伸直的左腿短,屈膝的右腿长,比例十分不协调。胴甲与腿甲的纹饰浅而精巧,是以敏锐的雕法完成的纤细、华丽的图案。该像向横向空间扩展的创作意识很强烈。

天王足下的邪鬼撑着腰,以右臂承重支起左膝,浑身的力量集中在头部与膝盖上,背负硕大的天王。只遮戴兜裆布的赤裸形体与发达的筋肉被大胆的构思和表现出来。面部充满力量,吊眉怒目,鼻翼扩张,咬牙切齿(插图四)

雕于外侧的力士像体躯朝南脸向东,上体向右后方倾斜,左手在胸前有力张开,右手卡腰,双腿叉开,正如文字所云:仁王独立,扬眉怒目,眉间紧锁,眼梢生皱,眼角吊起,鼻端、鼻翼怒张,口发威吓之声,高颧骨,几根青筋暴突的粗颈,均表现了一副忿怒的容颜。然而从宽阔结实的肩膀至胸腹部的筋骨则显得平缓。下身所着之裳配合躯体的动态飘向后方,天衣、颈饰、璎珞亦随身姿摆动,的确是写实性的雕刻。可是上半身与下半身的动作未能通过腰部很好的协调起来,姿态笨拙。

此像脚下无邪鬼,故尺寸略高,比例亦比天王像匀称。大头,宽肩,双腿大幅度叉开等同样是强调了横向空间的表现。

分析上述奉先寺诸像所得的印象是:作者对自然的观察已达到相当的深度。从写实造形的角度出发,可以品味出她诞生之前的痛楚。

这种痛楚集中体现在人体造型上。天衣、裳、皮甲、颈饰、璎珞等装饰品精美洗炼,可以说是写实造型基本完成。可是关于人体造型,本尊坐像的比例尚属自然和谐,可算是写实主义的。其它诸像一概比例不协调,同时重视横向空间的造型意识较之垂直空间更浓厚,但身体各部位的立体表现还可以说是正确的。

的确,奉先寺诸像造型上似乎充满了矛盾,关于这种人体表现的发生,且容后面详述。

三　奉先寺左胁侍像

四　奉先寺天王足下邪鬼

235

三　关于奉先寺的营造

关于奉先寺的营造,本尊卢舍那佛坛座左侧左行刻有《大卢舍那佛像龛记》(以下简称《像龛记》)。据此可知本尊以下九躯巨像完成于上元二年(公元675年)十二月三十日。像龛记铭如下:

大唐高宗天皇大帝之所建也。佛身通光座高八十五尺,二菩萨七十尺,迦叶阿难金刚神王,各高五十尺。粤以咸亨三年壬申之岁四月一日,皇后武氏助脂粉钱二万贯。奉□□敕检校僧西京实际寺善道禅师,法海寺主惠暕法师,大使司农寺卿韦机,副使东面监上柱国樊元则,支料匠李君瓒、成仁威、姚师积等,至上元二年乙亥十二月卅日毕功。调露元年乙卯八月十五日,奉□□敕于大像南,置大奉先寺,简召高僧行解兼备者二十七人,阙即续填,创基住持轨,法英律,而为上首。至二年正月十五日,□□大帝书额。前后别度僧一十六人,并戒行精勤,住持为务。恐年代绵邈,芳纪莫传。勒之颂铭,庶贻永劫云尔,佛非有人,法界为身,垂形化物,俯迹同人,有感即现,无罪乃亲,遇迷永隔,唯凭信因,实赖我□□皇,图兹丽质,相好希有,鸿颜无匹,大慈大悲,如月如日,瞻容垢尽,祈诚愿毕,正教东流,七百余载,□龛功德,唯此为最。

历来《像龛记》所记,咸亨三年"皇后武氏助脂粉钱二万贯"被认为是奉先寺营造的开始,而其完成是在三年零九个月之后[3]。但是,近年宫大中氏将奉先寺工程量与北魏宾阳洞相比较,认为三年零九个月时间过短,工期应为二十年。武氏被立为皇后的永徽六年(公元655年)开始营造,咸亨三年接近完成,为促进工程进度,武后捐助了脂粉钱,上元二年(公元675年)竣工[4]。

三年零九个月的工期当否暂且不论,我亦与宫氏同感,营造的开始似应溯至咸亨三年以前。下面试就《像龛记》进行探讨。

《像龛记》开头就宣称该石窟为高宗所建,接着列举了卢舍那佛以下诸巨像的尺寸,继之云:"粤以咸亨三年壬申之岁四月一日,皇后武氏助脂粉钱二万贯,奉□□敕检校僧西京实际寺善道禅师,法海寺主惠　法师,大使司农寺卿韦机,副使东面监上柱国樊元则,支料匠李君瓒、成仁威、姚师积等。"据此铭文,"咸亨三年(公元672年)四月一日"仅仅是皇后武氏捐助脂粉钱之岁,然而如前所述,许多先学认为在武后助脂粉钱之咸亨三年,工程主管者们开始奉敕动工。

可是,如果是因武后捐助脂粉钱奉先寺营造才得以开始的话,从最初武后就已与高宗一起参与了此事,换言之是根据皇帝与皇后二人的发愿营建的,可是《像龛记》绝无此类记载。《像龛记》只记高宗是发愿者,武后始终是个赞助者。因此,咸亨三年动工说是因武后捐助记事之后又记载了奉敕负责营造者的姓名而引起的误解[5]。

综观《像龛记》全文结构,是由①高宗发愿,②巨像尺存,③武后捐助之年(咸亨三年),④石窟(巨像)营造负责人姓名,⑤石窟(巨像)竣工之年(上元二年),⑥大奉先寺设置之年(调露元年),⑦寺额下赐之年(调露二年),⑧颂铭,八部分组成。①至⑤可以说是单纯的《像龛记》,追记了从高宗发愿至武后捐助脂粉钱,至竣工的年代。于是产生了一种错觉,似乎工程负责人的任命是在③之后,其实,绝非如此。毋庸赘言,工程负责人是在工程开始之前任命的,

③　注①引大村西崖著书。关野贞、常盘大定《支那佛教史迹证解》第2册,支那佛教史迹刊行会　1925年。松本文三郎《佛教史仑》,弘文堂书房,1929年。注①引水野清一、长广敏雄著书。

④　宫大中《龙门石窟艺术》上海人民出版社,1981年。此外,李玉昆《龙门续考》(《文物》,1983,6)和冈田健《龙门奉先寺的开凿年代》(《美术研究》,123,1987年)已试图探求咸亨三年以前开始营造的年代。

⑤　最早产生误解的是宋代志磐撰《佛祖统记》,其记:"咸亨三年,高宗敕,於洛阳龙门镌石龛卢舍那佛像,高八十五尺"。

通常造像记很少记载造像工匠的名字,可是也有记于末尾的。如日本法隆寺金堂释迦三尊铭文的最后记有鞍作止利的名字⑥,天寿国绣帐铭的结尾亦记有绘画师与监督者之名⑦。此《像龛记》不是在铭文的最末尾,记载巨像制作之事仅限于①至⑤,可以说是对竣工之前记事的总括,所以④的内容是独立的,与③没有联系。

而且③位于列举巨像尺寸的②之后,句首冠以承上启下的助词"粤",因而③的记事上承①②,与后面的④则无直接联系。

综上,③应理解成武后于咸亨三年四月一日,对由高宗发愿业已进行的造像工程捐助了脂粉钱。因此,本石窟营造的开始无疑会追溯至咸亨三年以前。

然而,此《像龛记》中没有关于石窟营造开始的任何确切记载。查找有关造像记的资料,完整的记载造像起始与完成时间的例证很少,通常多见只记完成时间者。其原因是造像记一般均记载发愿者与发愿理由,故造像开始的时间会有一个自然的上限,可在一定程度上推测出来。此《像龛记》篇首已揭明造像源起于高宗的发愿,因而也许是将发愿与营造开始的纪年省略了。

水野清一、长广敏雄二氏曾怀疑奉先寺洞可能是利用了北魏皇室景明年间(公元500～503年)开始开凿的、未完成的石窟改建而成的⑧《魏书·释老志》关于龙门石窟的营造记载如下:

景明初,世宗诏大长秋卿白整,准代京灵岩寺石窟,於洛南伊阙山,为高祖、文昭皇太后营石窟二所。初建之始,窟顶去地三百一十尺,至正始二年中,始出斩山三十二丈。至大长秋卿王质谓:斩山太高,费功难就,奏求下移就平,去地一百尺,南北一百四十尺。永平中,中尹刘腾奏:为世宗复造石窟一,凡为三所。从景明元年至正光四年六月已前,用功八十万二千三百六十六。

此景明初的"石窟二所",最初计划"窟顶去地三百一十尺",费时五年,开凿了二十三丈,未见完成之记载。水野、长广两氏认为奉先寺就是利用未完成的石窟二所改建的,但迄今未掌握任何有力的证据。

然而,奉先寺的窟面距地面约30米,窟面至窟顶亦有30米以上,因此,由地面至窟顶最高处达 60 余米。《释老志》所记废弃石窟去地二十三丈,与地面至石窟最高点的高度大体一致。同时,北魏皇室废弃该窟后,在低处所凿之石窟"去地一百尺,南北一百四十尺",被比定为宾阳三洞,所记数据与现状基本一致。亦即《释老志》所记数据极为正确,是基于事实的记载。因此,推测奉先寺是利用了北魏未完成石窟量无大过。

奉先寺平面接近于边长30米的正方形,故未完成的北魏窟平面为长方形,恰似古阳洞。然而,其面阔、进深、高度规模等于为古阳洞二倍的两个大窟并列在一起。

奉先寺虽被称之为石窟,但无天井,三面的壁面为垂直凿出,恰似露天采掘的景观。如若两个并列的北魏废窟亦无天井的话,将窟间的隔壁凿掉,可以很容易的形成正方形平面。或象通常的石窟那样有天井的话,就必须凿去顶部的山岩,工期必然增加。北魏时代费时五年才"斩山二十三丈",如果只像露天采掘那样凿下岩石的话,恐不需五年时间。总之,假若利用了北魏未完成的石窟,那么在九躯巨像雕出之前,必要的清除岩石工程可能是在较短期间内结束的。

⑥ 法隆寺金堂释迦三尊像背光铭的末尾记:"使司马鞍首止利佛师造"。

⑦ 天寿国绣帐的铭文末尾记:"画者东汉末贤、高丽加西溢,又汉奴加己利,令者,椋部奏久麻。"

⑧ 参照注①引水野清一、长广敏雄著书。两氏认为奉先寺营造期间为三年九个月,短时期得以竣工的理由是利用了北魏的未完成窟。在此之前,关野、常盘两氏主张宾阳中洞是宣武帝所建之窟,孝文帝及其皇后所建二窟,因唐高宗时营建奉先寺未找到岩质良好的场所,不得不破坏掉了。两氏将宾阳三洞中石窟属北魏,造像属隋的南、北二窟的石窟与造像均划归隋代,这样在龙门就无法找到孝文帝、后所建的二窟了。于是又大胆提出唐代营建奉先寺时毁掉了二窟的解释。参照注③引关野贞、常盘大定著书。宫大中氏认为北魏未完成窟在宾阳洞上方的山岩上,但似乎无法确认。参照注④引宫大中著书。

那么,营造工程是何时开始的呢?上限是高宗即位之年(贞观二十三年,公元649年),具体年代尚难推断。武后捐助的两万贯在工程总费用中所占比例亦无从得知。如果象文字记载的那样,武后的捐助是为促进工程进度,从捐助至竣工历三年九个月,故捐助时极有可能营造工程已开始了三年九个月以上。虽说是捐助,但似有同心结缘的用意,因此,工程开始的时间亦不能向前推得太早。若大胆的将工程开始的时间溯至咸亨三年以前五至六年,那么奉先寺九躯巨像的完成则不是花费三年九个月,其工期即便不足十年,亦长达八年左右。

四 初唐雕刻与奉先寺诸佛像

如前所述,基础工程结束后,奉先寺现场的状况是:在去地约30米的山腰部凿出了一个30米见方的广场,西侧主壁与南北侧壁垂直凿出,主壁高度近30米。设计者正是在这如同峭立的巨大画面的三座壁面的面前,才最终决定雕像的大小与位置的。

本尊卢舍那佛的体积是根据主壁的高度,考虑了台座至光背所需的空间,在所能容许的最大限度内决定的。现在,光背约占主壁面积的二分之一,头光比身光还高,其尖端弯曲,达到大龛顶部。以本尊大小为基准,又顺次规定了罗汉像、菩萨像以及侧壁的神王、力士像的高度⑨。

本尊的人体比例在九躯雕像中是最协调的,其它诸像的比例或多或少有些失调。虽说如此,并非设计者不能设计出比例合适的佛像。不能设想,设计比例唯独本尊是成功的,而其它诸像都失败了。我认为:比例失调并非因为设计者不成熟,而是另有其它原因。

首先,应注意主壁的罗汉像和菩萨像,均为头部至两肩的比例合适,越往下就越小,导致了比例上的破绽。用何方法才能实现合适的比例呢?或将其身体加高,下半身加大加长,或保持其身高,将其上半身雕得细小些。两尊菩萨的高度已与本尊的眼部相匹敌,不可能再增高,雕刻家必须在此高度范围内雕凿。因此,在事先规定好的高度内雕凿比例适当的造像,只能比现在的像纤细。以横长的大龛为背景,左右安排四躯苗条的胁侍,会产生意想不到的单薄、贫弱感。

胁侍像虽比例失调,但实际上在大龛的前面突出刻画魁伟的上半身,与本尊同样收到了渲染大龛中庄重气氛的效果。总之,我想强调的是:在胁侍的高度已被事先规定的情况下,为求得与巨大的背景空间的视觉平衡,所以舍弃求全比例,夸大表现了上半身⑩。

正壁上雕出的胁侍背光,罗汉像的近于横长的椭圆形,一部分隐于本尊背光之后(插图一)。菩萨像恰好立在正壁与侧壁的转角处,背光雕凿在两面墙壁上。宝珠形的背光先向横向扩展,然后又向上延伸(插图二)。本尊背光为诸像之最,宝珠形头光由两肩开始先向横向扩展,然后延伸至龛顶,后面的举身光亦似乎压住胁侍,填满正壁。

结果,本尊卢舍那佛以极限的体积坐落在正壁大龛的中央,其左右并立上半身硕大的胁侍,进而正壁上又雕出各种横向扩展的背光,使大龛产

⊙ 设计者眼前的大画面——三壁上,本尊以下二罗汉、二菩萨及其各自的背光、侧壁的二神王、二力士与背光实际上事先均已在草图上绘出,并决定了它们的大小、比例。

⑧ 宫大中认为:神王与力士像比例的失调,是基于服从突出本尊卢舍那佛的设计意图。菩萨像的服装很华丽,可是面部缺乏生气,是为防止喧宾夺主的缘故。但是一般本尊与胁侍之间的主次差别是依据大小、安排的位置来表现的。而不是依据形象的优劣来区分的。参照注④引宫大中著书。

生出一种空间布局紧凑充实的效果。

这种偏重于横向空间的表现方法，使侧壁的神王、力士形象更加突出，也使神王像的比例越发不合理。椭圆形背光的横径长于纵径，更加强化了两像的横向表现意识，同时怒形于色的表情也使侧壁之龛充满了内在的活力。

除本尊之外，诸像的比例失调是因其身高低于本尊，而又要在正壁的巨大空间前气势上不逊色于本尊，有意将上半身夸大的结果，绝不意味只有本尊才是杰作。

暂且不谈人体比例，本尊与罗汉像的身躯是预制构筑的，而且体态丰满，充满重量感。同时，对薄衣覆盖下的肉体的表现极为粗略。衣褶亦单调。但是，其它诸像的身体各部位的表现写实色彩浓重，身体上佩戴的装饰品的写实表现也大致完成。因此，奉先寺诸像中，本尊与罗汉像更具有早期特色。按照造像的顺序，本尊年代最早，其次应是罗汉像。雕造年代之差前后不过数年而已，但本尊与罗汉像依然被赋予了早期样式特征。

奉先寺诸像写实表现之娴熟，有时令人瞠目而视，仅此即需动员一流工匠。此点亦可据下列事例推测。上元二年(公元675年)完成的奉先寺诸像与大致同时期的咸亨四年(公元673年)完成的惠简洞、永隆元年(公元680年)完成的万佛洞比较，无论是装饰品还是人体的表现都更具写实特色。其中菩萨造形显得轻快，与惠简洞、万佛洞厚重之中流露出粗俗的实体表现迥然不同[11]。此事亦可作为参与奉先寺造像的工匠具有当时最高技术，换言之，具有高度的自然观察与写实造形能力之佐证。如考虑到这是唐皇室敕愿营造的石窟的话，也许上述推论就更加千真万确了。

尽管上面对人体比例失调的原因做了客观的解释，但人体写生尚不能说已经完全成熟，左右二尊菩萨像的腰部都多少有些扭曲，右侧菩萨的下半身不稳定。此外，双脚叉立的神王像本应浑身充满力量，可是从两肩至腕部不知什么地方有些生硬、笨拙。诸如此类，说明尚未正确把握腰部的扭曲和运动中人体各部位微妙的配合。这意味着雕刻奉先寺诸像时，基于人体解剖学的观察方法尚未成熟。尽管在人体运动的表现上出现了破绽，却充分体现出工匠们果敢的向这一难点挑战的进取精神。

诸如腰部扭曲这种运动动作的表现，前述惠简洞、万佛洞菩萨像的腰略前弯、上体后倾不那么明显。万佛洞外壁永隆二年(公元681年)五月八日纪年铭的观音菩萨像，腰部虽只微微扭曲，上体却强烈向左后方倾斜，头部扭向右侧，从正面观察，躯体的颈部与腰部呈"Z"字形扭曲，绝非人体自然姿态。但可以看出作者无论如何也要表现动态人体的创作意识。

此观音像除姿态以外，造型与在此之前完成的万佛洞菩萨像几乎相同。由此不难理解其之所以采取这种极端的姿态，就是因为在龙门出现了庄严宏伟的奉先寺诸像。奉先寺以前，龙门菩萨像中未见衣裙紧贴双腿，薄纱透体，腰部模仿人体扭曲者。如果与奉先寺同时期的惠简洞及略晚的万佛洞的造像可以认为是奉先寺像以前的式样或接近于奉先寺式样的话，那么对此观音像就应予以异乎寻常的关注。

要表现动态的人体，解剖学的观察能力是必不可缺的，否则身体各部位的动作只能是机械的、生硬的。此观音像就是一个很好的例证，万佛洞的神王像也是如此。一手叉腰，一手举起，单脚踏在邪鬼身上的姿势与奉先寺托塔的神王像几乎相同，但仅仅是造像形式上的相同，不存在有机的艺术的关系，难以弄清究竟是威慑还是舞蹈的姿式。

⑪ 据前引 《支那佛教史迹》，此窟南壁有咸亨四年铭西京法海寺僧惠简的造像记，云：奉为皇帝、皇后、皇太子造弥勒像。《佛龛记》中亦可见法海寺主惠简的名字，似乎为同一人。虽为同期所凿之窟，惠简等奉皇帝敕命所建之窟和自身发愿所建之窟是有差别的。可以说前者是由最优秀的工匠参加营建的，营建后者的工匠则只具有当代平均水平。

239

五 乾封元年造像龛

六 总章元年造像龛

七 咸亨二年造坐佛像

八 仪凤三年造像龛

总之,奉先寺诸像完成五、六年之后,同是龙门雕刻的佛像也未能超越奉先寺。奉先寺的造像工匠是当时最优秀的石雕家集团,其水平是领先于时代的。

让我们再看看龙门石窟以外的唐代石佛。与奉先寺像同时期的乾封元年(公元666年)的弥勒三尊石像,体态丰满,肌肉充满柔软的质感。两尊胁侍像的上半身略向外侧倾斜(插图五),与惠简洞与万佛洞的胁侍相同。总章元年(公元668年)的五尊造像的躯体几乎没有动态感,龛内充斥着一种宁静的气氛(插图六)。咸亨二年(公元671年)的石佛坐像的式样与万佛洞的本尊相近,头大而下颏肥满,透过衣服表现出的肉体自然而又不乏柔和感(插图七)。

其次,年代晚于奉先寺像3年的仪凤三年(公元678年)的阿弥陀五尊石像,人体比例均很适宜,形象丰满而富于柔软的肌肤感(插图八)。胁侍菩萨的衣裙紧贴双腿,似较厚重,与奉先寺菩萨洗炼优雅的衣裙相比,显得有些粗俗,两尊菩萨像的腰部向内侧扭曲,上体向外侧倾斜,头部又歪向内侧,与万佛洞外壁双腿近于直立的观音像比较,可以说其体态好似连续的"く"字形。同时右侧的菩萨像上体向外侧倾斜的角度较大,相反,左侧菩萨向内侧倾斜的幅度较大。因而,这些菩萨像身体的弯曲都是不自然的,与万佛洞外壁的观音像一样,不过是创作具有动态感的佛像的意识率先产生了而已。然而,与动态雕像相对应的人体各部位的微妙联系尚未被把握。

综上,将龙门以外现存石佛与奉先寺像相比较,只有奉先寺像堪称出类拔萃,即便是时代略晚的石佛,也未见超越其水平者。因此,雕凿奉先寺诸像的石雕家集团无疑是领先于时代的。我在前文曾阐述过,从写实造形的角度来考察,奉先寺诸像是处于即将完成的阶段。据水野清一氏的研究,奉先寺竣工数年之后的武则天时期终于进入了人体追求的完成期[12]。

因而,奉先寺造佛事业促进了初唐雕刻(石雕)的转变,使其迅速进入盛唐雕刻的造型新世界。

五 日本白凤、天平雕刻

武后捐助奉先寺工程的咸亨三年(公元672年),日本发生了壬申之乱,天武政权确立。天武二年(公元673年)十二月十七日,为将日本最初的官寺百济大寺迁至飞鸟的高市(高市大寺),任命了造高市大寺司[13]。

以前长期中断的山田寺营造工程也重新开始,首先建设了寺塔的心柱,在奉先寺诸像完成之年上元二年(公元675年)的翌年(天武五年),装修了露盘。现藏兴福寺的著名佛头原属山田寺讲堂的丈六佛像,天武七年(公元678年)开始铸造,十四年(公元685年)开眼[14],铸造开始之前应该制型,因此,这个佛头制作的年代恰与奉先寺诸像一致。

此佛头圆如球体,未经细腻的修饰,无论从何角度观察,手法都是单调的。上眼睑是曲率很低的单纯弧线,下眼睑近乎于直线。鼻梁末梢隆起于一双长眉之间,鼻端两侧刻画出鼻翼,线条明快。唇部厚而柔和,表现方法是写实主义的(插图九)。此佛头历来是被作为白凤雕刻的基准作与代表作的。因其造型明快而显得生硬,与自然人体相差较远。所以,白凤雕刻的写实表现可以说还是不成熟的。与奉先寺诸佛的头部比较,样式也是非常早的。

继此佛头之后制作的是藤原京药师寺的本尊。药师寺是日本第三座官寺，天武九年(公元680年)发愿，持统二年(公元688年)完成本尊药师如来像[15]。我认为药师寺本尊与山田寺讲堂佛头属于同系统的造像集团，即官寺营造组织的作品[16]。因两者时代大致相同，样式也十分接近。

于是，明治以来关于现药师寺的药师三尊像属于白凤还是天平时代的争论自然有了答案，其为天平时代的雕刻。药师像的头部由颊至颚丰满而不失精巧，面部微妙的凹凸处理得相当出色，上、下眼睑形态与山田寺佛头正相反[17]，鼻与唇都是以写实主义手法刻画的。毕竟不能认为其与佛头是同一时期、同一造像集团制作的(插图一○)。

我曾发表过这样的见解，即天皇发愿建立的寺院——官寺的建筑与佛像应代表当时的最高水平与最新式样[18]。接受了初唐雕刻的影响的白凤雕刻是由官寺领导的。最初的官寺是舒明天皇发愿建造的百济大寺，其次是川原寺，继而是药师寺。当然，这三座官寺的本尊至今一无所存，百济大寺似乎供奉过天智天皇发愿建造的干漆丈六释迦像[19]，川原寺为丈六塑像[20]。

值得注意的是，接受了写实主义的初唐雕刻的影响，官寺中首先制作的是材质具有可塑性的干漆像与塑像，不久，熟悉了写实造型之后，才转向鎏金铜佛的制作。官寺营造组织最初制作的丈六鎏金铜佛是山田寺讲堂的佛像，第二尊是藤原京药师寺的本尊，看来属于白凤雕刻的山田寺佛头与药师寺本尊未受到材质的局限，该时代已能制作出初唐式样的写实雕刻。

我认为寺院的本尊原则上都是丈六佛，但旧山田寺佛头之外的丈六白凤佛像未有保存至今日者。被认为是天武时代的当麻寺金堂弥勒佛塑像高达2.228米，形体很大，可以说是唐代式样的，预制结构的造型与其说同中国雕刻，毋宁说与新罗的造型(军威石窟的阿弥陀如来坐像)更接近[21]。除此佛像外，现存唐代式样的雕刻几乎都只限于形体较小的作品。

具有纪年铭的持统六年(公元692年)鳄渊寺观音立像(插图一一)，和据传为天武十五年(公元686年)或文武二年(公元698年)的法华说相板(插图一二)。前者可以认为是出云地方制作，圆脸上描绘出的目、鼻、口给人以素朴的印象，全身经过粗略的修饰，可以说作者的写实主义表现尚未成熟。法华说相板上铸出浮雕形态的佛、菩萨，并在板面上附加有锤镍佛，都是些尺寸不足、身体粗胖的形象。中央的宝塔如同云冈第六洞的浮雕五重塔，设三个相轮，基坛左右配置了中国南北朝以来的狮子，右下角的力士像天衣飘拂，突出刻画了强健的筋肉，与龙门万佛洞本尊台座周围的力士像造形相近。考虑到上述因素，可以认为此说相板应是以从中国直接输入的佛教美术品为样本制作的，样式特征比山田寺佛头更早，但制作的实际年代却比佛头晚。毋须赘言，佛头的制作集团是领先于时代的官寺营造组织。

其它作品的具体制作年代难以确定。法隆寺橘夫人念持佛的阿弥陀三尊像(插图一三)、梦违观音像(插图一四)，深大寺的释迦倚坐像(插图一五)、现已不存在的新药师寺香药师像(插图一六)、鹤林寺的观音像(插图一七)，还有法隆寺、唐招提寺传世的锤镍佛，川原寺等遗迹出土的砖佛，都被认为是白凤雕刻的代表作品。

上述佛像均与飞鸟时代的造型感觉不同，可以确认其人体表现是写实主

⑫　参照②水野清一论文。

⑬　《日本书纪》天武二年十二月条："以小紫美浓王、小锦纪臣诃多麻吕，拜造高市大寺司。"

⑭　《上宫圣德法王帝说》背书："癸酉年(公元673年)十二月十六日建塔心柱。(中略)丙子年(公元676年)四月八日上露盘。戊寅年(公元678年)铸丈六佛像。乙酉年(公元685年)三月二十五日点佛眼，山田寺是也。"

⑮　拙稿《藤原京药师寺造营考》，町田甲一先生古稀纪念会编《论丛佛教美术史》，吉川弘文馆，1986年。

⑯　山田寺系苏我仓山田石川麻吕发愿建造的，但因石川麻吕死于非命，惨遭灭族，营造中断。后至天武朝，石川麻吕之孙女持统皇后劝其夫天武天皇重开山田寺营建工程，直至竣工。因此，持统是调用官寺营造组织修建的。拙稿《山田寺造营考》，《美术史研究》16，1979年。松山铁夫氏亦就藤原京药师寺本尊与山田寺佛头，从当时的铸造技术出发，论述了二者样式上相近的关系(松山铁夫《关于药师寺金堂三尊的制作年代论争——根据技术推断年代的可能性和问题点》，《美学》26，1979年)。

⑰　町田甲一《药师寺》，画报社，1984年。

⑱　拙稿《白凤佛与初唐文化》，《历史公论》116，1985年。

⑲　《大安寺伽蓝缘起并流记资财帐》记："丈六即像贰具/右淡海大津宫御宇□天皇奉造而请坐者"。天智天皇曾发愿建丈六塑像，但所记为"贰具"，则不可考。

⑳　纲干善教《飞鸟川原寺后山遗迹和出土遗物(撮记)》，《佛教艺术》99，1974年。拙稿《关于川原寺的造佛与白凤雕刻的上限》，《佛教艺术》128，1980年。

㉑　毛利久《弥勒佛坐像》，《大和古寺大观·2·当麻寺》，岩波书店，1978年。

九　兴福寺藏山田寺佛头

一〇　药师寺如来像头部

义的。例如橘夫人念持佛阿弥陀三尊的中尊形体丰满，线条柔和，胸部、腹部造形反映出作者试图把握人体各部位的意识，但还不能说是自然人体的表现，僧衣给人以薄纱透体的感觉。两胁侍躯体的形态是单调的，均为腰部扭曲，外侧之腿微屈。比此胁侍腰扭更甚者是鹤林寺的观音像，身体各部的细部表现很贫乏，两者不过都是单纯的扭曲腰部而已，作者几乎没有意识到身体其它部位的对应动作。

　　香药师像与梦违观音像虽有佛与菩萨之别，两者皆为立像，姿态相近。后者裸上体，从胸部的两处隆起至腹部的隆起被有机的表现出来，渲染出充满青春活力的气氛。虽然可以感觉出衣裙下的双腿，但又难以琢磨出其确切形态。裙的褶襞左右对称，可以说是一种理想化的造型。町田甲一氏指出：香药师像的僧衣虽不算薄，但衣下的双腿形态尚可辨识，其整体的衣纹处理与奉先寺本尊相近[22]。

　　如上，分析日本现存白凤雕刻的写实表现手法，可以说没有一件能够凌驾于处于初唐雕刻顶点的奉先寺诸像之上。

　　如前所述，我觉得奉先寺造佛事业是促进初唐雕刻向盛唐雕刻转化的契机。我对盛唐雕刻式样的理解是：不仅限于表面的人体写生，而是掌握了人体解剖学的观察方法。其结果是使任何复杂的姿态及身体各部位微妙的对应变化都毫无破绽的表现了出来，其中不乏波及心理、性格描写的作品。

　　正如拙稿开头所记，长安、洛阳曾建有许多佛教寺院，里面安置着远比石佛华丽的青铜、干漆或泥塑佛像。干漆像与泥塑像今已无存。立体感的表现，

一三　法隆寺阿弥陀像

一四　法隆寺观音像

一五　深大寺释迦倚坐像

一六　新药师寺药师像　　一七　鹤林寺观音像

干漆像、塑像与石刻像不同，较容易收到写实的效果，因而也许会比石佛更早过渡到盛唐式样。可是，如考虑到现今中国遗存下来的众多石窟，中国民族从远古开始就对石雕有一种异乎寻常的亲密感，至唐代石雕技术已显著发达，即便比材质可捏塑的干漆与塑像后进一步，但也未必不能制作出与同时期的干漆、塑像相伯仲的写实雕刻作品。

　　最为典型的是天龙山石窟唐代雕刻，与其说是佛像，不如说是一个人的形象，无论肉体、装饰品还是姿势的写实性都超出了历来的佛像的范畴。这样

自由而且自然的造型,如以疏松的砂岩雕刻,其技术是很不一般的。当时的石雕家们以卓越的造型能力,征服了这种材质。因此,石佛以外的鎏金铜佛、干漆像、塑像的盛唐式样如能成立即便多少处于领先地位,但与石雕也不会有太大差异。

因而,水野氏提出的在龙门盛唐期的到来是武后掌握实权后的文明元年(公元684年)以降这一说法[23],应用于龙门以外亦不会有大过。

盛唐期的雕刻,有永昌元年(公元689年)的石佛坐像(插图一八),天授二年(公元691年)的观音像(插图一九),长安三至四年(公元703～704年)的宝庆寺石造佛龛诸像(插图二〇),神龙二年(公元706年)的观音像(插图二一)。龙门有极南洞、东山的擂鼓台三洞、看经寺洞诸像。

这些都是具有盛唐期特色的雕刻。天授二年观音像从人体微妙的曲线到比例都得到了正确的表现。下半身的衣裙紧贴双腿,颇有薄纱透体的味道,好像重复的"U"字一样的衣纹线被轻快的刻画出来,右臂从肘部开始弯屈,左腿略动,动感表现得十分生动逼真,说明作者已基本掌握了人体解剖学观察与写实性形态雕造的方法。

龙门极南洞本尊腹部以下已损坏,比以奉先寺像为代表的初唐期的任何如来像都接近于人体。躯体修饰得很自然,无任何造作之感。薄衣的褶襞虽刻得很浅,但使人感到技法敏锐而娴熟。面部肌肉像活生生的人一样富有弹性,眼部亦非单纯的弧线,而是复杂而微妙起伏的曲线。浑圆而隆起的鼻端与鼻翼、紧闭的小口都充满了写实的味道,好象真人的一样。值得注意的是发式从波发变成了螺发。

胁侍菩萨如浮雕一样富有扁平感,身体的比例几乎无懈可击,站立姿态端庄简洁,天衣表现出绢的柔软的质感,裳紧贴双腿似乎在拂动,胸部与腹部的隆起刻画得准确无误。可窥见作者写实造型的水平。以洗炼的雕法正确的表现人体各部位,与至初唐为止的龙门石雕处于迥然不同的造型世界中,使人感到一个新时代在龙门降临了。

这种盛唐雕刻的影响,在日本最初见于何时呢? 依据白凤雕刻的纪年铭像,下限应是法华说相板的年代文武二年(公元698年)。但白凤雕刻大都没有

一一　鳄渊寺观音像

一二　长谷寺法华说相板

㉓参照〔注②〕水野清一书

一八　京都博物馆藏永昌元年造像龛　　一九　天授2年造观音像　　二一　神龙2年造观音像　　二〇　永青文库藏宝庆寺造像龛

243

二二 法隆寺文殊像

二三 法隆寺维摩像

二四 兴福寺弟子像

二五 兴福寺阿修罗像

纪年铭,因此也许年代晚于法华说相板的八世纪初的东西也被包括在内。

显著带有盛唐雕刻式样特征的遗例最早的是和铜四年(公元711年)法隆寺塔一层的塑像群。其中的文殊像也许因为是塑像的缘故,表现出柔和而又微妙的立体感。作者深知衣着与肉体的内在联系,自如的姿态与写实主义的表现大体得以实现(插图二二)。维摩像刻画出一强健的老人,但紧锁的眉头与迟滞的眼神则显出一副病态(插图二三)。衣着的褶襞更加自如的表现出布的质感。菩萨像以后的比丘、俗人像等的容貌都具有较鲜明的个性。这些都证明作者写实造型技艺的娴熟程度是白凤时代以前的雕刻中所不能见到的。

关于个性与心理的描写。天平六年(公元734年)完成的兴福寺金堂的十大弟子像(插图二四)与八部众像(插图二五)是比人体略小的活脱干漆像。十大弟子的容貌与身躯分别为老年、壮年、青年形象,或沉默思考,或正面直视,或开口欲语。龙门看经寺的腰壁刻有二十九躯人体大小的罗汉像浮雕,亦表现出老、壮、青年的年龄差别,同时以略带夸张意味的表情刻画出每个人的个性,恰似逼真的肖像雕刻,使人感到这是兴福寺十大弟子像的原型。

时代略晚的天平雕刻的重要作品有药师寺东院堂的圣观音像(插图二六)与金堂药师三尊像(插图二七)。关于前者,内藤藤一郎氏以来[24],一直被认为是与神龙二年(公元706年)的观音像类似,即下半身薄纱透体,强调腿部质感的手法共通。其实,这种表现法早已见于奉先寺左侧的菩萨像,我认为这也许是从担当菩萨雕刻的工匠那里学到的技艺。

透过薄裳成功的表现出双腿肌肉的微妙质感的是金堂三尊的胁侍日光、月光菩萨像。二像均以一腿支撑身体重心,另一腿放松,腰部微妙的扭曲,上体略微倾斜的站立着。这种姿势与身体各部位相应细微的变化通过完璧的写实手法造型化了。诸如奉先寺菩萨之类的破绽在此已看不到了。此外,中尊的药师如来魁伟、威严而又文雅,身体各部比例适中,体现出一种自然的平衡。丰满的头部、宽松的胸部至收缩的腹部刻画入微,微妙弯屈的手指、随肉体而复杂起伏的僧衣的褶襞,所有的部分都具有强烈的写实感。如果说此药师三尊像的作者对人体观察与造型技艺已达到完善的境地,也并不为过。

我认为此药师三尊像才是初唐雕刻的顶点奉先寺诸像所追求的完全写实的意境在日本的最初实现[25]。平城药师寺也是官寺,正因为是领先于时代的官寺营造组织制作的,所以也能造出超过盛唐雕刻的作品。

结 语

本文对历来被称为初唐雕刻顶点的高宗发愿建造的奉先寺诸像的样式特点、造像经过进行了探讨,指出其样式比同时代或略晚的龙门及现存其它石佛都更新,皇帝敕建的奉先寺诸像不仅冠绝洛阳龙门,而且在造型艺术上领先于当代石佛。其诞生,促进了初唐雕刻向盛唐雕刻的转变。进而又从中国民族悠久的石雕艺术传统出发,推测石雕写实造型的成熟并不太落后于可捻塑材质的泥塑、干漆像。因此,在龙门以外,盛唐雕刻成立的时间即使多少早于龙门,也不会有太大差异。

盛唐雕刻是以对人体的解剖学观察、身体各部位能微妙的适应任何复杂姿势的造型为先决条件的。从这个意义上说,奉先寺诸像处于盛唐雕刻成立的前夜。通观日本白凤、天平雕刻,从来被视为白凤雕刻的作品均比奉先寺像样式古老,通常被认为是盛唐雕刻影响下产生的造像可以列举和铜四年(公元711年)法隆寺五重塔塑像群以降的诸像。其中药师寺金堂的药师三尊像对人体的观察与造型已趋于成熟,可以说是完全再现或超出了盛唐式样。

以上的考察基于现存为数甚少的唐代雕刻,其只不过是庞大的唐代雕刻中微不足道的一部分。因为中国国土辽阔,洛阳龙门样式与长安样式或许有差异,而且还有象造像年代不明的天龙山石佛那样与人体十分接近的写实作品的存在。今后新的资料也许还会不断发现,因此我想将来还会有对本文进行订正的机会。

苏　哲译

二六　药师寺观音像

二七　药师寺菩萨像

㉔　内藤藤一郎《法隆寺壁画的研究》,东洋美术史研究会大阪支部,1932年。

㉕　我认为此药师三尊的制作年代是养老六年(公元722年)。拙稿《平城京药师寺的营造》,《美术史研究》23,1986年。

流散于欧美、日本的龙门石窟雕像

东山健吾

欧洲从19世纪初收集埃及、希腊、罗马时代的古代遗物之风盛行,陈列在博物馆里的那些古代美术品大多数是通过战争和武力的背景掠夺来的。美国比欧洲迟,到了19世纪末不惜以美元的力量卷入世界大肆收买美术品的行列。

鸦片战争以来,中国国力衰退,从19世纪后半到20世纪前半,中国数千年的文化遗产,成为列强猎取的对象。许多历史文化遗迹由于盗掠遭受人为的破坏,大型石窟特别是克孜尔石窟和龙门石窟受害最大。据说龙门石窟80%～90%石佛的头部和腕部被砍断[1]。

关野贞于明治39年(公元1906年)首次对龙门石窟作调查时还完好的佛像,到了大正7年(1918年)也再访该地目击到破坏情况,写道:"从民国3年(1914年)起洞窟雕刻的多数佛像头,能取下的都被取掉卖给了外国人[2],而现在可以说无一个完整的了。"这种破坏后来还在继续,当东方文化研究所(现京都大学人文科学研究所)的水野清一和长广敏雄两人,于1936年调查龙门时看到的荒废景象,"怎么也想像不出佛教圣地的那种惨状[3]。《龙门石窟的研究》的《西山石窟各说》,关于宾阳中洞前壁的浮雕有以下报告:"宾阳洞有著名的浮雕杰作,我们怀着极大期望来到了龙门,震惊的是那些浮雕完全被盗凿,清晰而又新鲜的凿痕完全摧毁了我们的精神,这是恶魔的行为,那无从发泄的愤懑整日折磨着我们的心,至今还不能忘却[4]"。关于宾阳中洞的浮雕遭到破坏经过,王冶秋有以下叙述:

"……我们到河南洛阳龙门、山西大同云岗、山西太原天龙山等地,看到我们祖国极美丽的雕刻,几乎无每一个者是断手残足,支离破碎,甚至整个石雕凿成碎块运走,像龙门宾阳洞中北魏著名的浮雕'帝后礼佛图'就是美帝国主义分子普爱伦先从龙门照了相,然后根据相片与古玩奸商岳彬定了'合同'以5年为期,打碎这块雕刻,运到美国去。现在一块陈列在美国纽约市艺术博物馆,一个陈列在美国堪城纳尔逊艺术馆。而这个盗匪主犯普爱伦却在他1944年写的《纽约市艺术博物馆所藏中国雕塑》一书供状中怎么写呢?他说从1933手～1934年之间,这浮雕被人凿碎盗走后

开始在北京古玩市场出现,当时只有'两个美国博物馆(按指上述两馆)在努力挽救它',这真是无耻到极点的谎言。

我们在1952年三反五反运动中检查了这家古玩商,把普爱伦与岳彬勾结订的'合同',把凿碎了由于粘对不上因而留下的两大箱石块,通通拿到手了,原来这个被'人'凿碎盗走的'人',不是别人,就是美国惯匪普爱伦。[5]" 根据龙门文物保管所的调查,自民国19年到24年(1930～1935年)间,河南省偃师的石匠王光喜等3人,被保长王梦林与洛阳古董商马龙图的威逼利诱,在土匪枪支护卫下,乘黑夜将多数石雕给凿走。宾阳中洞的《皇帝皇后供养行列图》,是照古董商马龙图交给的照片截取的,是王梦林和马龙图与北京古董商岳彬及美国人[6]**爱普伦**等串通合谋的。

根据1965年龙门文物保管所初步调查,龙门石窟因盗掠被破坏地方有720余处[7],这些被盗石雕几乎都流向国外,多数为美国、欧洲及日本的博物馆以及个人所收藏。而且其中的大部分已难以比定是龙门石窟的哪一窟哪一龛的文物。尽管可以推断流向欧美及日本的龙门石窟的石雕数量相当之多,但其全貌尚难把握。《中国石窟》系列编集,将各石窟被盗外流的壁画、佛像再集录成册供读者参考。本卷从欧美及日本现存作品中精选了主要的22幅,同时尽可能注明出处,并附加简要的解说,选图原则上以我亲自见到的作品为准,一部分未见作品恕不介绍。

1 菩萨头部 莲花洞西壁本尊右胁侍 北魏
高88.8厘米
日本个人收藏

莲花洞位于西山古阳洞和宾阳洞中间,正始(公元504～508年)动工延昌(公元512～515年)正凿壁的三尊后工程中断。右胁侍菩萨的像容以简洁的造型表现出一种充满生气的典雅,黑色石灰岩的身躯遍涂肌肤颜色,部分地方残留淡绿和红色。

2　大迦叶　莲花洞西壁本尊左侧　北魏
高约300厘米
巴黎吉美美术馆。

　　在莲花洞正壁本尊佛立像和左右胁侍菩萨间，分别有浮雕的罗汉像，左大迦叶右阿难，本尊与两胁侍是近乎圆雕的高浮雕，两罗汉是浅浮雕。被凿取的大迦叶头部有数处碎裂而又被黏合在一起。

3　菩萨头部　宾阳中洞　北魏
高92厘米
大阪市立美术馆

　　宾阳中洞正壁有以结跏趺坐的如来像为主尊的五身像，南北两壁配置了以如来立像为主尊的三尊像。正壁的五尊像没有被人为的破坏大体完好，南北两壁的三尊像与左右两胁侍的头部均遭盗掠，该石雕被认为是南壁三尊的右胁侍菩萨的头部。

4　菩萨头部　宾阳中洞　北魏
高90厘米
东京国立博物馆

　　中洞正始2年（公元505年）开凿，正光4年（公元523年）当宾阳三洞所有工程中止时，中洞已竣工。南北两壁三尊像的胁侍菩萨共4体的头部丢失，其中2体的头部在日本，此头像似是南壁三尊右胁侍菩萨的头部。

5、6　皇帝供养行列图　宾阳中洞前壁　北魏
高208.3厘米，宽293.7厘米
纽约 **METRO POLITAN MUSEUM OF ART** 美术馆。拓本日本早稻田大学图书馆

7、8　皇后供养行列图　宾阳中洞前壁　北魏
高202.0厘米，宽278.0厘米
美·堪萨斯市纳尔逊美术馆。拓本日本早稻田大学图书馆。

　　宾阳中洞前壁门口两侧，相对的上下4段浮雕，上起第1段是维摩经变；第2段南侧是须大拏太子本生，北侧是萨埵太子本生；第3段是皇帝皇后供养行列图，北侧为皇帝，南侧为皇后的行列，向窟门会合；第4段即前壁的最下端雕有10神王像，窟门南北各5身。现在只剩下第4段的10神王像，10神王像以上的第1至第3段全被凿去，惨不忍睹。这是1933年至1934年之间被破坏的，皇帝皇后供养图是用凿取的碎片又重新黏合起来的。因碎片一部分留在北京，故画面有缺失，补修的痕迹十分显眼。6、8是被破坏前的浮雕拓本，保存在早稻田大学图书馆，仿佛再现了当年完好的供养行列图全像，是贵重资料。

9　浮雕供养者列像　古阳洞　北魏
永平4年（公元511年）
高24.0厘米，宽46.7厘米
大阪市立美术馆

　　都邑的佛教教化指导僧"邑师"为先导的供养者列像，浅浮雕，画面小，雕技也粗糙，上方刻有"弟子多宝/法嵩王/法威王/法训王/比丘法智

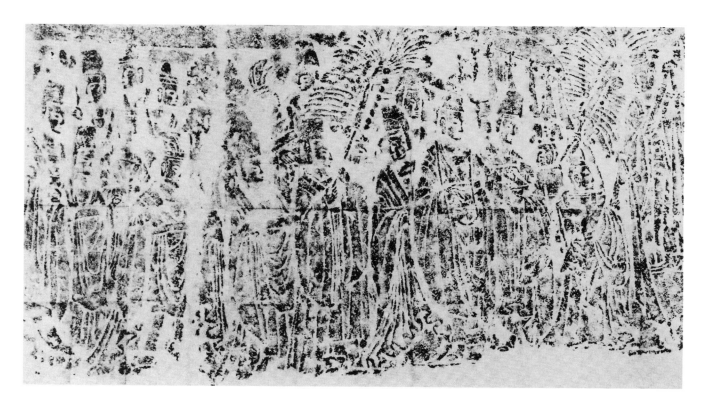

师。"皇魏永平四年岁次辛卯/十月十六日假节督华州/诸军事征虏将军华州刺/史安定王卯为亡祖亲·……"等铭文。由此判明是北魏华州刺史安定王的造像记。古阳洞北壁第二层靠后第二龛的交脚菩萨的造像记，就是华州刺史安定王的造像记。全文见《龙门石窟的研究》《龙门石刻录录文》619⑧。

10　菩萨头部　龙门石窟西山　北魏
高40.0厘米
日本仓敷市大原美术馆

与莲花洞正壁本尊的胁侍菩萨和宝冠等的形式相近，面貌柔和温顺，大概属于和魏字洞、普泰洞同一时期的中型窟雕像，制作年代在正光、孝昌年间(公元520～527年)。

11　菩萨交脚像　北魏
高57.8厘米
大阪市立美术馆

12　菩萨交脚像　北魏
高54.0厘米
瑞士ZüRICH美术馆

细身小像。北魏后期正光年间(公元520～525年)前后，在龙门流行清瘦造像，许多龛大量安置了这种小型的菩萨交脚像、思维像等，但大部分被盗凿外流不知去向。日本和欧美博物馆以及个人收藏中的龙门小造像出处均不明。其中民国初年北京的古董商在龙门伪造的作品为数不少。

菩萨交脚像,龙门北魏窟龛的铭文均无例外的记载其为弥勒菩萨,因此以上2例的交脚像也是弥勒菩萨。

13 佛头 唐
高69.4厘米
日本仓敷市大原美术馆

有大、扁平的肉髻,稍长的面相,两颊丰满而柔和, 圆眼显得可爱,鼻稍短,唇小而天真浪漫。眼形近于药方洞主尊像,面形似宾阳北洞诸尊像,立体感自然,是写实的作品。制作年代大约从贞观后期到显庆年间(公元641～660年),包括颈部高69.4厘米,在这一时期的中型洞可以考证出佛头的出处。

14 佛头 敬善寺洞 唐
高58.3厘米

日本个人收藏

龙门石窟流散国外的唐代佛头大多数具体出处不明,此佛头幸在《中国文化史迹》上载有原状的照片,知是敬善寺本尊的头部⑨。面圆丰满,大肉髻,柔和可亲的嘴角,表现出天真无邪的气质。与贞观年间(公元627～649年)造像比较,立体的写实的效果鲜明,可以认为是高宗显庆、龙朔年间(公元656～663年)的作品。

15 天王像 传出自龙门石窟 唐
高170.0厘米
美国波士顿美术馆

胸披明光甲,左手置于腰部,右手紧握拳,上半身稍向右弯曲的天王立像。脚踏夜叉,夜叉仅残余头和肩的一部分。此天王像与奉先寺洞、万佛洞的天王像比较,动感不强烈,圆形护胸的装饰也简陋,这是年代较早的特征,推测为从高宗初期的永徽到咸亨(公元650～674年)前后的窟中盗凿的,从天王像的体积分析,大概属中等洞窟。

16 佛头 奉先寺洞 唐
高44.3厘米
日本个人收藏

奉先寺洞的本尊大卢舍那佛等7尊巨像,是将西山岩石凿出高30米,面阔、进深30米的空间而雕出的。这些巨像中间设有若干配置1佛至5佛立像的佛龛。此佛头属于其中的某一尊佛,确切位于何处已不清楚。他与本尊大卢舍那佛的头部同样圆、大方,波状头发比大佛的小,相貌也有魄力。被认为是比上元二年(公元675年)完成的大佛略迟数年的作品。

17 佛头 奉先寺洞 唐
高43.8厘米
日本个人收藏

这是一个充满活力的佛头,是从奉先寺洞大卢舍那佛诸像背后龛像中的1尊像上凿下来的。龙门石窟7世纪中叶出现的具有丰满的少年面相的造像,在奉先寺大佛完成的上元二年前后 (公元675年),技术急剧成熟,基于对人体正确观察的写实造型成为主流。此像以粗线条刻画出具有强烈力量感的造型,是从初唐雕刻脱胎向新样式转化的作品。

18 菩萨像头部 唐
高32厘米
纽约陈哲敬收藏

圆面相，短鼻梁，唇柔和且厚，一副童颜。我未亲眼见过，制作年代难推定，可能是高宗后期(公元674～684年)前后小洞中的作品。

19　佛头　唐
高44.5厘米
大阪市立美术馆

与在敬善寺洞和奉先寺洞所见到那样具有丰满的童颜的造像不同，而是面部稍长的严肃的面孔。肉髻高，波状头发与初唐佛像比较，雕刻细致，眼角细长，表情拘谨，从鼻到唇到颚都表现出恰到好处的实体感。可以说是龙门石窟唐代雕刻中的优秀作品，年代或为8世纪初。被认为是从西山南端某个石窟中凿下来的，但无法确认它的原来位置，出处搞不清楚，说明人为破坏得十分彻底。

20　佛头　擂鼓台中洞(大万伍千佛龛)　唐
高66厘米
美国旧金山亚洲美术馆

东山擂鼓台有3洞南北并列，其中洞窟门刻有"大万伍千佛龛"的题字。窟的正壁以佛倚坐像为中尊，雕出了高浮雕的三尊像，头部现全部丢失。根据常盘大定、关野贞著《中国文化史迹》第2册图版74，判明该佛头是东山石窟寺右室即擂鼓台中洞的本尊头部。其面部比奉先诸像稍长，螺发的深雕技法与柔和的颊部表现都残留着初唐的风格。眼和眉以明快刀法刻出了严肃的表情，可窥见初唐全盛期的雕刻，可判定是7世纪末的作品。

21　十一面观音菩萨头部　擂鼓台北洞
高53.5厘米
日本仓敷市大原美术馆

擂鼓台北洞邻接擂鼓台中洞北侧，窟门西向，

前壁的窟门两侧分别刻有浮雕菩萨立像，右侧有十一面4臂、右侧有6臂的菩萨。此十一面观音菩萨头部，推定为右侧菩萨的头部。头部稍细长，缺乏立体感等特征，近似擂鼓台中洞正壁的右胁侍菩萨，被认为是武则天时期的长安年间到中宗景龙年间(公元701～710年)的作品。

22　观音菩萨像头部　唐
高41.5厘米
纽约陈哲敬收藏

　　面长，头结高髻，髻前有化佛，一看即知是观音菩萨像。弧线形长眉，细长的眼睛以及唇的造型等，都类似东山擂鼓台洞诸像。但由于非亲眼所见，只限于看照片，估计是7世纪末到8世纪初的作品。

①龙门文物保管所编《龙门石窟》(文物出版社，1980年)**P.14**。

②关野贞《华北古代文化遗迹》，《禅宗》第25卷第281号，1918年8月 (《中国的建筑与艺术》所收，岩波书店1938年)。

③长广敏雄《复刻版序言》，水野清一、长广敏雄《龙门石窟的研究》(一)(同朋舍 1980年再版)本文篇**P.10**。

④见③序言P.190。

⑤王冶秋《琉璃厂史话》(生活、读书、新知三联书店1962年)**P.60**。

⑥宫大中《龙门石窟艺术》(上海人民出版社1981年)**P.60**。

⑦参照⑥。

⑧见③**P.304**。

⑨关野贞、常盘大定《支那文化史迹》2，图22—2(法藏馆1939—1941年)。

彭健民译

龙门石窟主要唐窟总叙

顾彦芳　李文生

一、　潜溪寺

唐永徽末年至显庆年间(公元655～661年)开凿。

平面呈方形,穿窿顶。高9.7米,宽9.45米,深6.72米。

窟顶线刻莲花藻井,雕工粗糙。

正壁主像阿弥陀佛,结跏趺坐于高方台座上。高7.8米,宽3.2米,胸厚1.4米。身着双领下垂式袈裟,内著僧祇支。螺纹高肉髻,面相丰满,下颏较短,颈部有三道蚕节纹,胸部鼓起。左手平伸置于膝上,手指残;右手举起,掌心向外,作说法印。佛衣褶下搓遮盖佛座。背光为莲瓣形,直达窟顶。外层仅雕出轮廓线,内有线雕卷草纹饰。头光分三层,内层无纹饰,中层为线刻莲花,外层为七佛,边沿是圆钱纹饰。

主像左侧迦叶像,身高6.66米,双手合十,立于束腰莲座上。面额以下残。著袈裟,上身较宽大,下身收敛处较窄。无头光。右侧阿难像,身高6.64米,立于长圆形束腰须弥座上。面右额及鼻以下残。身着袈裟,双手持宝珠于胸前,手指纤巧,颈有三道蚕节纹。无头光。

主像左侧菩萨像,身高7.63米,头戴高发冠,面相丰满。颈饰纤细璎珞,自双肩下垂经腹部穿一璧后向左右分开。左手提净瓶,右手持麈尾。头光两层,内为线刻莲瓣,外为火焰纹。右侧菩萨像,身高7.75米,立于束腰莲座上。左手持宝珠举于肩部,右手提一桃形物。其他同左菩萨。

左侧天王像,身高5.35米,头束冠,面部风化较重。二着铠甲,腰部束带,下着裙,双足着靴。左手抚于胸前,右手握拳。下踏夜叉。天王头光为圆形,内饰莲瓣,外层无雕饰。右天王像,身高5.5米,束高冠,技带护颈胸。下着裙,足着靴,下踏夜叉。左手曲举,右手握拳。头光同左天王。菩萨与天王之间有明隆庆五年(公元1571年)"西洛奇观"四字。

王壁左侧均为空龛。下层近窟口处有唐圣历二

年(公元699年)佛弟子裴怀秀造观音菩萨像一龛。右侧三大空龛中,其上一龛有彩绘壁画痕迹,内容已不可辨。南北两壁大都为空龛。南壁一龛有"伊洛会流"四字。上层有对称的梁枋遗迹。

前壁左右两侧无雕饰。

二、　宾阳北洞

唐贞观末年至永徽初年(公元649～650年)造像。

平面呈长方形,后部为椭圆形。穿窿顶。

窟外龛楣浮雕,为北魏雕凿。窟门通道左侧一身主佛像,高1.7米,仅雕出轮廓线,未经打磨,面目不清。其余均为唐未完工的空龛。门槛长2.57米,宽0.48米,高0.28米,两侧门墩作狮首形,狮首长0.7米,宽0.5米,高0.4米。右侧狮首完整,左侧残。门槛平面和正侧面浮雕类似宝相花的二方连续图案。门槛内外地面浮雕有莲蓬图案的装饰。

洞顶为穿窿形藻井,浮雕莲花宝盖,围绕十一身伎乐天人。外层饰莲瓣一周,边沿饰鳞纹、锯齿纹。

正壁圆雕造像一铺五尊,阿弥陀佛居中,高7.25米,胸厚1.28米,肩宽3.8米,结跏趺坐于方形叠涩须弥座上。座高1.5米,正壁浮雕三身力神。坐佛头饰肉髻,右额残。面部方圆,下颏收敛处较短,颈有三道蚕节纹,胸部浑圆突起。左手展掌,手心向前,下垂;右手向前,伸二指。身着褒衣袈裟,衣褶疏朗,左肩衣褶绕过胸部搭在右肘上。背光为莲瓣形,外饰火焰纹,直达窟顶。头光为圆形,内饰莲瓣一匝。头光与身光间饰以并行弧线和莲花纹,外沿为火焰纹,黑红两色。

迦叶居佛之左侧,身高6.06米,立于束腰莲座上。身披袈裟,双手合十,表情庄重。圆头光有彩绘。阿难居佛之右侧,身高6.1米。身披袈裟,双手持一葫芦于胸前。面额较宽。面颊丰满。

左侧观音菩萨像身高6.70米，头戴莲花宝冠，左手提净瓶，右手举一圆形物。两肩各有一圆形饰物，联结璎珞于胸前下垂，穿一方璧后左右分开。帔帛自两肩下垂，横于腹膝间两道而绕过左右手腕下搭于地面。火焰宝珠形头光，内饰莲瓣，外饰火焰。右侧大势至菩萨，身高6.90米，立于束腰圆莲座上。头戴莲花宝冠，左手提一物于胸前，右手提一桃形物下垂。胸前璎珞自两肩至腹部穿一铺首后左右分开。斜披帛巾，帔帛从肩上一直下垂至地面。

北壁上方一方形龛，造像为一佛二菩萨像。主佛阿弥陀佛结跏趺坐于束腰圆莲座上，着双领下垂袈裟。左手抚膝，右手平伸，手心向外举于胸前。二菩萨侍立左右。三尊像均完好。壁面中央为一优填王像龛，余均是空龛。

南壁上层较大的造像龛有五个，多为一铺五尊像。

南北两壁壁脚各浮雕五身神王像，由于风化过甚，面目不清。

前壁左侧浮雕天王像，身高4.15米，头束高髻，上着甲，下束裙，双足踏夜叉。右壁浮雕天王像，残损严重。

三、 宾阳南洞

窟内造像多为唐贞观年间(公元627～649年)雕凿。

平面呈方形，后部为椭圆形，穹窿顶。

外壁窟额及右侧窟口崩坍。门高6.44米，宽3.58米，长1.32米。

窟门左侧上层，有造像龛两个，造像布局分别是一佛二弟子二菩萨像。上龛题记："弟子王婆为亡夫造"，下龛题记:乾封二年(公元667年)二月八日东台主书许思言"敬造阿弥陀佛像一龛"。再下为唐永徽元年(公元650年)汝州刺史刘立意雕刻的一身金刚力士像。像高2.70米，左半身残，右侧能看到面部及紧握拳头举起的右手。力士披巾横于胸腹间二道。左肩上部是造像记。通道右壁崩毁，仅存一造像龛。

洞顶为浮雕莲花，周围环绕伎乐飞天八身。外层饰圆钱纹、鳞纹、锯齿纹和帷幕，构成一莲花宝盖。

正壁造像一铺五尊。主像阿弥陀佛结跏趺坐于叠涩方台座上，通高8.2米。主像高肉髻，螺旋纹。面相饱满，额方颐丰，颈刻三道蚕节纹。左手心向外，指残；右手上举，平伸五指，掌心向外。身披双领下垂式袈裟，内着僧祇支，衣纹简练，裙摆前压佛座。莲瓣形火焰背光，直达窟顶。头光为圆形。佛座前左右各蹲一狮子，左侧仅存狮座，右侧狮首残，前足直立，后足曲蹲。

迦叶像居坐佛之左，立于低圆台座上，高5.76米。身披袈裟，双手合十于胸前。双目微闭，皱纹满面。无头光。阿难立于佛之右侧，高5.73米。两肩下削，双手持物于胸前。

左侧菩萨，身高6.5米。头饰高宝冠，面相方圆，较呆板。颈有蚕节纹。胸前璎珞呈串珠形，由肩下垂至腹部，穿一圆璧。串珠中饰以圆形、椭圆形、菱形、方形物于膝间交叉后向左右分开。帔帛自双肩下垂横于腹膝间。头光为火焰宝珠形，双弧线内饰莲瓣，外为火焰纹。右侧菩萨，身高6.42米。头饰莲花高宝冠，中饰一宝瓶，左右为花蔓。面相方圆，颈有蚕节纹。双肩各一圆形饰物，璎珞下垂至膝间交叉一道。左手提一圆形物，右手抚于胸前，帔帛于腹下交叉。

北壁像龛密布，以贞观二十二年(公元648年)思顺坊老幼造像碑为中心雕凿了较大的壁龛。弟子迦叶下方，有麟德二年(公元665年)四次出使印度的王玄策造像记。造像龛残，题材不明。思顺坊老幼碑的上方有一较大的方形龛，中为阿弥陀佛坐于由仰覆莲组成的束腰须弥座上。身披双领下垂袈裟，内着僧祇支，面部上下稍窄，中间较丰满。左手平放膝上，右手外举于胸前。头光为火焰宝珠形，内饰莲瓣，外无纹饰。二弟子双手合十，侍立左右，无头光。二菩萨头残，左侧菩萨左手提净瓶，右手举于胸前，帔帛横于腹膝间一道。右菩萨，左手持莲蕾举于胸前，右手持桃形物下垂，帔帛横于腹膝间两道。头光无纹饰。

思顺坊老幼碑的右侧是一圆拱形立佛龛，高3.3米，宽1.75米。立佛高2.5米，立于覆盆形低圆莲座上。高肉髻。着通肩式袈裟，衣纹从肩至足部呈波浪状。双手下垂扶于似座椅式的扶手上。背光为宝珠形，直达龛顶。头光为圆形，分三层，内由莲瓣组成，中为七佛像，每身佛坐于带梗莲座上，外为火焰纹饰。

思顺坊老幼造像碑，通高1.54米，宽0.64米。横排篆书题额"弥勒像之碑"五大字，下刊"洛州河南县思顺坊老幼等普为法界敬造弥勒像一龛"。碑文二十一行，行二十六字，界以阴线方格。造像龛为圆拱形，高1.89米，宽1.68米。在碑的下方，善跏坐的弥勒佛坐于方台座上，高1.4米。肉髻，面方圆，两肩稍削。身著双领下垂袈裟,内着僧祇支。左手抚膝,右手心向外,平伸于胸前。衣纹下垂压于佛座上,双足下搭置于二圆形莲座上。背光为火焰纹宝珠形。头光内为莲瓣,中是忍冬纹,外层饰火焰纹。迦叶双手持一圆形物,阿难双手合十,立于左右。头均残。膝部以下被佛座遮挡。二菩萨左右相对,各持一瓶。左菩萨左手持一带梗莲实,右菩萨右手持一莲花。菩萨胸前装饰复杂,身躯直挺,肩宽腰细,两腿分开间距较大。其外侧二力士,上身残,下身着裙,立于方形台座上。主佛两侧六尊立像,均不在一个平行线上,而是依次往上递进,呈阶梯状。佛龛前壁下有二力士托一莲座(似是香炉),已残。龛外两侧各有两个跪状的供养人。

思顺坊老幼碑东侧相邻的有两个并列小龛,尖拱顶龛楣,中间一碑,蟠龙碑头,此为隋大业十二年(公元616年)河南郡兴泰县人梁佩仁造像龛。造像皆为一佛二菩萨像,佛头略昂,面相饱满,着双领下垂袈裟,结跏趺坐于低方平莲座上。二菩萨腹部稍鼓,身躯似有扭动,头上部残。座下边有供养人像。

碑左侧上方是一方形龛,阿弥陀佛像结跏趺坐于仰覆莲组成的八角束腰莲座上。面相方圆。左手平伸举于胸前,右手抚膝。头光内饰莲瓣,外无纹饰。左菩萨像,莲冠残,身躯修长。左手提桃形物,右手举胸前。颈前璎珞雕工精细,帔帛横于膝间一道。右菩萨像,高莲花宝冠,面容清秀。右手提净瓶,左手举胸前,帔帛横于膝间一道。三身像均完整。

北壁除上述五龛为较大的有代表性的造像龛外,其余密布的小龛一般造像为一佛(结跏或善跏)二菩萨,一佛二弟子二菩萨,单身坐佛,成排的七佛以及佛塔等。

宾阳南洞北壁有纪年的造像记是:贞观二十年(公元646年)的韩文雅及妻唐赵造像记,二十二年(公元648年)的思顺坊老幼造像记,二十三年(公元649年)的佛弟子崔贵本、佛弟子赵才造像记;永徽元年(公元650年)的朱胤及姊磨利造像记,三年(公元652年)的陈通妻张氏造阿弥陀像记,四年(公元653年)的佛弟子孟为亡夫亡女造像记;显庆元年(公元656年)的弟子张君道造像记,四年(公元659年)的清信女孟为亡夫刘二方造像记,五年(公元660年)的昭觉寺僧善德造像记;龙朔二年(公元662年)造阿弥陀像及唐王府户曹刘元礼等造像记;乾封元年(公元666年)的东台主书牛懿德造像记。

南壁正中一大龛,高5.5米,宽3.1米。主像阿弥陀佛,通高3.19米,结跏趺坐于由仰覆莲组成的束腰莲座上。坐佛面相似正壁主佛,低肉髻。颈直,无纹饰。两肩方圆,胸部稍隆起。身着双领下垂袈裟,

内着僧祇支。左手抚膝,右手平伸五指,掌心向外。背光为火焰纹。头光圆形,内层饰莲瓣,外层无纹饰。二弟子双手合十侍立左右,面侧向主像。二菩萨高莲花宝冠,一手提帔帛,一手向外举起。面相呆板,肩方腰细。胸前璎珞简单,帔帛自肩向下横于膝间一道,身直挺,两腿间距较宽。弟子、菩萨像均立于带梗圆形覆莲座上。佛座束腰部位彩绘忍冬花纹,两侧似是力士,有盗凿迹痕。佛座下层中间是香炉,左右跪持钵供养人二身,作添香状。再外是二狮子,蹲坐,头侧向外。香炉下方一方壁面,是供养人题记,惜已被盗。此龛龛楣上层饰圆钱纹,中是迎风飞舞的二飞天,再下为帷幕形龛楣。

大龛左侧上方一圆拱形造像龛,中为善跏趺坐于方形台座上的弥勒像,双脚各踏一圆形莲座。左右是弟子、菩萨像。龛壁基部中为一香炉,外为左右二力士。其余的造像龛,布局一般都是一铺五尊或一铺三尊像,龛壁基部中间是香炉,两侧为狮子、力士,或狮子、供养人等。

大像龛的右侧布满约半米范围的小龛。上层有贞观十五年(公元641年)的豫章公主、岑文本、魏王口监陆、口妙光、郁久间造像龛,贞观十六年(公元642年)韩方口、石坦妃造像龛,贞观十八年(公元644年)的杨僧威、张君尧造像龛,贞观十九年(公元645年)的张婉妃造像龛,贞观二十年(公元646年)的阎武盖、石静业造像龛,贞观二十三年(公元649年)的合十父以及永徽元年(公元650年)的汝州刺史刘立意等人造像龛。有显庆四年(公元659年)的比丘尼石静、乾封三年(公元668年)的雍州栎阳县东面副监孟轧绪等造像龛。

前壁左侧上方一圆拱形像龛,中间是善跏趺坐于方形台座上的弥勒佛,双脚各踏一圆形莲花座。左右分别是弟子、菩萨像。龛基中央是香炉,两侧为力士。该龛以下为造像小龛,布局一般是一铺五尊像或一铺三尊像。龛基部分置香炉、狮子、力士,或供养人。

前壁右侧上方一圆形龛,造像为一佛二菩萨像。主像阿弥陀佛结跏趺坐于束腰圆莲座上,低肉髻,面相方圆。左手抚左膝,右手举起,掌心向外。头光为宝珠形。左侧菩萨戴高莲花宝冠,帔帛横于腹膝间两道。右菩萨头残。以下造像小龛多为高方台座,有单身坐佛、一佛二菩萨等。

宾阳南洞窟门两侧有纪年的造像龛是:贞观二十年(公元646年)杨叔察妻王氏造像龛,二十一年(公元647年)的嵩阳山慕容造像龛,二十二年(公元648年)的贾君才造像龛和赵才为亡妻公孙造像龛;二十三年(公元649年)的清信女张某造像龛;永

徽元年(公元650年)的汝州刺史刘立意造像龛,三年(公元652年)的清信女乐婆、佛弟子范满才、刘解妻杨等造像龛,四年(公元653年)的佛弟子鲁宝师、杨南德、孙和生为亡妻董等造像龛;乾封元年(公元666年)的魏通造像龛,二年(公元667年)的东台主书许思言造像龛等。

四、 韩氏洞

唐龙朔元年(公元661年)开凿。

窟形分前后二室,前室进深1.8米,宽1.5米,高1.28米。后室进深1.90米,宽1.16米,高1.6米。

前室北壁天王像,高0.92米,头右侧残。束高发冠,肩有披膊。颈有护颈,护颈下系连环式圆形护胸,自腹至膝处束战裙三层。左手置胸前,右手下垂。下着靴,双足踏夜叉双肩。夜叉蹲坐,左手上举,右手扶地。左力士像身高0.75米,头及左臂残。右臂握拳上举,胸肌发达,下束战裙,腰部裙沿外翻。左腿跨前,右腿直立,上身向前倾,力感强。该壁天王与力士之间有造像题记一方,曰:"□朔元年洛州人杨妻韩敬造阿弥陀像一龛并千佛□区,愿先上见存俱登正觉。"其下一方形小龛,为一身男供养人像。头束幞头,表情沉静。身着圆领窄长袍,左手持香炉,右手作添香状。

前室右侧壁面崩坍,仅存天王足下夜叉及力士一足。天王与力士间一女供养人,身着长裙,作跪状。

窟门高1.28米,宽1.04米。

窟顶为长圆形,无雕饰。中间左侧部分崩坍。

后室正壁一铺五尊像。主像阿弥陀佛,身高1.15米,结跏趺坐于方形束腰莲座上。头残。身着双领下垂袈裟。左手微屈置膝上,右手残。袈裟下垂搭于佛座上,呈帷幕状。头光为尖莲瓣形,内饰复莲瓣,外无纹饰。左侧弟子迦叶像,身高0.95米,高浮雕,立于未完工的莲瓣上。双手十字交叉,置于胸前。右侧弟子阿难像,身高0.95米,高浮雕,立于未完工的莲瓣上。双手持一物,置胸前。余同左弟子。左菩萨像身高1.05米,立于圆形束腰台座上。头残,仅存宝冠,颈前饰桃形圆项圈,璎珞下垂,至腹部穿一方璧。上袒,帔巾自双肩下垂绕过左右肘,横于腹膝间两道。左手下垂,右手曲二指抚胸前。头光为莲瓣形。右菩萨像身高1.10米,头残。左手置胸前,右手下垂。帔巾自两肩直下至地。余同左菩萨。

北壁为方整崖面,浮雕千佛十九排,每排三十身左右。千佛大部分头残,壁面中间一缝斜裂,被滴水浸蚀。

南壁千佛布局略同北壁。

五、 新罗像龛

唐中宗至玄宗初年(公元705~712年)雕凿。

平面呈"凹"字形,三面设坛,高0.23米。窟顶为穹隆形,高1.77米,宽1.9米,深1.84米。窟前檐方形,高2米,宽2.5米。正壁上方楷书"新罗像龛"四字。窟前檐崖壁有空龛四个,窟口两侧有造像痕迹。窟门高1.30米。

正壁有三身造像痕迹,像残高1.25米。左右两侧各二身造像,现仅存残迹。

六、 敬善寺

唐显庆后期开凿,龙朔年间完工,时间约在公元661~663年。

窟形为前廊后室。高3.5米,宽3.7米,深3.52米。总深6.3米。

窟口外崖壁左侧力士像,高2.30米。头戴宝冠,颈饰璎珞。璎珞自双肩下垂经腹部穿一圆璧尔后左右分开。右手上举,残,左手握拳下垂,上身袒,下束战裙。身躯向洞口倾斜。窟口上方两侧,浮雕一身飞天。北壁一身观音菩萨像,高2.03米,头残。左手提净瓶,右手抚于胸前。力士与菩萨间上方有一碑,无碑头座饰,高0.9米,宽0.5米。题记共十五行,行二十八字。该碑是纪王慎太妃韦氏开凿敬善寺的造像记,宣德郎守记室参军事李孝伦撰文。

窟外崖壁右侧力士像,身高2.2米。面目狰狞,筋骨暴露。上身掛璎珞,下束裙,裙沿向外翻。其它同左壁。南壁一身菩萨像,身高2.28米,立于仰覆莲组成的束腰莲座上。头戴高冠,面相长圆。胸前饰璎珞,双肩各一圆形饰物与双耳相接。斜披珞腋,左指残,右手全残。腰束带。

窟门呈圆拱形,高2.1米,宽1.2米。通道北壁上层是成排的小千佛,中层残。均为垂拱年间造。南壁自上至下为杜法力、为太山府、为阎罗王、为五道将军、为天曹地府敬造的单身坐佛、三身坐佛及千佛造像。

洞顶为莲花藻井，仅雕出轮廓线，覆莲瓣周围绕以七身迎风飞舞的飞天。形象生动、完好。

正壁主像阿弥陀佛，通高2.55米，结跏趺坐于八角束腰莲花座上。头残，颈短，胸部隆起。左手拇指残，右手上部全残。身披褒衣袈裟，袒胸，衣褶下垂于佛座上，不露足。佛座底依复莲雕刻二小狮，已残。背光为莲瓣形火焰纹，直达窟顶。头光两层，内为莲瓣，外是七佛。主像左侧菩萨像，身高1.2米，立于有梗莲朵上，头残，颈饰项饰，左手捏璎珞于腹部，右手持麈尾举于肩部。主像右侧菩萨像，身高1.2米。头残，双手合十于胸部，身躯微斜。左弟子迦叶，身高1.75米。头残。身披袈裟，下身收敛处较窄，头光为圆形，无雕饰。右弟子阿难身高2.0米。身穿袈裟，双手持宝珠于胸前，右手指残。头光为圆形，无纹饰。

北壁菩萨像，身高2.2米。头残，身躯向右侧倾斜。左手提净瓶，右手腕残。璎珞自双肩下垂经腹部穿一壁后左右分开。头光为莲瓣形，内为莲花，外有双弧线两道。天王像，身高1.55米。头戴盔，上身着甲，有护颈、护胸。双手持剑，下着战裙。足穿结带草鞋，下踏双夜叉。夜叉作蹲坐状。

北壁自内至外有三组坐莲花座的供养菩萨坐像。第一组从正壁菩萨莲座引出莲梗，上坐七身莲花供养菩萨像。坐姿有交脚或半跏坐式；第二组从弟子迦叶身侧伸出的莲梗上置六身坐像，有正身或侧身的思维像；第三组从菩萨引出的莲梗直到正壁窟口上方，上置十六身菩萨，有双手合十或作双手交叉的姿态。

南壁菩萨像，身高1.85米。头戴莲花宝冠。左手抚胸前，右手持一桃形物下垂。服饰同北壁菩萨像。天王像身高1.87米，上身着甲，下着战裙。余同北壁天王像。其余均为莲花供养菩萨像，约二十余身。姿态同北壁。

前壁左右两侧各有一个一铺三尊和一铺五尊像的造像小龛，以及一身观音菩萨像。

七、 摩崖三佛

书武周长寿年间(公元692～694年)辍工。
摩崖像龛高7.30米，宽16.85米，进深8.00米。
正壁一铺七尊坐像。主像为善跏坐的弥勒佛，

高5.9米。坐于高方台平座上。座高2.05米。肉髻，未经打磨，已残。面相呆板，耳接崖面，颈短，有蚕节纹二道，两肩浑厚。身着双领下垂袈裟，内着僧祇支，上身衣纹的左侧较右侧稠密。左手抚左膝，右手举起，掌心向外，手指内侧纹理清晰。双腿置于方形低平台座上。

主像左侧雕一立像，身高4.52米，立于高座上。座高1.26米。肉髻残。面、颈部已打磨光滑。双耳稍靠前侧，全身仅雕出右手部位，余皆为石胎。主像左侧一结跏坐佛，通高4.7米。高肉髻。全身轮廓已雕出，未经打磨。身穿双领下垂袈裟，左手抚左膝，右手平伸。其外侧一力士像，高3.55米，仅雕出头和手部的轮廓线便弃工。

主像右侧凿一方形崖面，与左侧对称，似置立佛位置。其外侧一结跏坐佛，高4.3米，高肉髻，面部五官仅凿出轮廓线，未打磨光滑。身着通肩袈裟，左手平伸放置左膝上，右手平伸，掌心向外。其外侧力士像，身高2.45米，仅凿出头和手部线条，其余为石胎。

北壁上方一方形像龛，内仅存一结跏坐佛像，余被盗。其龛下一立佛龛，高2.15米，螺纹发髻，着通肩袈裟。左手下垂半握，右臂半曲，掌心向外。其外侧一立佛龛，已残。

八、 双窑

唐高宗时(公元656～683年)开凿，是一组共用前室的双洞。

前室高2.84米，宽6.57米，深2.25米。窟口外圆雕三身力士像。北洞左侧一身高1.93米，头残。前胸饰璎珞，上身袒，下着裙，左臂下垂，右臂残，上身风化较重。北洞右侧一身高1.93米。面侧向窟门，左臂残，右臂握拳举于肩部。服饰同。力士上方有开元五年(公元717年)造像小龛，为一铺三尊像。南洞右侧力士高2.10米。头束高髻，面目狰狞，前胸璎珞华丽，下垂至腹部，穿一壁后左右分开。上身袒，下身着裙。左手上举，右手握拳。窟口外壁除三身力士外，小龛密布。

北洞平面呈长方形，高3.5米，宽3.6米，深6.9米。

窟门呈圆拱形，高2.2米。通道左侧二坐像龛，造像均为一佛二菩萨像，另有一浮雕七层塔。其南

侧一龛尚完整,余皆为残龛。

窟顶为莲花藻井,周围环绕八身飞天,头无一完整者。

正壁一铺三尊,主像阿弥陀佛结跏趺坐于八角束腰莲座上,通高2.25米。螺纹高肉髻,面相方圆,颈有蚕节纹三道。身着双领下垂袈裟,衣褶下搭于佛座中央。左手平伸五指,手心向上,置于膝处,手指残,右手臂残。佛座两侧狮子,左侧已残,右侧头残。佛背光为圆莲瓣形,内层为莲瓣,中层为七佛,外层无雕饰。

左侧迦叶像,身高1.95米,立于仰覆莲组成的束腰座上。身披袈裟,上身宽大,下身稍削,双手持宝珠于胸前。右侧阿难像身高2.0米,双手合十于胸前,服饰同左侧弟子。

北壁有四尊大像。内侧菩萨像身高2.25米,立于仰覆莲座上。头残,胸前饰串珠形项饰,璎珞自双肩下垂至腹部穿一壁后左右分开。帔帛自肩下绕过肘部下垂地面。左手提一物下垂,右手抚于胸前。双足残。头光为莲瓣形,内层为覆莲瓣,外层无雕饰。立佛身高2.25米,螺纹肉髻,双目俯视。身着通肩袈裟,衣纹稠密。右肩残。左手捏衣褶,右手残。头光为莲瓣形,内饰覆莲瓣,中层是七佛,外层无雕饰。外侧菩萨像,身高2.30米。头残,颈前饰璎珞,雕刻华丽。左手持一物,右手残。服饰、头光均同内侧菩萨。立佛与菩萨间有三个造像小龛,皆为天授二年(公元691年)李大娘造。上层为一善跏坐弥勒像,中层与下层均为结跏趺坐佛及二菩萨像。最外侧为一天王像,全身被盗,仅存足下夜叉。力士上方有二造像龛,右侧一铺三尊像,左侧为一佛一菩萨像,龛基中央为香炉、题记,左右侧为男女供养人像。

南壁造像与北壁相对称。内侧菩萨像身高2.25米,立于仰覆莲束腰座上。头残,左手抚胸前,右手提一环形物。立佛身高2.30米,头残。左手平伸五指于胸前,手指残,右手曲置于腹部。身着通肩袈裟,衣纹较北壁疏朗。头光同北壁。其外侧菩萨像,身高2.2米。头部与左手均残。右手提帔巾,左手抚胸前。服饰同北壁。最外侧天王像身高1.9米。头束冠,上身有护颈,胸前有方形护胸,肩有帔铺,下着裙,双足踏夜叉。在造像之间,有若干小龛。其中有纪年的是垂拱三年龛。

前壁窟口以下无雕像,窟口以上较大的造像龛有三个。

窟口右侧雕一石胎,面目不清。

南洞平面呈长方形,窟顶前部为圆拱形,后部为穹窿形。高3.10米,前部宽1.87米,后部宽2.47米,深7.30米。

窟门圆拱形,高2.10米。通道左侧上层为九排坐佛,每排十身左右。中层一龛,造像一铺三尊,主像着通肩袈裟。头均残。下层为垂拱三年龛,造像一铺三尊。通道右侧残毁较重,上层有天授二年(公元691年)雕凿的观音及千佛像。

正壁造像一铺三尊。主像为弥勒佛,通高2.10米,善跏坐于方形高台座上。头残。身着双领下垂袈裟,右膝以上残。双足下垂处断残,仅存双莲花方形底座,头光为莲瓣形,内饰复莲瓣,外无纹饰。左侧迦叶像身高1.70米,头残。双手合十,立于束腰圆莲座上。头光圆形,无纹饰。右侧阿难像,身高1.68米,立于圆形束腰莲座上。面相丰满,身披袈裟,双手持一葫芦于胸前。头光为圆形,无纹饰。左侧菩萨像,身高1.85米,立于圆形台座上。头残。颈部饰圆珠形颈饰,璎珞自肩上下垂经腹部穿一圆壁后左右分开。双手残。腰束带,有麈尾。头光为莲瓣形,内饰复莲瓣,外无纹饰。右侧菩萨仅存头光及台座。

阿难像的上方一造像龛,中间是善跏坐的弥勒,左右为二弟子、二菩萨像。其右侧为一半跏坐的菩萨像。

北壁壁面方整,遍刻千佛。横排十六,每排二十八至三十六身不等,千佛都为结跏坐,坐于浅束腰莲座上。

南壁千佛排数、坐姿均同于北壁。除此之外,南北两壁壁面中间各有一身善跏坐佛像。

前壁左侧有十四排坐佛,每排三身。窟门上方有二小龛。一龛为一佛二菩萨像,另一龛为一坐佛。窟门右侧自上至下为十一排坐佛,每排三身。窟门中部以下残。窟门上方为一半跏坐的佛龛,右侧一龛为一佛二菩萨像。

九、 万佛洞

唐永隆元年(公元680年)十一月三十日完工。

平面呈方形,平顶。后室高5.80米,宽5.87米,深6.85米。

前室高5.30米,宽4.90米,深4.28米。窟口两侧为力士像,左力士高3.50米,立于椭圆形束腰台座上。束发戴冠,面目狰狞。上身袒,下着裙。颈饰串珠,璎珞自双肩下垂至腹穿一壁。左右手握拳,一手置臀部,一手举胸前。左足左跨,右足前伸,作力大无比状。右力士高3.58米,头残。上身袒,下着裙。身挂璎珞。左手平伸,右手握拳。左足前伸,右足右跨,身躯斜向窟口。

前室北壁一狮龛,高1.83米。狮高1.34米,残,作蹲坐状。余壁密布小龛。其中造像龛有回法僧为现亨师僧善知识等造佛、侯李五敬造观音题记。南壁一狮龛高1.75米。狮高1.15米,狮头清晰,余被盗。南壁同北壁,密布小龛。其中有纪年的造像龛有调露、永隆时期的小龛四个。

窟门高4.20米,宽2.57米。通道深0.67米。通道北侧壁上层有该洞的造像题记:"沙门智运奉为天皇、天后、太子、诸王敬造壹万五千尊像壹。"以下有八层造像龛。内容分别是:一佛二菩萨像,一身或数身观音菩萨像。其中一龛为供养比丘像,半跪于带梗莲花座上,上半身残;其下为二身供养比丘立像。下层有垂拱二年(公元686年)张师满造像龛,造像为一佛二菩萨像,坐于同一莲梗的莲座上。造像头部均残。该龛的右侧,有乾□三年的造像龛,雕姿态优美的观音菩萨像。最下一排为方形龛,左侧一比丘持香炉。右侧一龛内中间为三身观音像,两侧各一半跏坐的地藏菩萨像,题记分别是:"弁空普为四生俱得解脱地藏";"小光、净如敬造观世音";"上道永徽寺主善相供养";"净解为四恩三有法界众生俱长出家成就无上道造地藏"。下层为一观音像龛。

通道南侧壁上层为一半跏趺坐像龛,中间一善跏坐弥勒像龛坐狮子座,左右各一弟子、菩萨像,题记为:大唐永隆元年庚辰九月三十日处贞敬造弥勒像五百区……"。最下有一方整平面,中央是线刻的供养比丘及菩提树,两侧为力士像。此壁壁面共计五十一排小千佛,都是善跏坐的弥勒像。左右两侧各有上下行次的宋代题铭。

洞顶莲花藻井分四层,内层为莲蓬,二三层为复莲瓣,外层在莲瓣内刻铭记:"大监姚神表、内道场运禅师壹万五千尊像,大唐永隆元年十一月卅日成。"最外绕以八身浮雕飞天。从残迹看,有三身飞天身躯完整。上身袒露,下着裙,飘带飞舞,露足。其余五身全被盗,仅存痕迹。

正壁主像阿弥陀佛,通高5.65米,结跏趺坐于由仰覆莲组成的八角束腰座上。佛座束腰处有四身肩负仰莲的浮雕力士像。力士身高0.45米,上身袒露,下着裙,赤足。主像高肉髻,呈波状发纹。面额较宽,颐丰,颈有蚕节纹三道。外披双领下垂式袈裟,内着僧祇支,作结下垂,胸部隆起,左手抚左膝,右手举起,掌心向外,双手施无畏印,手指断残。背光为大莲瓣火焰纹,头光为圆形,内为莲瓣,外为七坐佛。身光与头光中饰卷草、忍冬纹。背光尖顶处两侧各一莲花化生童子。

三像两侧各有一身半跪的供养菩萨像,立于带梗莲座上。莲座由主佛座引出。左侧一身披袈裟,双手合一,头残。右侧一身着菩萨装,胸前饰璎珞,帔巾横于腹部,头残。

迦叶居佛之左侧,身高3.4米,立于仰覆莲组成的束腰座上。面容虔诚持重,双手持葫芦于胸前。身披袈裟,衣纹折叠稠密,上身较宽,下身收削。头光有彩绘痕迹。阿难居佛之右侧,身高3.41米,立于仰覆莲组成的束腰座上。额、鼻残。双手合十。身披袈裟,下身收削。头光为圆形,无雕饰。

主像左侧观世音菩萨像,高3.61米。头残。左手提净瓶,肘以下残;右手腕带镯,手持麈尾,搭于右肩上。颈饰璎珞。两肩各有一圆形饰物,帔巾自肩下垂横于腹膝间两道。下裙紧贴腿部。左侧弟子与菩萨之间一供养人像,立于束腰莲座上。身高2米,面向弟子。双手合十。梳云髻,身着唐代贵族女子盛行的服饰,足穿云头履。主像右侧大势至菩萨像,身高3.66米。头残。左手持宝珠于胸前,右手提一物,残。其它同左壁。右侧弟子与菩萨间的供养人像,身高1.90米。头残。双手持宝珠于胸前。余同左侧。

主像佛座束腰处雕二身观世音菩萨像,左手提净瓶,右手持麈尾,一搭肩上,一向外举。正壁弟子、菩萨及供养人像之间,雕有永隆元年(公元680年)的造像小龛,有观音像、善跏坐佛、半跏菩萨、结跏坐佛等。

正壁背光两侧的带梗莲座,共计五十四个。每一莲座上各有一姿态不同的莲花供养菩萨像。

北壁满刻千佛,结跏趺坐。自上至下共有八十五排,每排七十五身左右。正中一优填王像龛,高0.77米。下层题记为:"大唐调露二年岁次庚辰七月十五日胡贞普为法界父母无诸敬造。"该壁外侧上层有一造像龛,布局为一佛、二弟子、二菩萨、一香炉、二狮子、二天王、二力士。其下为一半跏坐佛龛及一观音像。最下层一龛,中为善跏坐弥勒像,两侧各一半跏坐菩萨像。壁脚是一组伎乐,计六身。

南壁遍刻千佛,坐姿同北壁。自上至下共有八十八排,每排七十三身左右。正中与北壁相对称有一优填王像龛,题记是:"大唐调露二年岁次庚辰七月十三日奉为真宝师敬造毕功"。壁脚伎乐,与北壁相对称,亦有六身。

前壁左侧上层为二十八排善跏坐佛,余均为小龛造像,有观世音像、半跪的供养菩萨、一佛二菩萨等。天王像高2.55米,全身着甲,面目狰狞。双足踏夜叉。

前壁右侧有三十排结跏坐千佛。右侧一造像龛,为一铺五尊像。天王像高2.65米,全身着甲,足踏夜叉。天王左侧下层有两个造像龛,右侧有十三排千佛。

一○、 蔡大娘洞

唐总章年间(公元668～670年)营建。

平面呈方形,高2.05米,宽2.5米,深3米。穹窿顶。

窟前廊上层崩毁。窟口外壁左右两侧密饰造像小龛。

窟门高1.65米,宽1.1米。通道左侧上层为一佛一菩萨像,中间一龛为观世音菩萨像,立于束腰座上。余为半跏坐的思维菩萨及观音菩萨,风化较重。右侧中间一大龛只雕出轮廓线。余为坐佛及观音菩萨。

窟顶浮雕大莲花,分四层,中央为莲实,外有三层覆莲瓣。

正壁一铺五尊像。主像阿弥陀佛,高1.55米,结跏趺坐于八角束腰莲座上。头及双手残。身着双领下垂袈裟,两肩方圆下削,胸部隆起,衣裙下搭于佛座。背光呈莲瓣形,分三层,均无雕饰。

左侧弟子迦叶像高1.2米,立于束腰莲座上。头残。身着袈裟,右衿搭于左肘上。两手作数珠状。右弟子阿难像,高1.15米,双手拿宝珠。余同左弟子。左菩萨像,高1.25米,头残。颈前有卷云串珠纹项饰,两肩有圆饰物,帔巾自肩直下至佛座。璎珞自肩下垂,经腹部穿一壁。身躯稍向右侧倾斜。右菩萨像,高1.25米。头束莲花高宝冠,面部风化,眉目不清。左手抚胸,右手提一物。服饰同左菩萨像。

正壁左侧造像间有小龛造像,余遍刻千佛。

北壁一大龛,高0.78米,造像为一佛二弟子二菩萨二天王像。主像结跏趺坐于圆形束腰莲座上,着双领下垂袈裟,内着僧祇支。左手抚膝,右手置胸前。二弟子均双手合十。二菩萨、二天王均一手抚胸一手外扬。左弟子和菩萨头部完整,余均残。大龛下雕刻千佛。此龛下为一屋形龛,歇山顶。屋檐下有帷幕,龛内为一佛、二菩萨二伎乐人像。主像结跏趺坐于由仰覆莲组成的八角束腰座上,着双领下垂袈裟。左手抚膝,右手残。圆头光,无纹饰。左侧菩萨立于圆座上,一手持一莲花,一手提帔巾。右菩萨作半跏坐式,一手拿莲朵上举,一手下搭,壁面造像小龛均为一佛二菩萨像。主像两侧各有一身伎乐。

南壁上层一大龛为一佛二菩萨像。主像左上侧残,结跏趺坐于带梗莲座上。双手重叠于腹部,作禅定印。左侧菩萨残,右侧头残。

南壁内侧有天授二年(公元691年)蔡大娘造两小龛。

一一、 清明寺

唐咸亨年间(公元670～674年)营建。

平面呈方形,高2.45米,宽2.30米,深2.80米。前廊长方形,深2米,宽3.20米。长方形平顶。

窟口左侧雕五层小龛,造像分别是一铺三尊或一铺五尊。造像的莲花座同在一莲梗上,菩萨动态灵活优美。窟口上方有若干造像小龛,形制同左侧造像。右侧壁面自上至下有数十个造像龛,最大一龛为一铺五尊像。其下一纪铭小龛,为清信女刘金人等所造。前廊右侧有一圆雕密檐五层石塔,高2.36米,塔身正壁下层有造像铭记。

窟门高1.85米,宽1.34米。通道左侧有小龛若干及单身坐佛、菩萨像。较大的像龛是上元二年(公元675年)弟子王仁恪敬造。通道右侧造像龛密布壁面,题材丰富,造型多样。上层有佛弟子普光为父母敬造阿弥陀佛像一龛。右侧有开元二年龛以及先天二年龛、长安四年龛等。中层一龛,主像结跏趺坐,高肉髻,面残。着双领下垂袈裟。佛座束腰处雕一香炉及二狮。二弟子双手持钵立于复莲座上,头残。二菩萨一手向内伸出,一手提帔巾外扬。其右侧是普光师造地藏菩萨像,作半跏坐式。下层右侧有仪凤三年龛。下层左侧一尖拱形龛,内雕一结跏坐佛。头残。着偏袒右肩袈裟,佛衣下搭束腰座。其下一龛为一铺五尊像。

窟顶饰小莲瓣莲花藻井。

正壁为一铺三尊像。主像阿弥陀佛,通高1.67米,结跏趺坐于束腰莲座上。头残,颈有蚕节纹三道。两肩下削,胸部隆起。左手抚左膝,右手残。外披双领下垂袈裟,内着僧祇支,衣纹稠密,下摆搭于佛座中央。背光为大莲瓣形,饰火焰纹。头光为圆形,内刻似卷云的莲瓣。左侧菩萨像,高1.55米,立于束腰莲座上。胸饰璎珞,帔巾自双肩下垂,横于腹膝间两道。左手提净瓶,右手持莲朵。头光为莲瓣形,内饰复莲瓣,外饰火焰纹。右侧菩萨像,高1.60米。头残,立于束腰仰覆莲座上。左手持一莲梗,右手挽一缠枝莲梗,自佛座出,绕过手腕,直达肩部分出三朵莲花。帔巾横于腹膝间两道。主像与左菩萨间有较小的造像龛四个,都为圆拱形。其中一龛为大唐太州郿县王恩棠造。主像与右菩萨间有造像龛数个，中层一龛为如意元年龛。

北壁造像龛，密布壁面。正中一大龛为观音菩萨像龛，菩萨胸前饰璎珞，左手提净瓶，右手持一麈尾向外。其下一屋形龛，屋檐仅雕出轮廓，内造一铺七尊像。主像结跏趺坐于束腰圆莲座上，头残。着双领下垂袈裟，左手抚膝，右手举胸前。二弟子双手合十，立于圆莲座上。二菩萨一手抚胸前，一手向外伸出。二力士一手叉腰，一手握拳。七尊像头均残。观音龛左侧是两个相对称的记铭造像龛，内容均为一佛二菩萨。北壁下层外侧雕一狮子，全身被盗。

南壁造像密布壁面。较大的一铺三尊造像龛共八个，中间加以单身、三身、七身、十身坐佛及半跏趺坐的地藏菩萨像。主像有善跏坐、结跏坐式二种，服饰有通肩式、双领下垂式。佛座有束腰圆莲座和带榱莲座式。造像题记四则。该壁外侧狮子，全身被盗，但狮身轮廓清晰可见。

一二、 惠简洞

唐咸亨四年(公元673年)完工。

平面、窟顶呈长方形，后壁设坛。高4.20米，宽3.52米，深2.80米。

正壁坛上造像一铺五尊，坛高0.25米。主像弥勒佛，善跏趺坐，高肉髻，波状纹，额方颐丰，面相饱满，下颏收敛处较短，颈有蚕节纹三道。两肩方圆浑厚，胸部隆起。身披双领下垂袈裟，斜搭宽带一道。左手平伸，掌心向上，置于左膝上，右手心向下，抚于右膝处。袈裟衣纹直搭于佛座，双足下垂于方形平台座上，佛座四周雕刻有造像小龛若干。

背光为靠椅形，外层下部为葡萄纹饰，上部为有规矩的弧纹。头光为圆形，中饰莲瓣一匝，外为七佛。

正壁左侧弟子仅存头光，莲瓣形。下为三排小千佛每排十身。再下为一佛二菩萨造像及未雕成的小龛。右侧弟子像，身高1.90米，立于束腰莲座上。双手持葫芦于胸前。面相方圆，颈有蚕节纹三道。袈裟上身较宽，下身收敛。左菩萨像，身高2.27米，立于圆形束腰莲座上。头残，颈有蚕节纹三道。胸饰华丽精美，璎珞由肩部下垂经腹部穿一圆璧，斜披络腋，披巾自肩直下地面。左手提一环形物，右手向外举于肩部，手指微屈。右菩萨像身高2.15米。

头残，颈直，胸饰简陋。左手抚胸前，残，右手捏一环形物，下垂，身躯向左侧倾斜。弟子与菩萨像间有三个小龛，上两龛造的是药师琉璃光佛，下一龛为阿弥陀佛。

北壁壁面仅存两个莲瓣形头光，似是天王、力士的位置。头光上层有一圆拱形龛，造像为一铺五尊，龛基两侧是天王和力士像，面部均残。

南壁同北壁，现仅存天王、力士头光。该壁有一造像碑，高0.44米，宽0.34米，为此洞的造像题记。内容为："大唐咸亨四年十一月七日，西京海寺法僧惠简，奉为皇帝、皇后、太子周王，敬造弥勒像一龛，二菩萨、神王等，并德成就，伏愿皇帝圣花无穷，殿下诸王福延万代。"壁面上层有五个较规整的造像龛，其中三个造像龛为一铺五尊，龛基部位雕刻天王、力士等。另两龛一是半跏坐的菩萨像，二是文明元年弥勒像龛。

窟口上方有南北对称的方形凿孔，可能原有木构建筑。

一三、 老龙洞

唐贞观至永淳年间(公元627～683年)。

平面呈不规则凹形，窟顶为穹窿形。高8.0米，宽5.60米，深9.80米。

洞内造像无主次之分。

正壁上方有一永徽元年(公元650年)洛州净土寺智傅造阿弥陀像龛，主像结跏趺坐于束腰座上。头残。着双领下垂袈裟，背光内饰莲瓣形，外为火焰纹。二弟子像高浮雕，双手合十。二菩萨像一手抚胸，一手置腰间。帔巾自肩下垂，绕过左右肘，横于腹膝间两道。下层中间是供养人题记，两侧各一跪状的供养比丘像，外层是两身欲起的狮子。其龛右侧有一同永徽元年龛风格相同的造像龛，龛基中间是香炉，两侧为二身世俗供养人等。造像题记即在龛基部位。其下一尖拱龛，内雕结跏坐佛一身，高肉髻，面相方圆。着双领下垂袈裟。左手置左膝上，右手平伸五指，掌心向外，举于胸部。佛座为方形低平座，上小下大。头光圆形，无纹饰。背光呈火焰状。正壁下层有一较大的圆拱形龛，高2.30米，宽2.10米，内造一铺五尊像。龛基部位雕香炉、狮子、力士像等。主像结跏趺坐于方台高平座上，背光为大莲瓣形，内层是双弧线，无纹饰，外层为火焰纹。

正壁下层右侧一方形龛,高1.64米,宽1.4米,内造一铺三尊像。主像为立佛,头残。身披双领下垂袈裟,右侧衣褶搭置左肘上。右手残。背光莲瓣形,无纹饰。左侧菩萨立于复莲座上,头残。胸饰简陋。左手持净瓶置腹侧,右手抚胸。帔巾横于膝间一道。右菩萨头残,尖颈饰。左手置腹侧,右手外扬。

北壁(自内至外)上方有一圆拱形龛,内雕善跏坐佛一身。头、右肩残。着双领下垂袈裟。左手上举,残,右手置膝上。佛座为方形高平台座,双足置于低平台座上。坐佛龛下一圆拱形大龛,高2.35米,宽1.80米。龛内一阿弥陀像结跏趺坐于束腰莲座上。头残。身着双领下垂袈裟,内穿僧祇支。左手**抚胸**,右手置右膝上。头光为莲瓣形。内饰莲花,外无纹饰。二弟子、二菩萨像侍立左右,雕工粗糙。龛基是**蹲坐**的托重力士,肩荷一物。左右是狮子。两侧各雕一方形龛,内有一天王,着盔甲,穿靴。圆拱形大龛造像的头部全毁,主像头部为后人修复。

北壁上方另一个方形大龛,内造菩萨立像一身。头残。左手抚胸,右手提一桃形物。帔巾自双肩下垂横于腹膝间两道。头光内为复莲瓣,外为火焰纹。菩萨像龛左侧有一较大造像龛,内为一铺五尊像。主像结跏趺坐于仰覆莲束腰座上,头残。头光为莲瓣形,无纹饰。二弟子像双手合十,较完整。左菩萨残,右菩萨头残。龛基由香炉、力士、二狮子、男女供养人等组成。左侧供养人前为造像题记。

北壁正中稍下一圆拱形大龛,高2.80米,宽2.5米。主像阿弥陀佛结**跏**趺坐于束腰莲座上,通高2.2米。头残。身披双领下垂袈裟,内着僧祇支,飘带搭于腿部。佛底座两侧雕二狮子。弟子像身高1.60米,双手合十,侍立左右。左侧菩萨像高1.80米,面相饱满,双目俯视。左手提一桃形物,右手抚于胸前。帔巾、璎珞各横于膝间一道。右菩萨像,高1.75米,头残。左手抚胸前,右手提净瓶。帔巾横于腹膝间两道。龛基中一托重力士,双手曲举,托一圆形物(似香炉底座)。左侧男供养人,前一人穿圆领袍服,半跪状,左手持一带把香炉,右手作添香状。腰间插一短剑。身后二人侍立,头戴毡帽,足穿长筒靴。双目微闭,双手合十。右侧女供养人,前者手持香炉作跪状,后者上穿短襦,下束长裙,侍立于后。

北壁外侧一造像龛,为一铺五尊。主像结跏趺坐,头残。身着双领下垂袈裟。左手抚左膝,右手举起,掌心向外。佛座束腰处凿一香炉和双狮。头光为莲瓣形,无纹饰。二弟子像双手合十,立于左右。头均残。左菩萨像立于圆莲座上,颈前饰尖项饰,璎珞自双肩下垂,经腹部而分左右。左手持净瓶,右手举胸前。右侧菩萨同左菩萨。此龛的下一龛,形制同于

上述造像龛,所不同的是佛座束腰处为方形,二弟子立于后壁方形坛基上。左侧弟子、菩萨除左臂稍损外,余均完好。

南壁一尖拱形大龛,高2.60米。内为一高浮雕立佛,高2.40米。高肉髻,面相方圆,肩宽腰细,衣纹简练。左手置胸前,右手臂直伸捏一物。二菩萨像侍立于左右台座上,左菩萨头饰高莲花宝冠,面清目秀。左手提净瓶,右手提左侧帔巾垂于座下。右菩萨头残,左手提帔巾于外,右手挽帔巾于肩部。二菩萨座下为二狮子。

尖拱形龛右侧有一圆形龛,内造一铺五尊像。较完整,余头均残。主像结跏趺坐于仰复莲组成的束腰座上。身着双领下垂袈裟。左手置膝上,右手平伸五指,掌心向外,举于胸部。头光为莲瓣形,无纹饰。佛座束腰处二狮子、二弟子完整无损。弟子像身披袈裟,双手合十,顶上各雕一飞天。二菩萨头残。身挂璎珞,帔巾横于腹膝间两道。龛基中央一蹲坐的托重力士,双手曲举,托一香炉。两侧二供养人像,残。其外侧为二护法力士像。此龛下有两个稍大的像龛,左侧龛内雕二立佛,头残。身着双领下垂袈裟,一手举胸前,一手朝下。右侧龛内雕一铺五尊像,仅佛残,余完整无损。龛基部雕香炉、供养人、力士及狮子等。

壁面其它造像同于北壁。

一四、 赵客师洞

北魏晚期开凿,唐显庆年间(公元656~661年)续修内部,并重新凿龛造像。

洞门1.90米,宽1.33米,通道左侧有显庆二年(公元657年)赵客师造像记,题记以下有三排独立的观音菩萨像。通道右侧有三排造像小龛,内容是一佛二菩萨像。

洞顶莲花藻井有莲蓬及三层覆莲瓣组成,两侧为二身伎乐人。

正壁一铺五尊像。主像阿弥陀佛通高2.28米,结**跏**趺坐于方圆台座上。头残。身着双领下垂袈裟,内着僧祇支。左手微屈置左膝上,右手举起,掌心向外,手指残。袈裟下摆搭于佛座底部。无背光。左侧弟子迦叶像,通高1.67米,双手合十,立于未雕成的圆形台座上。头部雕工粗糙,未经打磨。袈裟上身宽大,下身较窄。右侧弟子阿难像,通高1.68米,双手

合十，立于圆形台座上。余同左弟子。左菩萨像身高1.92米，头残，颈前饰桃形项圈。左手持一物，右手置胸前，残。璎珞自两肩下垂经腹部穿一方璧。台座与狮子雕为一体。狮子作蹲坐状。右菩萨全身被盗，座下有雕刻狮子的痕迹。正壁五尊像均刻在一低平台座上，前沿有莲花装饰。头光仅雕出阴汉莲瓣。

北壁一优填王像龛，高1.45米，造像头残。着袒右袈裟。左手抚膝，右手残。背光仿古建式样，有人物及花纹图案。高方台座，双足踏束腰圆莲座。优填王像龛左侧一龛，高1.05米，龛内造像为一铺五尊。龛基分别刻以香炉、双狮及男女供养人像。

南壁一大龛，高2.1米，造像为一铺五尊。主像高1.36米，结跏趺坐于叠涩八角束腰莲座上。头残。身披双领下垂袈裟。左手残，右手握一衣角置膝上。衣褶下搭于佛座中央，呈帷幕状。左弟子迦叶像双手合十，立于由佛座伸出的莲梗圆座上。右弟子头、胸、手残。余同左弟子。左菩萨像立于束腰圆莲座上，头残。左手提净瓶，残，右手抚胸前，残。颈前饰桃形项圈，璎珞交叉于腹部，帔巾横于腹膝间两道。右菩萨像头残，左手抚胸，右手拿一桃形物，帔巾自双肩下垂，横于腹膝间两道。南壁造像龛共有六个，其中有纪年题记的龛三个。

前壁左侧有造像龛四层，造像内容分别是一佛二菩萨像。右侧上下两层为唐代造像小龛，前壁南侧下部一龛为永熙二年樊道德造释迦像龛。

一五、 破窑

唐贞观十一年(公元637年)至武则天前期。

窟平面呈不规则椭圆形，窟顶呈穹窿形，无装饰。高6.2米，宽5.45米，深8.85米。

窟内造像没有统一规划，壁面小龛错落不齐。

正壁一圆拱形龛，高1米，内坐一善跏弥勒，高肉髻，面相方圆，身着双领下垂袈裟。左手抚膝，右手外伸，掌心向上。龛的右侧一则题记，高0.5米，宽0.2米，为唐太宗贞观十一年(公元637年)十月五日道匡王母刘氏造弥勒像记。

北壁接近窟顶处有一像龛，为一立佛二弟子二菩萨像。主像高肉髻，面相方圆，着双领下垂袈裟，腹部隆起，左手下垂，右手举于胸前，掌心向外。二弟子面相沉静，一手下垂，一手抚于胸部。二菩萨头残。龛基部位是供养人题记、香炉、狮子及男女供养

人像。此像龛的左侧有一观音菩萨像龛，高1.3米。菩萨头饰高莲花宝冠，身饰璎珞，左手伸出二指举于胸前，右手提净瓶，立于莲座上。观音龛的左侧，有一较大的像龛。主像为阿弥陀佛，结跏趺坐于束腰须弥座上。面目清秀，颈长，胸部隆起。身披双领下垂袈裟。左手伸二指置膝上，右手平伸五指，掌心向外，举于胸前。左菩萨像，左手抚胸，右手提净瓶。右菩萨像，左手持桃形物，右手持莲实，动态优美自然。该壁外侧一方形龛，高1.4米，雕一身菩萨立像，未完工。北壁壁面布满造像小龛，多为贞观至乾封年间所雕。

南壁一圆拱形龛，高1.75米，内为一铺五尊像。主像结跏趺坐于束腰须弥座上，面残。着双领下垂袈裟。左手置膝，右手上举，手指残。佛座束腰处中央雕一香炉，两侧为二狮子，左狮已残。二弟子双手合十，立于低圆座上，头残。身披袈裟。左菩萨，头、冠残，脸方圆，上饰璎珞、帔巾，下束裙。左手下垂，右手抚胸前。右菩萨下身残。龛基部位，中央刻题记，左右两侧浮雕天王、力士像。

此龛右上角一方形龛，造像为一铺五尊。主像头残，身着双领下垂袈裟。左手微曲置膝上，右手平伸举起。衣纹下搭佛座。佛座束腰处，刻一香炉，左右为狮子。二弟子双手合十。二菩萨头残，一手置胸前，一手提物下垂。此龛下一圆形龛，高1.1米，主像结跏趺坐于八角束腰莲座上。头残。身着双领下垂袈裟。左手置膝上，右手举起。佛衣下搭佛座，呈帷幕状。左菩萨像，头残。左手提净瓶，右手抚胸，腹部较突起。右菩萨像，头戴莲花高宝冠，脸方圆。左手提物，右手抚胸。此龛下一小龛，龛楣浮雕几何纹饰，龛内并列二身弥勒佛像，善跏坐于方台平座上。左手抚胸，右手举起，左右两侧各有一身菩萨及护法力士像。南壁上层一较大的尖拱形龛，造像为一铺五尊。主像头残，结跏趺坐。身着双领下垂袈裟。左肩残。胸部隆起。左手置膝上，右手举起。佛座似方形，稍有束腰，佛衣重迭覆盖于佛座上。背光为莲瓣形，内饰莲花，外饰火焰纹。二弟子像为高浮雕，双手合十，面相呆板。二菩萨像头残，立于莲花高座上。一手抚膝，一手提物下垂。龛基正中为四身供养人像，前二身胡跪，后二身侍立。两侧各有一方形龛，内雕狮子，现存盗后凿迹。龛内右侧为一供养人题记。此龛下一圆拱形龛，造像为一铺三尊。头均残。主像着双领下垂袈裟，结跏趺坐。左手置膝，右手举起。二菩萨像面容清秀，帔巾自肩经肘部直下垂于佛座。此壁下层龛近地面处，有一方形龛，高1.18米，造像为一铺五尊。头均残。主像结跏趺坐，两肩下削，披袈裟，内着僧祇支。佛座为圆形束腰

座。二弟子像双手持物，置胸前。左菩萨左手置腰处，右手抚胸，帔巾自肩直下地面。此壁外侧雕一优填王像，高方台平座，头残。左手置膝，右手举起，残。双足下踏一束腰座。其下为一铺七尊像龛。

窟口处，小龛密布，风化严重。

一六、 唐字洞

北魏开凿而被废弃，主像于唐贞观十年(公元636年)前后完工。

窟门高2.28米，宽1.63米。通道左侧造像均为唐代坐佛及观音菩萨。其右侧中央为一佛二菩萨龛，余均为观音菩萨像。

正壁造像一铺三尊，主像结跏趺坐于方形高台座上，座高2.2米。主像身高1.2米，头残。两肩方圆下削，身着袈裟。左手举于胸前，残，右手抚于足部。左菩萨像，高1.60米，立于未雕成的莲座上。头残，左手提帔巾，右手伸向右侧。右菩萨，高1.55米，头残。颈饰串珠项饰。左手抚于胸前，右手提帔巾。下层布满造像小龛。

北壁壁面布满造像龛。两个较大的造像是：一为菩萨立像，立于圆莲座上。身高2.10米，腹部以上残。帔巾横于腹膝间两道，绕过左手腕下垂到地面。头光内层为莲瓣，外无纹饰。另一为立佛像，身高1.1米。身披双领下垂袈裟，内着僧祇支。一手举胸前，一手下垂。其下龛为一铺七尊像。所有造像均头残。

南壁内侧一立佛像，高1.5米，立于低平莲座上。头残。着双领下垂袈裟，内着僧祇支。头光为莲瓣形，无纹饰。立佛上方雕一站立的观世音菩萨及一半跏坐的菩萨像。正中一龛，高1.75米，圆拱形内为一善跏坐的弥勒及二菩萨像。主像头残，胸部突起。身着双领下垂袈裟，内着僧祇支。左手举起，右手抚膝上，手指残。佛座为高方台座，双足下踏二圆形莲座。头光内为复莲瓣，外无纹饰。二菩萨像残损严重。其下一较大龛，造像为一佛、二弟子、二菩萨、二力士像，残损严重。

前壁左侧除三个魏龛外，余均为唐代小龛。右侧除一较大的魏龛外，余也均为唐龛。窟门上方为菩萨立像及坐佛等。

一七、 奉先寺

唐上元二年(公元675年)十二月三十日完工。
摩崖像龛南北宽30～33米，东西长38～40米。

正壁一铺五尊像。主像是一结跏趺坐的卢舍那大佛，通高17 14米，头高4米，耳长1.9米。高肉髻，波状发纹。头部略前倾，作俯视状。身披通肩式袈裟，袈裟纹褶概括简练。佛座为叠涩束腰莲座，高4.2米。束腰处自北侧起有唐开元十年(公元722年)补刊的"河洛上都龙门山之阳大卢舍那像龛记"，碑面四周饰以阳纹图案边饰。碑高1.12米，宽0.68米，碑文唐楷，二十一行，每行二十八字："大唐高宗天皇大帝之所建也。佛身通光座高八十五尺，二菩萨七十尺，迦叶、阿难、金刚、神王各高五十尺。粤以咸亨三年壬申之岁四月一日，皇后武氏助脂粉钱二万贯。奉敕。检校僧、西京实际寺善导禅师，法海寺主惠暕法师，大使、司农寺卿韦机，副使、东面监、上柱国樊立刚，友料匠李君瓒、成仁威、姚师积等，至上元二年乙亥十二月三十日毕功……。"碑文右起共有十三身神王像，布局为一坐一立，大都残毁。右侧三身较完整，着武士装。壁角处有十一排、每排十三身的千佛像。佛座束腰处上部有三层仰覆莲座，每个莲瓣中央一圆拱形佛龛中，内有一身坐佛。佛座左、右两侧都清晰可见，前部毁，无痕迹。

背光为大莲瓣形，外层为迎风飞舞的伎乐天人及流云纹。自上而下能辨识的有：左侧为琵琶、横笛、铜钹、排箫、竖笛；右侧为竽、琵琶、排箫、竖笛等。背光中层是二条竖线纹，中间加以花朵及枝叶组成的图案。内层为火焰纹饰。头顶处一圆形龛内，刻一佛二菩萨。头光为莲瓣形，复压背光。外层是火焰纹，中层是七组一佛二菩萨像。佛与菩萨座均在同一莲梗上，空间饰以忍冬纹。内层为类似卷云的莲瓣纹。

左弟子迦叶像高10.3米，立于仰覆莲组成的束腰座上。束腰处有五个壶门，但无造像。头残。袈裟下部纹饰较清晰。头光为圆形，无纹饰。右弟子阿难像高10.65米，立于束腰圆莲座上。面容丰满，眉目疏朗。颈有蚕节纹三道。身披袈裟。左手前伸，残。右手下垂，仅存二指。两肩稍圆下削。头光为圆形，无纹饰。左菩萨像身高13.25米，立于仰覆莲组成的束腰座上。头饰莲花宝冠，雕工精细。面相饱满，稍呆板，下颏处较短。宝缯下垂于肩部。有蚕节纹三道。两耳系两圆形饰物，斜披络腋，身挂璎珞宝珠。帔巾自双肩下垂绕过左右手腕，横于胸腹间两道。左手下垂，右手抚于胸前。头光为莲瓣形，内饰变形莲瓣，外饰火焰纹。右菩萨像身高13.25米。左手举胸前，右手下垂，均残。其它同左菩萨。

正壁左弟子像的上方，有一圆拱形大龛，内有四身立佛。左右两侧立佛，着双领下垂袈裟，中间两身为通肩袈裟。手姿一般为一举起一下垂。佛座为束腰叠涩莲座。弟子与菩萨像间有四身立佛，上下分三个像龛，上下龛各一身，中间龛两身。除上身完整外，头均残。立佛背光外层饰以火焰纹，中为七佛，内层为莲瓣纹。主佛之左侧弟子间一龛，有三身立佛，均残毁。

正壁立佛与右侧弟子之间一圆拱龛，内雕三身立佛。左侧一佛头饰螺纹发髻，面相丰满，作俯视状。身着双领下垂袈裟。双手残。右侧立佛着通肩袈裟，头残。三身立佛的头光，均为莲瓣形，内饰莲瓣一匝，中为七佛，外饰火焰纹。弟子与菩萨间，有一圆拱帷幕形像龛，内雕一铺五尊像。主像结跏趺坐，二弟子各持一物，面向主像。龛基浮雕香炉、狮子、供养人像等。其下一龛形同上龛，内雕三身菩萨立像。头均残。左手提净瓶下垂，右手持物上举。菩萨与供养人之间有一方形大龛，内无造像。

北壁供养人造像高6米，立于仰莲座上。头饰双角髻，仅存一。头至胸部残。着长裙，足穿云头履，左天王像身高10.5米，头束发髻，颈有护颈，肩有披钮，胸前两个圆护胸镜，腹部一铺首。甲身下缘有兽尾，护着下腹和前裆。左手叉腰，右手托宝塔，双足踏一夜叉。夜叉作半仰卧状，右手支地。左力士像高9.75米，头束发髻，面目狰狞。胸前饰串珠形璎珞，经腹部穿一圆壁下垂，下束战裙。帔巾自双肩下垂，绕过左右肘，横于腹间两道。右手叉腰，左手平伸五指，举于胸前。天王、力士像的头光均为圆形，无其它雕饰。

北壁左菩萨与天王之间有十五身佛像。每排立佛数目不等，手姿均为一手抚衣，一手举起，立于圆形束腰莲座上。每佛座束腰处雕力士三身。背光均为火焰纹，分三层，内为莲瓣，中为七佛，外为火焰。立佛服饰有通肩式和双领下垂式两种。天王与力士之间有上下两身立佛，上一身头残，下一身全残。力士龛沿内侧上下两排，各有二身立佛，服饰同前。外沿两排各有三身立佛，基本完好。下层龛二立佛头残。其外侧为"唐赠陇西县君牛氏像龛碑"，碑身通高2.15米，碑文第一行为"礼部员外郎张九龄"八字。今檐为方形，内为圆形，龛内造像全无。

南壁供养人像身高6米，头饰双角发髻，面相饱满，颈有蚕节纹。身躯右侧残。裙裾曳地，足穿云头履。天王像身高10.5米，头残，颈胸部较完整。胸甲饰胸花，右肩饰一飞禽。右手叉腰，左侧仅存小腿。着靴。天王像双足踏夜叉。夜叉右手支地，左手抬起，紧抓天王左足。力士像身高9.75米，胸以上部位残，但串珠形的璎珞较清晰。下身束战裙。力士座呈椭圆形，中有束腰。供养人与天王之间有一圆拱形像龛，内雕一身立佛。上身残，下身较完整。天王与力士间有一圆拱龛，内雕二身立佛。头残。一身着通肩袈裟，另一身着双领下垂袈裟。头光同其它立佛龛。

右力士的外侧，上有一身立佛，下有三身立佛，均残。

一八、 奉南洞

唐天授初年(公元690年)完工。

平面呈方形，三面设坛，窟顶呈穹窿形。高4米，宽3.60米，深3.70米。

窟门为方形，左力士像头额以上残，面目风化严重。上身袒，胸肌发达。左臂举于肩部，手残，右手置腰处。下束裙。膝以下残。右力士像头束发冠，面目狰狞，眼内凹。上身袒，胸肌发达。左手握拳下垂，右手举于肩部。腰束质地厚重的双层战裙，腰带打结下垂。

窟顶一莲花藻井，内层为莲蓬，覆莲瓣。中间为迎风飞舞的飞天，上身袒，下穿短裤。每一飞天的对应处，有一展翅飞翔的大雁。

正壁一铺三尊像。主像阿弥陀佛，高2.54米，身着通肩袈裟，鼓腹。左手抚左足上，右手平伸置于右腿上，掌心向上。佛衣下垂，搭台座一周。佛座前有一香炉，高0.75米，分四层。上层圆形，内凹，为置香处；第二层为复瓣莲花盆；第三层是支托莲花盆座的圆形支柱；第四层为复莲花盆座。香炉左右各一圆形束腰台座，上有一跪状的供养人像。左侧残存台座，右侧残身躯左侧。佛头光、身光分为两部分，头光为尖莲瓣形，上雕三身坐佛。头光覆压身光，身光两侧各两身坐佛。左肩侧坐佛被盗，右侧头残。左弟子身高1.95米，立于圆形束腰莲花座上。头部略残。身躯修长，上身袒，胸平。双手合十，手指残。右弟子身高1.95米，头右侧残。身着袈裟。左手持一物，右手抚在左手上。二弟子头光为圆形，内饰宽带纹一匝。

西壁菩萨像高2.05米，头残。胸平。璎珞为串珠形，在腹部穿璧后分左右两侧，颈前有桃形项圈，帔巾自肩下垂绕左右肘，横于腹膝间两道。左臂下垂，手心向外，右手心置一物，上举。头光为尖莲瓣形，内无饰物，外饰火焰纹。其左侧天王像，高2.05米。上身右侧残，左手置胸前。上着甲，下束裙。双足下踏夜叉。头束高髻，面靥肿。外侧狮子，残，蹲于方形台座上。

东壁菩萨像高1.95米，立于复莲花盆座上。头残。颈前饰桃形项圈。左手抚胸，右手下垂，掌心向内。胸隆腹鼓。余同西壁。右侧天王像，高2米。头戴盔，有护颈，肩有披膊，胸前二圆形护胸，下束短裙。右腿残。双足踏夜叉。头光为圆形，内饰宽带纹一匝，外饰火焰纹。其外侧狮子身高0.85米，蹲坐。张牙咧嘴，舌外露。前左腿上举。颈前有项圈，胸前呈圆弧形。

三壁壁脚凿出坛基高0.52米。西壁开壶门五个，内有乐伎五身；正壁开壶门二个，内有舞伎二身。东壁开壶门四个，内有乐伎四身。

一九、 大唐内侍省功德之碑

该碑在奉先寺大卢舍那像龛北壁偏东的山崖上。通高2.80米，碑身高1.95米，宽1米。碑文为盛唐楷体，二十五行，每行五十字。该碑为右监门卫将军、知[内侍]省事、上柱国、渤海郡开国公、内供奉高力士和□□□门□□□将军、上柱国、光禄大夫、行内侍省内侍、上柱国、弘农郡开国公、内供奉杨思勗"等一百六十人为大唐开元神武皇帝"玄宗"敬造西方无量寿佛像记"。

该碑右侧一方形造像龛，龛门为尖拱形，上饰卷云纹，左右两侧各一身飞天。右侧者残，左侧者手托香炉，迎风飞舞。龛口两侧各一身力士像，右侧残，左侧头和胸部残。上身袒露，下束贴身裙。

平面呈方形，穹窿顶。无雕饰。

正壁起坛，造三身立佛。头均残。左侧一身着双领下垂袈裟，中间一身残损较重，面目不清。右侧一身颈有蚕节纹三道，着通肩袈裟。

左、右两壁各有一圆拱形造像小龛，均残。

正壁三尊立佛的造像风格、布局、格式均同分散在大像龛九身大像间的立佛模式一样，共计四十八身，当是高力士、杨思勗等人发愿所造的无量寿佛。

二〇、 北市丝行像龛

原名"王祥洞"，不知何据。

约唐垂拱四年(公元688年)或永昌元年(公元689年)开凿。

平面前窄后宽，略呈方形。后半部凿作佛坛，覆钵顶。高1.9米，宽2.20米，深2米。

前室方形，平顶，窟檐剥落。窟额镌刻"北市丝行像龛"六字。窟门高1.56米，两侧各刻一力士像。北力士跣足立于平台上，左臂下垂攥拳，右臂上举展掌。头束发髻，面左上部残破。上袒，下穿短裙。右力士被盗凿。前室正壁及南北壁雕唐代造像小龛，其中有纪年的有北壁"秦弘等奉为皇太后、皇帝、皇后、七世父母敬造，垂拱四年三月廿一日造"，"大历十三载四月廿□日"；南壁"天授□□□□□□"。

窟顶中央浅刻莲花一朵，南北侧各刻二身飞天。飞天头束发髻，上袒，下着裙，身披飘带。有的双手托盘供养，有的一手托盘、一手飞舞，还有双手持飘带，迎风招展的。

窟底后半凿一佛坛，高0.33米，长1.93米，深0.74米。佛坛正面凿作五个壶门，内各刻一伎乐人。

正壁佛坛上，原有五身圆雕石像，今仅存主像背光及二弟子、二菩萨像头光痕迹。主像背光两侧皆刻伎乐人，北侧存一身，南侧存四身。乐器有笙、箫、琵琶等。背光中心作头光，内层作一圆形，中层饰复瓣莲一匝，外层刻波状唐草纹一周。

北壁内侧上部存有火焰宝珠图案，其下部光滑无凿痕，可能为圆雕天王之头光，今天王像已失。外部下侧刻一护法狮子，头残，前腿直立，后腿伏地，面向前方。外侧上部刻一碑，方形，边长0.49米，其上刻："社老李怀璧，平正严知慎，录事张神剑，杨琼璋……成思浑"。

北壁内侧上方刻一圆拱龛，造像一铺五尊，为一佛、二弟子、二菩萨像。龛基左侧线刻一僧像，旁刻："僧惠澄"；右侧线刻一僧像，旁刻："僧善□"。该龛造像题记因龛下方无空隙，而刻在窟顶二飞天间，为："永昌元年九月十五日，比丘惠澄、善□敬造释迦像一铺……"。

南壁内侧亦存一火焰宝珠纹，同北壁上部头光相对称，可能亦为失存之天王头光。其上刻一圆拱龛，造像一铺二尊，左为善跏趺坐佛像，右为半跏趺坐菩萨像。外侧下部亦刻一狮，尚完好，面向内，前腿直立，后腿曲蹲。另有小龛三个，一个内造一身菩萨象;一个一铺三身像,为一佛、二菩萨;一个刻一身结跏趺坐佛像。

前壁两侧无雕饰。

二一、 北市香行社像龛

唐永昌元年(公元689年)开凿。

平面方形,顶大部崩塌。高约1.60米,宽1.63米,深1.50米。

正壁造像一铺三尊。主像释迦牟尼,结跏趺坐于束腰莲座上。左臂下垂,展掌抚左膝,右手(残)上举胸侧。头被盗。外披双领下垂袈裟,内着僧祇支。左侧菩萨像,左臂下垂,手持一物,右手(残)置胸前。面残毁,挺腹。上裸,斜披络腋,下着长裙,肩搭帔巾。右侧菩萨像左手(残)置胸前,右臂下垂,手握飘带。颈戴项饰。上袒,斜披络腋,下着长裙,身佩缨结,下垂胸前结一饰物,肩搭帔巾。该壁共刻八个小龛。

北壁外侧摩岩刻一题记:"北市香行社,社官安僧运,录事孙香表、史玄荣……永昌元年三月八日起手"。周围遍刻小龛。

南壁崩坍。

二二、 八作司洞

唐则天后光宅元年至景龙四年(公元684～710年)开凿。

平面略呈方形,三壁设坛,穹窿形顶。高4.42米,宽4.62米,深4.50米。

前室方形,平顶,窟檐部分脱落,窟门北侧崩塌。窟门高3.19米,宽2.24米。门两侧各造一力士像,北力士崩毁殆尽,仅存小腿。南力士赤足立于平台上,左臂下垂,手叉腰,右臂残毁。头毁。上体裸露,下着短裙,裙带作小结。小腿以下风化剥蚀。

窟顶风化剥蚀甚重,仅存莲房。

窟底平滑方整,无雕饰。

正壁壁脚设佛坛,高0.72米,坛正面刻壶门四个,中央二个各刻舞伎一人,两侧两个各刻乐伎一人。坛上造像一铺三尊。主像高3.29米,结跏趺坐于

须弥座上。束腰部分前方角隅各有一天王支撑,座下又作一台座,束腰部分前方刻四天王承托。佛像左臂(残)下垂,伸五指抚左膝,右臂及右腿残毁。头上刻螺髻,面相丰圆,下部残毁,额中央刻白毫相。身着通肩袈裟。背负舟形背光,内层饰火焰,外层刻伎乐。背光中心作圆头光,内层刻莲瓣,外层饰以七佛。左侧弟子像左手握袈裟衣边置胸前,右手持物下垂。右侧弟子像双手相压置腹上。二弟子头皆被盗,身均着袈裟,赤足立于束腰八角仰复莲座上。头光作圆环两层,上缘饰火焰。右弟子外侧凹入岩壁刻一立佛,跣足,立于束腰仰覆莲圆台座上。左臂下垂持物,右臂上举,手心向上托一物。头残,两耳垂肩,身着通肩袈裟。

北壁壁脚佛坛,高0.71米。坛正面刻壶门三个,自外至内为持筝、笛、排箫的伎乐人;中部伎乐人旁刻:"东京八作司石匠一十人"。坛上造像两身,内侧为一菩萨像,跣足,立于束腰八角仰复莲座上。左手持瓶下垂,右手托物上举。头残毁,颈戴项饰。上袒,斜披珞腋,下着长裙,肩搭帔巾,身佩璎珞。外侧刻一天王像,赤足立于二夜叉身上。天王左手叉腰,右手托物上举。头残毁。上身着甲,下着短裤,足穿长靿靴。头光作圆环两圈。天王外侧刻一狮,前腿蹬地,后腿屈蹲,尾翘。头及身大部残毁。

南壁佛坛,高0.66米,坛正面刻壶门三个,自内至外为持排箫、瑟、鼓之伎乐人。坛上造像两身,内侧菩萨左手持带下垂,右手置胸前,头已被盗。外侧天王左手叉腰,右手持桃状物上举。上穿甲,腹前刻一兽头。余同北壁造像。

二三、 北市丝帛行净土堂

唐则天后光宅元年至景云元年(公元684～710年)开凿。

平面长方形,三壁设坛,四壁直立,长方形平顶。高2.26米,宽3.08米,深1.77米。

前室方形,平顶,无雕饰。门高1.89米,宽1.31米。窟楣上刻"北市丝帛行净土堂",旁有"北市香行王元翼、李谏言、刘义方、王思忠、张□行"题记。门两侧下部各刻一狮,左狮被盗,右狮完好。前室三壁遍刻小龛造像,其中有纪年的有唐景云元年(公元710年)的造像。

净土堂系唐朝东都洛阳北市的丝帛行出资营造的。正壁左侧一造像铭记为:"……阿弥陀佛三

铺……年,岁次甲午八月壬子朔……"。根据这一铭记,结合洞内三壁坛上八个圆孔痕迹来看,正壁坛上造像可能为一身圆雕阿弥陀佛,左右两侧的圆孔应为安装观音菩萨和大势至菩萨像座的石榫孔。由此可知,该窟造像分别是西方三圣,即阿弥陀佛、观音菩萨和大势至菩萨。

正壁右侧刻有姚秦鸠摩罗什译的《佛说菩萨诃色欲经》,但未刻善男信女姓氏。

二四、 龙华寺

唐武周时期(公元690～704年)开凿。

平面呈方形,三壁设坛,穹窿形顶。高4.40米,宽5.16米,深4.40米。

前室方形,平顶,已崩坍。窟楣及门两侧崩落甚重,左力士像跣足,立于平台上。左臂下垂展掌,右臂(残)上举。头残破。上身裸,筋骨突起,下着短裙。身佩帔巾、璎珞,手足均戴钏。右力士像风化严重,左臂下垂,右臂上举,余同东力士像。前室两侧下方各刻一狮,左狮残,右狮完好,昂头翘尾,后腿曲蹲。三壁遍刻小龛造像,其中有纪年的有长安年间的造像龛三个,神龙年间的一个。

窟顶中央刻莲花藻井及飞天,大部风化剥落。

窟底刻有十二个方格宝相花,东西四排,南北三排,在唐窟中尚属罕见。

正壁壁脚起坛,高0.66米。坛正面刻四个壶门,中部两个刻舞伎,两侧各刻一乐伎。坛上造像五尊,主像居中,高3.07米,结跏趺坐于八角须弥座上。左臂下垂。展掌抚左膝,右臂下垂,手心向前置右膝上。头残。身着通肩袈裟。身负背光,中央作圆头光,背光内层饰流云唐草纹,外层刻伎乐天一周,风化剥蚀严重。须弥座高0.92米,衣裙下垂座前,座下缘刻复莲瓣一匝。束腰部每面各刻一壶门,中为一天王,坐二夜叉上。两旁各刻一侍者。两侧四壶门内各刻一坐地天王。主像两侧各刻一弟子,残破严重。右弟子被盗,从遗存看,皆披袈裟,赤足立于束腰仰复莲座上。束腰部刻壶门,内造力士一身。二弟子与主佛座之间,各刻一持盘供养人。二弟子外侧各刻一立佛,头皆残,均着通肩袈裟,赤足立于束腰仰复莲座上。束腰部刻三个壶门,内各刻一天王坐像。二弟子与二立佛皆作火焰宝珠头光。

东壁壁脚设佛坛,高0.62米。坛正面刻四身伎乐人,所持乐器自外至内为:箫、长鼓、鸡娄鼓、琵琶。坛上造像三尊,弥勒居中,善跏趺坐于须弥座上。足踏并蒂莲。弥勒左臂下垂,展掌伸五指抚左膝上,右臂下垂置右膝上(手及右腿残毁)。头被盗。内着僧祇支,裙带作小结,身披双领下垂袈裟。衣褶稀疏,圆润流畅。身负背椅形背光,背光左侧外边下部刻一人骑狮,其上刻一羊,再上刻一伎乐。佛座正面中央刻一壶门,内刻一天王,坐二夜叉身上。弥勒外侧造一天王像,左臂下垂,手残,右臂上举握拳。头部风化剥蚀。身着甲,下穿短裤,足穿长勒靴,下踏一人面兽身怪神。弥勒内侧为一菩萨像,跣足立于束腰仰复莲座上。束腰部刻壶门三个,内各刻一天王。菩萨左臂下垂,手残,右臂下垂,手(残)戴钏置胸前。头残毁。上裸,斜披珞腋,戴项饰;下着长裙,肩搭帔巾,身佩璎珞,于腹部作结,后向体侧下垂。天王与菩萨皆作圆头光。

西壁壁脚设佛坛,高0.66米。坛正面刻四个伎乐人,所持乐器自内至外为箫、钹、排箫等。坛上造像三尊,主像居中,结跏趺坐于束腰八角须弥座上。头残,双手(残)下放。内着僧祇支,外披双领下垂袈裟。身后负葫芦形背光,中心作头光,内层刻莲瓣一匝,中层雕七佛,外层饰火焰纹。佛座束腰部刻五个壶门,内各造一天王坐像,座下缘刻复莲一匝。外侧刻一身天王像,头脱落。左手叉腰,右手(残)上举,余同东壁天王像。内侧刻一菩萨,左手(残)置胸前,右手持净瓶下垂,余同左壁菩萨像。

二五、 极南洞

唐神龙二年至景云二年(公元706～711年)开凿。

平面呈方形,三壁设坛,顶略平有弧度。高4.20米,宽3.40米,深4.46米。

前室方形,平顶,窟檐崩坍严重。窟额并刻三龛,均为一铺五尊像。主像居中,身着通肩袈裟,结跏趺坐于须弥座上。二弟子和二菩萨像侍立两侧。窟门高3米,宽2.32米,厚0.61米。两侧各刻一力士像守护。左力士跣足立于平台上,头残。左臂上举,手托须弥山,右臂下垂,残失。上裸,下着短裙,右腿断失。右力士左臂(残)下垂,右臂上举托须弥山。余同左力士。前室东壁下部存一三壁三坛式的空龛,外侧亦为一三壁三坛式龛,造像七尊,风化甚重。前室西壁内侧上下各凿一龛，上为三壁三坛式，造像为一佛、二弟子、二菩萨、二天王、二力士；下龛正壁作一佛坛，像全失。前室外侧摩崖刻一碑，系唐宰相姚元之为亡母刘氏作功德之造像碑，亦即极南洞之营造碑，风化甚重，多不可辨。碑外方也为一个三壁三坛式龛，造像一铺七尊。

窟顶中央镌刻一重层八瓣大莲花，周绕左旋飞天六身。飞天头束高发髻或高环髻，上身裸露，颈有项饰，胸部突起，下着长裙。有的一手托盘，一手挥舞；有的双臂作飞翔状。莲花及飞天原着石绿、赭石色，至今色泽如初。

窟底无雕饰。

正壁设坛，高0.61米，坛正面刻四小龛，东侧内为舞伎，外为手持筚篥的乐伎；西侧内为舞伎，外为手持琵琶的乐伎。坛上造像三尊，主像弥勒居中，身高3.1米，善跏趺坐于须弥座上，双足踏并蒂莲花（残）。左手展掌抚左膝，右手残断。肉髻刻波状发纹，面相丰腴，但较长。身着通肩袈裟。左侧弟子跣足立于束腰仰覆莲座上，头残，双手合十，身披袈裟；右弟子头尚完好，两手相压置腹前。余同左侧弟子。该壁上方两侧各刻一圆拱龛，均为一铺五尊像。

东壁作坛，高0.50米。坛正面浅刻四个小龛，自外至内为持钹、排箫、笙箫、筝的伎乐人像。坛上造像三尊，内侧一菩萨像，跣足立于束腰仰覆莲座上。左臂下垂持净瓶，右臂上举，捻一物（残）。头上部残毁。上身袒露，斜披络腋，下着长裙。肩搭帔巾，于腹、膝间横穿两道，璎珞自肩至腹部穿璧，后向体侧下垂，衣纹流畅写实。中部天王足踏夜叉，左手叉腰，右臂上举，手托须弥山。头残毁。身着甲，足穿长靿靴。外侧刻一人面兽身怪神。

西壁壁脚设佛坛，高0.55米。坛正面刻四个小龛，目内至外为手持团扇、笙箫、笙、长鼓之伎乐人像。坛上造像三尊，内侧菩萨左臂上举持净瓶，右臂下垂握飘带。余同左壁坛上菩萨像。中部天王像，左臂上举，手托须弥山，右手叉腰。余同左壁天王像。外侧刻一人面兽身怪神，坐地，身向前倾，头短，面残。左臂下垂，右手上举，脚爪依稀可见。

二六、　四雁洞

唐武周至玄宗时期（公元690～756年）造。

平面呈马蹄形，自中部至后壁设佛坛，窟顶为覆钵形。高4.70米，宽5.22米，深5.25米。

前室甚浅，平顶，崩坍殆尽。南侧刻一龛，造像一铺九尊。北侧刻一龛，造像已不存。

窟顶刻一重层八瓣大莲花，周绕四身飞天和四只飞雁。雁足长似鹤。

窟底后半部设半圆形佛坛，高0.55米。坛上造像不存。

窟内四壁造像皆失。

二七、　二莲花洞北洞

唐武周时期（公元690～704年）造。

平面呈方形，三壁设佛坛，顶略呈弧面状。高4.70米，宽5.20米，深4.80米。

前室方形，平顶，中至南部已崩坍。窟门宽大，南侧上角崩毁。高3.75米，宽2.58米，厚0.76米。窟楣相对刻二身飞天，南侧飞天仅存飘带，北侧飞天尚完好。上袒，下穿长裙，跣足。窟门两侧各刻一力士像。南侧力士残破严重，从遗存看，赤足立于方台上。左手上举肩上，右手攥拳下垂身侧，躬身面向窟门。上袒，下着短裙。北侧力士跣足立于方台上，头被盗。左手攥拳，下垂身侧，右手上举。上身裸露，下着短裙。前室南壁上下各刻一龛，造像均为一铺七尊。前室北壁中部刻一龛，菩萨一身，半跏趺坐于圆台座上。此龛旁另有三龛，其中上龛较大，内刻一佛，结跏趺坐于莲花座上，左侧尚存造像题记："先天二年七月十五日，张庭之为父母造佛一躯。"

窟顶中央刻一重层八瓣大莲花，周围左旋四身飞天，尚完好。飞天一前一后，追逐嬉戏。上裸，下着长裙。赤足。天衣飘带飞扬。有的双手挥舞，有的一手托盘，一手招展。还有的一手持花，一手握带。

窟底无雕饰，仅在内部依正壁佛坛凿一长方形平台。长2.27米，宽1.10米，高0.26米。

正壁壁脚设一佛坛，长5.20米。坛正面两侧各刻一伎乐人像，已失存。坛上造像三尊，中央主像已被盗，仅存须弥残座。中前部突出刻一竖长方钵，正面雕一身天王，现仅存下肢。天王足踏夜叉。座下缘刻复莲瓣一匝。左侧弟子像跣足立于束腰仰复莲座上，身披袈裟，双手合十。右侧弟子双手相压置腹上。余同左侧弟子。

南壁壁脚设佛坛，高0.52米。坛正面风化严重，依稀窥见原刻有四个壸门，伎乐皆不存。坛上造像两身,内刻一身菩萨,已被盗,仅存上举之右手和残破之台座。外侧刻一身天王,足踏二夜叉,左手叉腰,右手上举肩上方。头残毁。上身穿甲,下着短裙,足穿长靿靴。

北壁壁脚设佛坛,高0.55米。坛上造像二身,皆被盗,仅存内侧菩萨之台座。坛正面依稀尚能看出四个壶门,伎乐皆风化无存。

二八、 二莲花洞南洞

唐武周时期(公元690～704年)造。

平面略呈方形,三壁设佛坛,窟顶为弧面状。高4.20米,宽4.90米,深4.30米。

前室方形,平顶,崩坍严重。窟门宽敞,高3.90米,宽1.57米,厚0.35米。窟楣刻两身飞天,南侧飞天尚完好,上袒,下着长裙,赤足。北侧飞天被盗,仅存飘带。窟门两侧各刻一力士像,南侧力士,跣足,弯腰,面向窟门。左手托物上举至肩齐,右手握拳置腹侧。头被盗,胸部筋骨突起,下着短裙。北侧力士,因窟门崩塌而不存。前室南壁中部凿一方形浅龛,内为三身坐佛像。北壁上部,上下各刻一方形龛,龛内造像均为一铺七尊像。前下方中央刻一香炉,两侧相对刻狮子和供养人。

窟顶中央雕一重层八瓣大莲花,周围为右旋四身飞天。飞天皆袒上身,下着长裙,赤足。有的双手作游弋状,有的双手上举,形态舒畅健美。

窟底方形,无雕饰。内部依正壁佛坛凿一长方形平台,长2.10米,宽1.05米,高0.33米。

正壁下部凿一佛坛,长5.10米。坛正面两侧各雕一伎乐人像,已风化漫漶。坛上造像三身,主像通高2.73米,结跏趺坐于八角束腰须弥座上,座高0.85米,衣裙下垂座前,座下缘刻复莲瓣一周。佛左臂下垂,展掌平伸五指置足上;右手下垂,平伸五指抚右膝。头作波状发髻,面相丰满圆胖。身着通肩袈裟。身后作舟形火焰纹背光,头尖仅作圆形,无纹饰。迦叶居佛之左,身披袈裟,跣足立于束腰仰复莲座上。头被盗,双手握宝珠置胸前。阿难居佛之右,双手相压置腹上。余同迦叶。

南壁壁脚设佛坛,高0.64米。坛正面刻四个壶门,内各造一伎乐人,为唐代坐部伎。坛上造像两身,内侧刻菩萨像,跣足于束腰仰复莲座上。左臂下垂,手持净瓶,右手上举(残)。头为后代补作,拙劣不堪。上袒,斜披络腋,下着长裙,颈戴项饰,肩搭披帛,身披璎珞。衣纹稀疏流畅。该菩萨与迦叶间刻一释迦像,左肩处镌刻榜题为:"河南府兵曹参军王良辅,敬造释迦牟尼像一躯"。外侧刻一天王像,已被盗,存残座。

北壁壁脚设佛坛,高0.60米。坛正面刻四个壶门和四身伎乐人像。坛上造像的题材、布局、服饰和技法皆同南壁。坛上内侧菩萨与阿难间刻一药师佛像,其榜题为:"河南府兵曹参军王良辅妻□,敬造药师像一躯"。

二九、 看经寺

约唐武周时期(公元690～704年)造。

平面方形,四壁直立,窟顶方形,中部呈球面凹状,高8.25米,宽11.16米,深11.70米。

前室方形,平顶。窟楣漫漶,相对刻二身飞天,仅存部分飘带,窟门高大宽敞,高6.40米,宽5.22米,厚0.80米。门两侧各刻一力士像。南力士立于方台上,仅存左手及两腿下部。北力士立于方台上,左臂(残)下垂,右臂(残)上举,头戴发髻冠,脸残,竖眉圆目。上袒,筋骨隆起,下着短裙。前室两侧遍刻小龛造像。

窟口通道北侧下部刻一游人题记,碑额书:"□□同游,乙亥未三月题"。碑文刻:"□□岁在乙亥,□□□□,推官严宗济、载之同游,邑大夫同舍王益慕游,知员、知雒、知方……"。

窟顶中央刻重层八瓣莲花一朵,周绕左旋式六身飞天。头作发髻冠,上身袒露,下着长裙,跣足,面相丰腴,有的一手托果盘,一手挥舞;有的一手持花,一手振臂。前呼后应,追逐嬉戏。

窟底无雕饰,地面中部高低不平。

正壁下部刻等身罗汉十一身,除北侧中上部刻一小龛外,其余岩面皆无雕饰。

南壁下部刻等身罗汉九身,中部中央刻小坐佛九排,余壁无雕饰。

北壁下部刻等身罗汉九身,中部中央浅刻一方形,内有莲枝菩萨九排,其上另刻小坐佛一排,余无雕饰。

三壁共刻罗汉二十九身,大多面向左方,此系西土二十九祖的形象。据《历代法宝记》,西土二十九祖传法谱系，即摩诃迦叶至菩提达磨二十九人。这组造像，形象各异，具有较高的艺术水平，为唐代精品。

前壁南侧下部一方形龛，造像一铺三尊，主像双手下垂居中站立，螺髻，身披通肩袈裟，衣纹呈波状。立佛两侧各侍立一菩萨像，两菩萨内侧手皆持物置胸前，外侧手皆持物下垂。头均残。上身袒露，下着长裙，赤足，身披璎珞飘带，衣纹流畅，自然写实。

前壁北侧下部为一圆拱龛，龛内壁脚凿作佛坛，其上造像一铺五尊，主像居中，结跏趺坐于束腰圆台座上。头残。左手伸五指抚左膝，右手展掌置足上。身着通肩袈裟。左侧弟子，赤足立于束腰圆台座上，双手合十，身披袈裟。右侧弟子被盗凿。左菩萨像盗失。右菩萨像跣足立于一束腰圆台座上。左手持物上举，右手持物下垂。头残，尖项饰。上袒，下着长裙。龛外两侧各刻一力士，左力士已毁。

三〇、 吐火罗僧宝隆造像龛

唐景云元年(公元710年)造。

龛底略呈方形，顶覆钵形。高0.90米，宽0.75米，深0.25米。

正壁造像一铺三尊，主像释迦牟尼居中，立于束腰仰覆莲座上，通高0.70米。体躯较完好，唯左臂及两手残毁。身着通肩袈裟。左菩萨像跣足立于束腰仰覆莲座上，通高0.69米。左臂下垂，手握莲枝，上刻一人像，右手持瓶举胸前。上身袒露，斜披络腋，颈戴项饰，肩搭帔巾，手佩钏，下穿裙。右菩萨像，通高0.66米。左手平举胸前，托一经箧，右手下垂捏帔巾。余同左侧菩萨像。

龛外两侧中部各刻一力士像，左力士头残，左手托物上举，右手攥拳置胯侧，上袒，下着短裙，跣足而立，面向龛门。右力士头残，左手攥拳下垂，右臂上举托物。余同左侧力士。

龛外下方刻供养人，左右两组，每组两人。左外侧为一女供养人，内侧为一男供养人，身着圆领束腰袍服。四供养人皆作跪状。

该龛造像记位于龛底左下方，字迹大都风化漫漶，可识别的有"景云元年玖月一日，吐火罗僧宝隆造。"此龛造像记下方刻一观音菩萨龛，造像题记为"□□□□用心，景龙四年六月十五日供养"。

三一、 救苦观世音菩萨像龛

唐贞元七年(公元791年)造。

龛高2.30米，宽1.23米，深1.10米。龛内仅刻救苦观音像一躯，身高2米。上袒，略向后倾。左手下垂提净瓶，右手(残)上举。束高发髻，发辫垂肩。面相饱满，两颐较突，颏下刻有横纹，颈有三道蚕节纹。身挂璎珞，肩搭帔巾，横于腹部两道，腿间裙带宽大如绅，上下带结颇大，里带下盖足面。造像臃肿，已失盛唐精神。

龛内左壁刻有："救苦观世音菩萨石像铭并序，户部侍郎卢征撰……贞元七年岁次辛未二月八日。"

三二、 高平郡王洞

唐天授元年至神龙元年(公元690～705年)造。

平面长方形，三壁设低坛，顶呈横券状。高6米，宽9.96米，深7.6米。

前室方形，平顶，东部窟檐已崩坍。窟门高4.31米，宽3.08米，厚0.88米。门两侧各刻力士一身。东力士像跣足立于平台上。左臂下垂攥拳，右手上举肩侧。高发髻。深目圆眼，鼻梁下陷，袒胸露臂，筋肉突起。身披飘带，下着短裙。左力士像左臂上举握拳，右臂下垂攥拳。余同左力士。

窟顶无雕饰。

窟底凿有圆孔，并残存一些造像及十二个莲座。莲座为正方形，每边长0.50米，厚0.20米。其上发现有十则造像记。其中有唐代龙门香山寺上座惠澄法师造像记两则，文中记载了该洞营造的经过。兹录于下：

"□周之代，高
围郡王图像
尊仪，躯有数
十，厥功未就，
掩归四大。自
兹零露，雨洒
尘沾。遂使

佛日沉辉，人
天福减。惟我
香山寺上座
惠澄法师伤
之叹之，怒〔惭〕之
愧之，爰微巧
匠，尽取其□，
饰雕翠石，焕
然紫金即□
身之□□□
高□□□□
……"

"大唐开元
十六年二
月廿六日，
香山寺
上座比丘
慧澄检
校此龛
庄严功
德记。
同检校比丘
张和尚法
号义琬，
刻字人常
思。"

另有唐开元十六年二月二十六日□庆为患□造像记，开元十六年二月二十六日佛弟子昌□为妻欢心等造像记。

正壁设佛坛，高0.56米。坛上造像十身，均结跏趺坐于莲座上。头大部残毁。胸突出，腰较细，手势各异。大都着通肩袈裟，衣纹呈波纹状，流畅自然。中上部造像一铺五尊，主像阿弥陀佛居中，结跏趺坐于莲座上，头残毁。双手置胸前，右手展掌伸五指，手心向前，左手拇、食指相捻，余微伸，手心向上，身穿通肩袈裟。迦叶居佛之左，赤足立于莲座上。面相完好，双手持物置胸前。身披袈裟，宛若一老僧形象。阿难居佛之右，双手相压置胸前。余同迦叶。左侧观世音菩萨像，赤足立于莲座上，头残。左臂下垂，手持净瓶，右臂上举，手托莲台。上身裸露，斜披络腋，下着长裙。璎珞自肩下垂系于腹部圆饰物上，然后向两边下垂身侧。肩搭帔巾，横于腹、膝间两道。右侧大势至菩萨像，头残。左手持花瓶下垂，右臂下垂，手持帔巾。余同左菩萨。二弟子和二菩萨莲座下方均有莲茎与主佛莲座下的莲茎相连。

东壁未完工，无雕饰。

西壁设佛坛，高0.56米。坛上造像一铺七尊，现缺一身。壁面中部刻佛像一排九身，失一身。上部佛像一排八身，失一身。以上两排造像未竣工。其姿态、服饰皆同正壁坛上造像。

前壁东侧无造像。西侧壁脚设佛坛，高0.66米。坛上壁面造像三排，每排三身，体态、服饰皆同正壁坛上造像。

三三、 西方净土变龛

唐武后至玄宗时期(公元684～756年)造。
高2.65米，宽2.95米，深0.84米。
西方净土变是描绘阿弥陀佛所居的西方极乐世界的情景，是根据《阿弥陀经》镌刻的。画面构图是：阿弥陀佛结跏趺坐于中央莲座上，双手平举胸前，身着通肩袈裟。左为观世音菩萨，右为大势至菩萨。四周刻眷属圣众及众多的菩萨。下部刻伎乐舞蹈，上部浮雕菩提双树、楼台宫阙、经幢旌旗。其间飞云缭绕。整个画面以阿弥陀佛为中心，构成庄严富丽的西方"极乐世界"。

三四、 擂鼓台中洞

唐武周时期(公元690～704年)造。
平面为马蹄形，中部设坛址，后部倚岩凿一月牙形佛坛，其上摩崖造像一铺。四壁直立，穹窿形顶。高5.78米，宽6.3米，深7.7米。
前室短浅，门额竖书"大万伍千佛像龛"六字。窟门凿作竖长方形，上部呈拱券形，门高4.1米，宽2.45米，厚0.85米。窟门两侧各刻一力士。南力士存残躯，赤足立于平台上，头毁。左手上举肩齐，右手叉腰，面向窟门。上身袒露，下着衣裙。北力士失存。余壁满刻小千佛。
窟门通道南侧壁及门券上遍刻小千佛，北侧壁小千佛已失。
窟顶中央刻一八瓣大莲花，莲房中心有一石孔，用于悬挂长明灯。莲花周围镌刻隶书："上方一切诸佛"六个大字，其间散刻钹、鼓、四弦琵琶、筝、长鼓等乐器,每件乐器均系有忍冬流云飘带。其间还刻有伎乐人、佛、莲花宝珠、凤凰以及四坡顶建筑物和塔形龛各一座。窟顶与壁面交接处,刻有七处隶书,东面为:"东方壹切诸佛";南面为:"南方壹切诸弗";东南面为:"东南方壹切佛";西南面为:"西南方壹切佛";北面为:"北方壹切诸佛";东北面为:"东北方壹切佛";西北面为:"西北方壹切佛"。其间遍刻8~10厘米高的小坐佛。

窟底中部存有原石坛遗址,高0.35米,东西长1.70米,南北长2.60米。围绕坛址刻一长方形凸棱,东西长3.38米,南北长4.3米,高0.015米,宽0.09米。

正壁依岩凿坛,高1.48米。坛上一铺三尊像,弥勒居中。坐像高1.55米,双腿下垂,坐须弥座。座高1.10米。头残毁,存身躯。左手平伸抚左膝,右手举胸前。双足残,各踏一莲花,中有莲茎相连。身着通肩袈裟,衣褶写实。身负背椅形背光,背光两侧下部,自下至上各刻一骑象童子和一骑羊童子。背光左侧上部刻三身伎乐,一持箫,一持曲颈琵琶,一持钹。背光右侧上部亦刻三身伎乐,一为笙,一为笛,一为排箫。背光上下部交接处各刻果树一枝,左边上雕一圆果,右边上刻一坐佛。

二菩萨像赤足侍立于主像两侧之莲座上,下有莲茎与主像莲座相连。左菩萨头和腹残毁,倚斜站立面向弥勒。左手持净瓶下垂,右手举胸前,手上刻几道凸起线条,上有一坐佛。上身袒露,斜披珞腋,下着裙。颈戴项饰,肩搭帔巾,身佩璎珞,于腹部相交后分向两侧贴身下垂。头光刻一火焰宝珠形,内层刻如意头莲瓣,中层施以七佛,外层饰火焰。右菩萨头残,系后世补塑。腹至小腿残毁。身姿弯曲,面向弥勒。左手持花瓶上举左肩外侧,右手下垂握帔巾。余同左菩萨。

洞内四壁中部至藻井周围密刻小坐佛。正壁和南北侧壁下部岩壁上,依照《付法藏因缘传》雕刻西土付法弟子像二十五尊,每尊像旁皆刻有传略。

三五、搋鼓台南洞

唐武周时期(公元690~704年)造。

平面正方形,中央筑坛,四壁直立,覆斗形顶。高6米,宽7.88米,深7.9米。

窟前部崩坍。清末以砖石垒砌成圆券门,上有天窗,已非原貌。券门高2.86米,宽2.62米,厚1.80米。

窟顶崩坍剥落,中心残存莲花藻井,莲房中心刻一石孔。

窟底中央原刻一坛,东西长2.30米,南北长3.30米,高0.10米。后世在其上又用石块垒砌成高坛。

高坛上刻一大日如来像,高2.15米,结跏趺坐于坛上之须弥座上。座长1.68米,宽1.20米,高0.86米。座下缘雕复莲瓣一匝,束腰部分四角及前后面中央各雕一足踏夜叉的天王。主像头刻螺髻,戴宝冠,上饰莲花及忍冬流云纹。左臂下垂,平伸五指仰置左足上,右臂下垂,掌心向下抚右膝。胸乳突起,腰细,身着袒右肩袈裟,胸前五道衣褶,由下至上搭左肩上。

洞内四壁(前壁南侧已崩坍)及窟顶四坡遍刻小菩萨,高约0.34至0.36米。菩萨皆结跏趺坐于莲花座上。头残,戴宝冠,耳环垂肩,姿态各异。各壁现存菩萨(包括残破、被盗和尚存遗迹的)列表统计如下:

	正壁	南壁	北壁	前壁北侧
第1排	27	13	19	7
第2排	26	12	20	7
第3排	24	12	19	7
第4排	21	11	20	6
第5排	24	10	20	6
第6排	27	11	18	5
第7排	26	11	17	3
第8排	27	11	18	1
第9排	26	11	17	
第10排	25	11	17	
第11排	25	11	14	
第12排	24	4	8	
第13排	22	4	8	
第14排	17	5	6	
第15排	14	4	4	
第16排		3	1	
合计	355	142	226	

四壁总计菩萨坐像765身。

实测图

奉先寺

正壁 立面图　　　　0　　　　4 m

南壁 立面图　　　　0　　　　4 m

276

正壁主像　等值线图

北壁力士　等值线图

北壁　立面图

0　　　　　　　　4 m

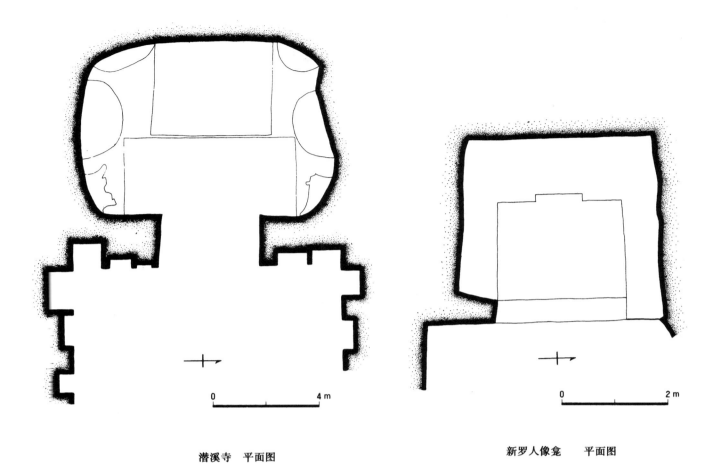

潜溪寺　平面图

0　　　　　　　4 m

新罗人像龛　平面图

0　　　　　　　2 m

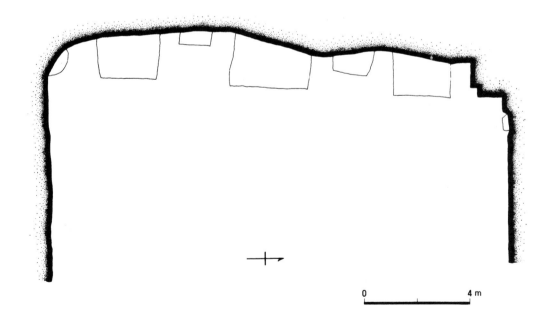

0　　　　　　　4 m

摩崖三佛龛　平面图

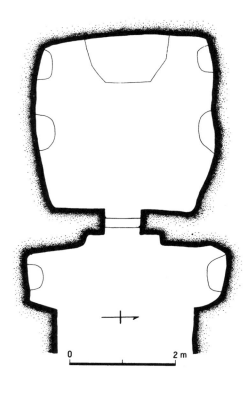

敬善寺　平面图

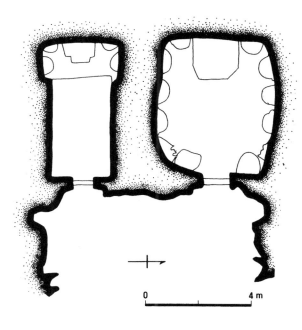

双窑　平面图

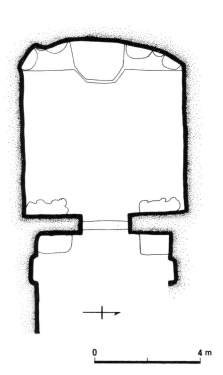

万佛洞　平面图

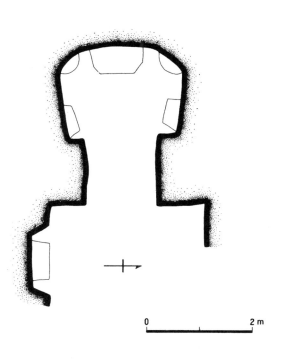

清明寺　平面图

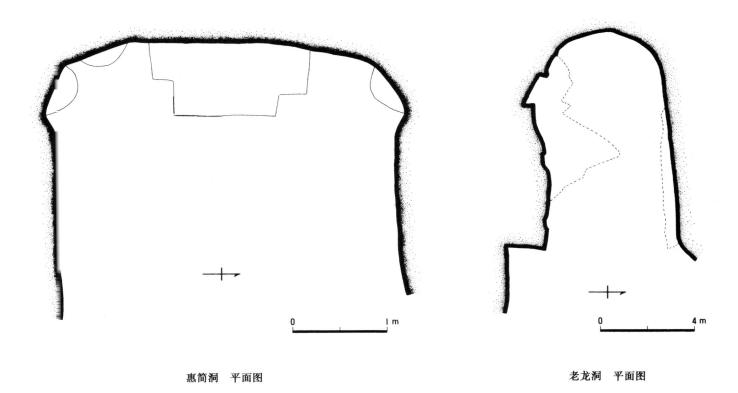

惠简洞　平面图　　　　　　　　　　　　　　　　老龙洞　平面图

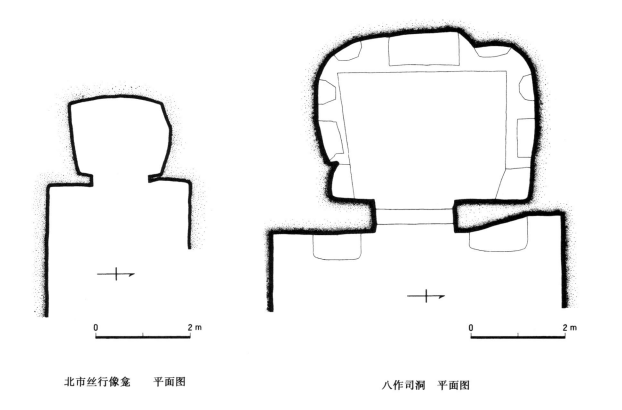

北市丝行像龛　　平面图　　　　　　　　　八作司洞　平面图

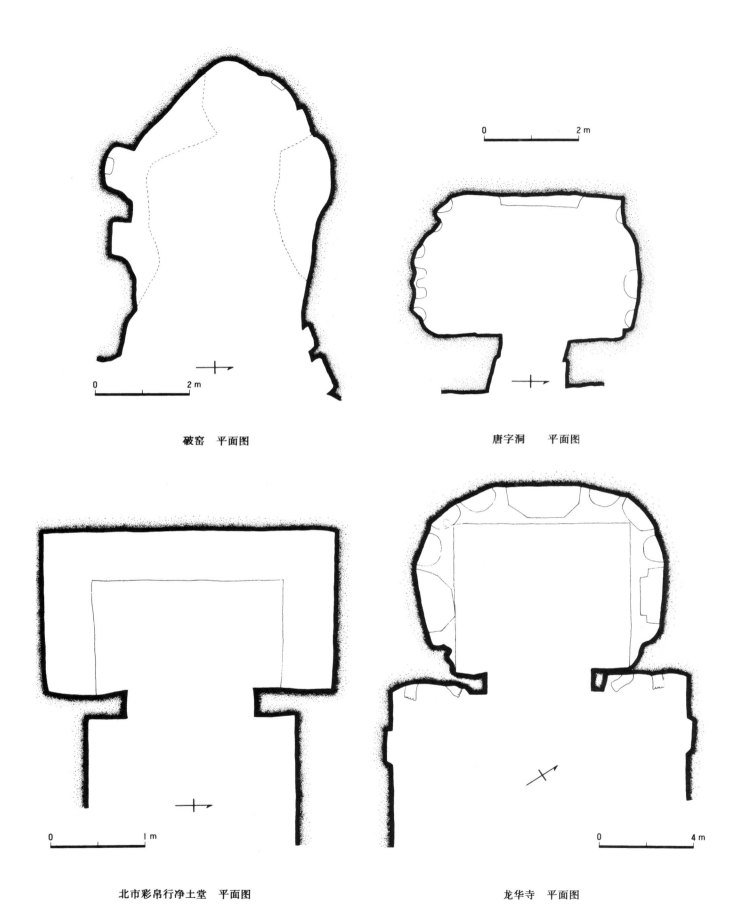

破窑　平面图

唐字洞　平面图

北市彩帛行净土堂　平面图

龙华寺　平面图

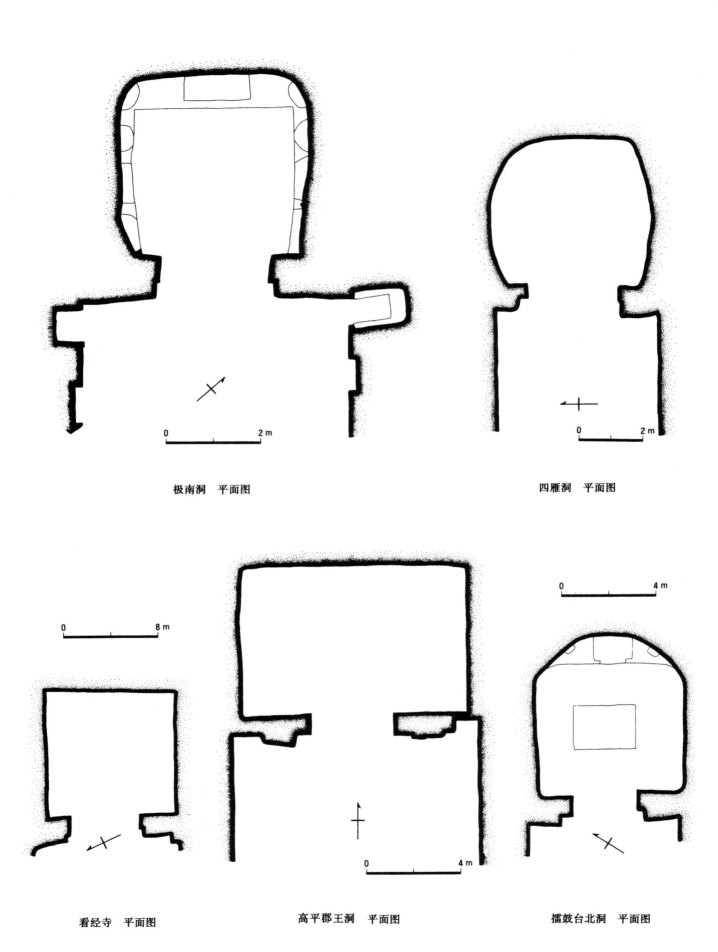

极南洞　平面图

四雁洞　平面图

看经寺　平面图

高平郡王洞　平面图

擂鼓台北洞　平面图

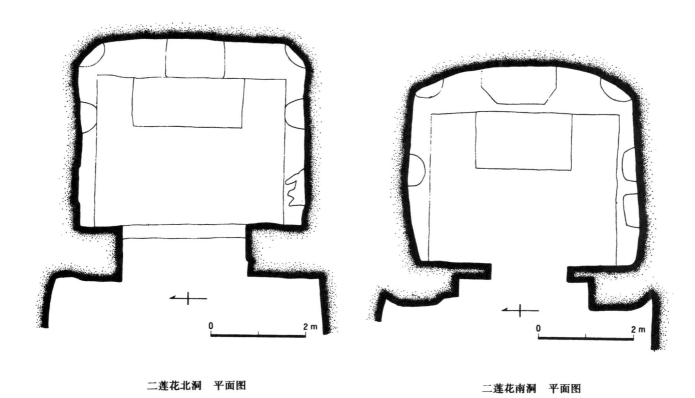

二莲花北洞　平面图　　　　　　　　　　　　　　二莲花南洞　平面图

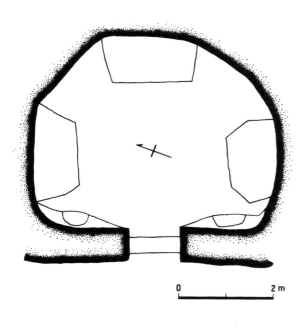

擂鼓台中洞　平面图

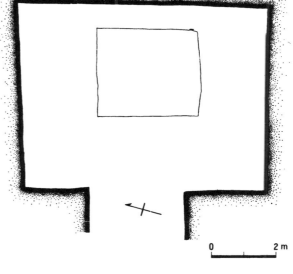

擂鼓台南洞　平面图

龙门石窟大事年表

李文生 编

北魏	太和十七年［493］ 癸酉		八月己丑,孝文帝车驾发京师,以步骑百余万,借伐齐为名到洛阳。九月壬申,赴旧太学观《石经》。丁丑,群臣谏阻南伐,帝乃定迁都之计。冬十月戊寅朔,幸金墉城。诏征司空穆亮与尚书李冲、将作大匠董爵经始洛京(《魏书》卷七下《高祖纪》)。
			新成县功曹孙秋生等二百人,于古阳洞南壁造像一龛,至景明三年五月廿七日讫工。龙门石窟开始营造(古阳洞铭记)。
	太和十八年［494］ 甲戌		正月乙亥,幸洛阳西宫。二月乙丑,行幸河阴,规建万泽。甲辰,诏天下,喻以迁都之意。十一月己丑,车驾至洛阳。十二月壬寅,革衣服之制(《魏书》卷七下《高祖纪》)。
			十二月十一日,北海王元详于古阳洞北壁始造弥勒像一龛,至太和二十二年九月二十三日讫工(古阳洞铭记)。
	太和十九年［495］ 乙亥		六月己亥,诏不得以北俗之语言于朝廷。丙辰,禁迁洛之民还葬北方,从此迁洛代人悉为河南洛阳人。九月庚午,六宫及文武尽迁洛阳(《魏书》卷七下《高祖纪》)。
			十一月,长乐王丘穆陵亮夫人尉迟于古阳洞北壁,为亡息牛橛造弥勒像一龛(古阳洞铭记)。
	太和二十年［496］ 丙子		魏改拓跋氏姓为元氏,其余鲜卑诸姓改成汉姓(《魏书》卷七下《高祖纪》)。
			一弗于古阳洞北壁为亡夫步举郎张元祖造像一龛(古阳洞铭记)。
	太和二十二年［498］ 戊寅		九月十四日,比丘慧成于古阳洞北壁为亡父洛州刺史始平公造像一龛讫工(古阳洞铭记)。
	太和二十三年［499］ 己卯		四月丙午朔,孝文帝元宏还洛途中殁。四月丁巳,太子恪即位,是为宣武帝。五月丙申,孝文帝葬于长陵。六月戊辰,追尊皇妣曰文昭皇后(《魏书》卷七下《高祖纪》、卷八《世宗纪》)。
	景明元年［500］ 庚辰		宣武帝于洛南伊阙山为高祖、文昭皇太后凿石窟二所。永平中,中尹刘腾又为世宗皇帝再造石窟一所,即今之宾阳三洞,北魏时仅宾阳中洞竣工,南北二洞仅完成窟型及藻井。至正光四年六月以前,用功八十万二千三百六十六个(《魏书·释老志》)。
	景明二年［501］ 辛巳		魏筑洛阳三百二十三坊,每坊方三百步。以骠骑大将军穆亮为司空,北海王元详为太傅,领司徒(《魏书》卷八《世宗纪》)。
			太守护军长史云阳伯郑长猷于古阳洞为亡父母、亡儿各造弥勒像一躯讫工。郑南阳妾陈玉女为亡母造弥勒像一躯讫工(古阳洞铭记)。
	景明三年［502］ 壬午		比丘慧感于古阳洞北壁为亡父母造弥勒像一龛。广川王祖母侯太妃于古阳洞窟顶为亡夫贺兰汗造弥勒像一龛(古阳洞铭记)。
	景明四年［503］ 癸未		比丘法生于古阳洞南壁为孝文帝并北海王母子造像一龛。马振拜等三十四人于古阳洞窟顶为皇帝造像一龛。广川王祖母侯太妃于古阳洞窟顶造弥勒像一龛(古阳洞铭记)。
	正始四年［507］ 丁亥		安定王元燮于古阳洞为亡祖造释迦像一龛讫工(古阳洞铭记)。
	永平二年［509］ 己亥		宣武帝亲为诸僧和朝臣讲《维摩诘经》(《魏书》卷八《世宗纪》)。时洛阳佛教大盛。寺庙日多,至延昌年间(512～515),州郡共有一万三千余寺。
	延昌四年［515］ 乙未		宣武帝元恪殁,太子诩即位,是为肃宗孝明帝。九月,母胡太后专政(《魏书》卷八《世宗纪》)。

		郦道元始撰《水经注》,至正光四年成书,内载龙门伊河、伊阙、伊河水位等。
熙平二年[517]	丁酉	胡太后幸伊阙石窟寺,即日还宫(《魏书》卷九《肃宗纪》)。 齐郡王元祐于古阳洞南壁造像一龛(古阳洞铭记)。
熙平三年[518]	戊戌	右光禄大夫刘腾为卫将军、仪同三司。皇太后高氏殁于瑶光寺(《魏书》卷九《肃宗纪》)。胡太后派使者宋云与僧惠生西行求经(《魏书》卷九《肃宗纪》)。
神龟三年[520]	庚子	魏清河王怿辅政多年,抑制侍中元叉、中卫将军刘腾。是年,叉、腾杀怿,幽禁胡太后于北宫(《魏书》卷九《肃宗纪》)。 比丘尼慈香、慧政于龙门开凿造像,即今名之慈香窟。邑师惠感、邑主赵阿欢于古阳洞南壁造弥勒像一龛(慈香洞、古阳洞铭记)。
正光二年[521]	辛丑	十一月二十七日,清信女佛弟子祖等十六人于莲花洞北壁造释迦像十六躯(莲花洞铭记)。
正光三年[522]	壬寅	比丘慧畅于古阳洞南壁为皇帝、太后、师僧父母、兄弟姊妹等造弥勒像一铺。慧荣于火烧洞南壁造像一龛(古阳洞、火烧洞铭记)。 宋云、慧生从西域取经一百七十余部返洛。
正光四年[523]	癸卯	司空刘腾殁(《魏书》卷九《肃宗纪》)。 四月,比丘僧安于火烧洞正壁造释迦像一龛。比丘慧荣于火烧洞造释迦像一躯(火烧洞铭记)。
正光五年[524]	甲辰	比丘尼道□造释迦像一躯(火烧洞铭记)。
正光六年[525]	乙巳	杀元叉,胡太后临朝复政(《魏书》卷九《肃宗纪》)。 五月十五日,像主苏胡仁合邑十九人等造释迦像一躯。八月十三日,中明寺比丘尼道阳等造□劫千佛(莲花洞铭记)。
孝昌二年[526]	丙午	孝明帝幸南石窟寺,即日还宫(《魏书》卷九《肃宗纪》)。 十月二十日,石牛溪造像一龛(石牛溪铭记)。
孝昌三年[527]	丁未	太尉公皇甫度开凿石窟寺。宋景妃于莲花洞北壁造释迦像一龛。五月二十四日,莲花洞北壁造释迦像一躯(石窟寺碑记、莲花洞铭记)。
武泰元年[528]	戊申	召尔朱荣兵,威胁太后。太后毒死孝明帝,立幼主钊(《魏书》卷九《肃宗纪》)。四月,尔朱荣到河阳,迎长乐王子攸为帝,是为敬宗孝庄帝。荣溺死胡太后(谥灵太后)、元钊。兵入洛阳,士民逃散。 四月,景隆寺沙门昙念于莲花洞北壁造弥勒像一龛(莲花洞铭记)。
永安二年[529]	己酉	三月十一日,石牛溪造像一龛(石牛溪铭记)。 魏庄帝渡黄河北走,洛阳魏官迎元颢入城,颢改元建武。尔朱荣南下,闰六月,北军渡河。元颢逃亡被杀。孝庄帝还洛阳。
永安三年[530]	庚戌	孝庄帝杀尔朱荣,内外喜噪,声满洛阳城。尔朱世隆、尔朱兆立长广王晔为帝,改元建明。兆兵入洛,执孝庄帝归晋阳而杀之。 李长寿妻陈晕于药方洞南壁造释迦一龛(药方洞铭记)。
建明二年[531]	辛亥	尔朱世隆废长广王晔,立广陵王恭,是为节闵帝(前废帝)。六月·高欢起兵讨朱氏。十月,立勃海太守元朗为帝,是为后废帝。 莲花洞造像一龛。比丘尼道慧、法盛于普泰洞正壁造观音菩萨一龛(莲花洞、普泰洞铭记)。
普泰二年[532]	壬子	高欢废节闵帝与后废帝,立平阳王修,是为孝武帝。魏两废帝与东海王晔先后被杀。 闰月二十日,比丘静度于莲花洞北壁造释迦像一龛。太昌元年十二月十三日,杨元凯于莲花洞南壁造多宝佛像一龛。清信士路僧妙于药方洞前壁造释迦像一龛(莲花洞、药方洞铭记)。

	永熙二年[533]	癸丑	法仪二十余人于莲花洞南壁造像一龛。七月十日,清信士佛弟子□□将军羽林□造释迦像一龛(莲花洞、赵客师洞铭记)。
东魏	天平元年[534]	甲寅	高欢入洛,立清河王亶之子善见为帝,是为东魏孝静帝。闰十二月,宇文泰立南阳王宝炬,是为西魏文帝。魏从此分为东西。
			四月十三日,宝方寺比丘道仙于莲花洞南壁造弥勒像一龛(莲花洞、药方洞铭记)。
	天平三年[536]	丙辰	比丘尼□晕于古阳洞北壁造像一龛(古阳洞铭记)。
	天平四年[537]	丁巳	西魏军东进,入洛,河南诸郡多降。
			八月十九日,于唐字洞前壁造像一龛。比丘尼道□造像一龛(唐字洞、普泰洞铭记)。
	元象元年[538]	戊午	东、西魏争豫,围金塘城,烧洛阳内外官寺民居,存者什二三。
	元象二年[539]	己未	□□□于路洞前壁造像一龛(路洞铭记)。
西魏	大统六年[540]	庚申	平东将军、银青光禄大夫苏方成妻赵□于古阳洞造像一龛(古阳洞铭记)。
	大统七年[541]	辛酉	正月十五日,洛州灵岩寺沙门僧灿于唐字洞前壁造像一龛(唐字洞铭记)。
东魏	武定三年[545]	乙丑	故比丘县静于古阳洞西壁下方为大统寺主安法造释迦像一躯(古阳洞铭记)。
	武定五年[547]	丁卯	魏抚军府司马杨衒之重至洛阳,见宫室倾覆,寺塔丘墟,因撰《洛阳伽蓝记》。此书还记载了京南阙口石窟寺、灵岩寺,即今之古阳洞和宾阳洞(《洛阳伽蓝记》原序、卷五)。
	武定七年[549]	己巳	□□□于路洞东壁造像一龛(路洞铭记)。
北齐	天保元年[550]	庚午	五月,高洋废东魏孝静帝,自立,国号齐,是为北齐文宣帝。
			□□□于路洞造像一龛(路洞铭记)。
	天保四年[553]	癸酉	龙华寺僧于药方洞南壁造像一龛。□□□于药方洞北壁造像一龛(药方洞铭记)。
	天保五年[554]	甲戌	西魏宇文泰废魏主元钦,立齐王廓,是为恭帝。《魏书》撰成。该书《释老志》载:景明初(公元500年),世宗诏大长秋卿白整准代京灵岩寺石窟,于洛南伊阙山为高祖文昭皇太后营石窟二所。永平中,中尹刘腾奏为世宗复造石窟一,凡为三所。从景明元年至正光四年(公元523年)六月以前,用功八十万二千三百六十六。此时宾阳三洞已辍工三十一年。
	天保七年[556]	丙子	岁末,宇文护迫魏恭帝禅位于周。西魏亡。
	天保八年[557]	丁丑	正月,宇文觉称天王,即孝闵帝,北周建国。九月,宇文护废觉,立觉之长子文毓为天王,是为世宗明帝。
			莲花洞南壁造释迦像一龛(莲花洞铭记)。
	天保十年[559]	己卯	八月,北周主始称帝,用年号,十月,齐文宣帝高洋死。太子殷即位,是为废帝。
	天统元年[565]	乙酉	□□□于路洞造像一龛(路洞铭记)。
	天统四年[568]	戊子	□□□于天统洞造像一龛(天统洞铭记)。
	武平元年[570]	庚寅	七月十五日,雍州扶风郡始平县韩道人造像一龛。莲花洞南壁造像一龛(唐字洞、莲花洞铭记)。
	武平二年[571]	辛卯	戌昭将军、伊阳城骑兵参军妻赵桃科于古阳洞北壁造像一龛(古阳洞铭记)。
	武平三年[572]	壬辰	□□□于路洞造像一龛(路洞铭记)。
	武平五年[574]	甲午	即北周建德三年,周武帝禁佛、道二教,毁佛像焚经,令僧道还

			俗(《续高僧传》卷十九)。
	武平六年[575]	乙未	都邑师道兴于药方洞造释迦像一龛。邑师僧宝巩舍合邑二十二人于莲花洞外南崖造像一龛(药方洞、莲花洞外铭记)。
北周	建德六年[577]	丁酉	北周灭北齐。
	建德七年[578]	戊戌	周武帝死,太子赟即位,是为宣帝。
	大成元年[579]	己亥	以洛阳为东京。宣帝传位于太子阐,改元大象,是为静帝。北周恢复佛像与天尊像。
	大象二年[580]	庚子	六月,周恢复佛、道二教。
隋	开皇元年[581]	辛丑	正月,周改元大定。二月,周相国杨坚受周禅,建立隋朝,改元开皇,是为隋高祖文帝。北周亡。是岁文帝复兴佛教,诏天下任听出家,仍令计口出钱营造经像,而京师及并州、相州、洛州等诸大都邑之处,并官写一切经置于寺内,而又别写藏于秘阁。天下之人从风而靡,竞相景慕,民间佛经多于六经数十百倍(《隋书·经籍志》卷四、《资治通鉴》卷一七五)。
	开皇九年[589]	己酉	隋灭陈,统一中国。
	开皇十五年[595]	乙卯	裴慈明于宾阳洞外北侧造阿弥陀像一龛(裴龛铭记)。
	开皇十七年[597]	丁巳	费长房撰佛教经录《历代三宝记》,十五卷。也称《开皇三宝录》(《续高僧传》卷二)。
	开皇二十年[600]	庚申	诏有毁佛与天尊等神像者,以不道论处。
	仁寿四年[604]	甲子	七月,文帝杨坚在仁寿宫被太子广杀害。广即位,是为炀帝。十一月,炀帝幸洛阳。登北邙,南望伊阙曰:自古何为不建都于此,苏威曰:前代留以待陛下。帝大悦。乃决意迁都洛阳(《隋书·炀帝本纪》)。
	大业元年[605]	乙丑	三月,诏尚书令杨素、将作大匠宇文恺营造东京。洛阳,每月役丁二百万人;又造显仁宫,发大江以南、五岭以北奇材异石,运到洛阳(《隋书·炀帝本纪》)。
	大业二年[606]	丙寅	正月,东京成。四月炀帝迁都洛阳,自伊阙陈法驾,备千乘万骑,入于东京(《隋书·炀帝本纪》)。
	大业五年[609]	己巳	改东京为东都。
	大业十二年[616]	丙子	蜀郡成都县募人李子赟造观音像一龛。洛州河南郡兴泰县人梁佩仁于宾阳南洞造释迦并二菩萨像一龛(宾阳中洞外北侧、宾阳南洞铭记)。
	大业十四年[618]	戊寅	三月,炀帝广被杀。五月,李渊迫隋恭帝禅位,建立唐朝,改元武德。炀帝在位十三年,共建寺塔十四座,度僧一万六千二百人,修故经六百十二藏,二万九千一百七十二部,修治故像十万零一千尊,新造像三千八百五十尊,造二禅定并立别寺十所(《辩正论》卷三、《历代三宝记》卷十二、《法苑珠林》卷一〇〇、《释迦方志》)。
唐	武德九年[626]	丙戌	八月,高祖传位于太子世民,是为太宗。
	贞观三年[629]	己丑	唐高僧玄奘往印度取经(《大唐慈恩法师传》卷一)。
	贞观十年[636]	丙申	洛阳宫留守阎武盖于宾阳南洞南壁造像一龛(宾阳南洞铭记)。
	贞观十一年[637]	丁酉	王元庆母刘□妃于破窑造弥勒像一龛。洛州乡城老人造像一龛(破窑、宾阳洞院铭记)。
	贞观十二年[638]	戊戌	明相惣于普泰洞北壁造七佛及二菩萨像(普泰洞铭记)。
	贞观十五年[641]	辛丑	唐太宗猎于伊阙。魏王李泰于龙门为长孙皇后造佛像立碑,续修宾阳南洞。岑文本撰文、褚遂良书《伊阙佛龛之碑》。
	贞观十六年[642]	壬寅	石姐妃于宾阳南洞造救苦观世音像一龛(宾阳南洞铭记)。

贞观十七年[643]	癸卯	王去策首次出使印度(《佛祖统纪》卷三十九)。
贞观十八年[644]	甲辰	杨僧威于宾阳南洞造像一龛(宾阳南洞铭记)。
贞观十九年[645]	乙巳	沙门僧宣撰《续高僧传》三十卷,始于南朝梁天监元年,书初成于是岁。其所载实止于麟德二年(公元665年)。玄奘自印度归国。二月,赴洛阳谒见太宗,乃命撰《大唐西域记》并居弘福寺译经(《续高僧传》序、《大唐慈恩法师传》卷六)。
		清信女张寂□为亡人杨僧于宾阳南洞造观世音一龛(宾阳南洞铭记)。
贞观二十年[646]	丙午	玄奘将所译经五部及《大唐西域记》奉表上闻,太宗亲作答书(《大唐慈恩法师传》卷六)。
		张世祖于莲花洞外南岩壁造像一龛。石静业为七世父母于宾阳南洞造像一龛(莲花洞、宾阳南洞铭记)。
贞观二十一年[647]	丁未	新息县令田弘道于老龙洞造菩萨像一龛(老龙洞铭记)。
贞观二十二年[648]	戊申	洛州河南县思顺坊老幼于宾阳南洞北壁造弥勒像一龛(宾阳南洞铭记)。
贞观二十三年[649]	己酉	五月,太宗殁。六月,太子治即位,是为高宗。
		杨君雅于药方洞北壁造菩萨像一躯(药方洞铭记)。
永徽元年[650]	庚戌	沙门玄照经吐蕃由文成公主送往天竺,新罗僧玄恪、慧轮等随往(《大唐西域求法高僧传》上)。
		汝州刺史、驸马都尉、渝国公刘玄意于宾阳南洞造金刚力士一躯。樊庆为亡兄前兖州参军樊玄道造等身救苦观音像一躯。是年五月五日起造,至翌年九月三十日功毕(宾阳南洞、老龙洞铭记)。
永徽三年[652]	壬子	火烧洞造像一龛(火烧洞铭记)。
永徽四年[653]	癸丑	莲花洞造像一龛(莲花洞铭记)。
永徽五年[654]	甲寅	药方洞后室北壁造像一龛(药方洞铭记)。
永徽六年[655]	乙卯	唐高宗立武则天为皇后。
		十月十五日,比丘□□为亡父母造优填王、佛像一龛,是为龙门第一尊优填王造像(敬善寺北铭记)。
显庆二年[657]	丁巳	以洛阳宫为东都,并建敬爱寺。
		药方洞北壁造像一龛(药方洞铭记)。
显庆三年[658]	戊午	赵客师造阿弥陀像一龛(赵客师洞铭记)。
显庆四年[659]	己未	马伏陀妻刘婆造阿弥陀像一龛。比丘僧义造释迦、观音、大势至菩萨像一龛。破窑造像一龛(药方洞、破窑铭记)。
显庆五年[660]	庚申	高宗目眩头重,目不能视,遂使武后参决奏事。
		洛州偃师县杨君植为妻肖氏亡于龙门敬善寺造阿弥陀像一龛(赵客师洞铭记)。
显庆六年[661]	辛酉	四月十七日,杨师□造观音像一龛。□□府付造阿弥陀佛像一龛。洛阳县武林郎沈□为亡妻娄氏造优填王像一龛(唐字洞、药方洞、敬善寺洞区铭记)。
龙朔三年[663]	癸亥	常才于敬善寺南一洞刻《金刚经》一部。□□□于莲花洞窟口造像一龛(敬善寺、莲花洞铭记)。
麟德元年[664]	甲子	玄奘法师殁。
		弟子常住于唐字洞造观音像一龛(唐字洞铭记)。
麟德二年[665]	乙丑	纪王慎之母韦妃开凿敬善寺洞。九月十五日,王玄策于宾阳南洞造弥勒像一龛(《新唐书》卷八十《太宗诸子传》、《纪国陆先妃碑》、宾阳南洞铭记)。

乾封元年[666]	丙寅	□□□于莲花洞口造像一龛(莲花洞铭记)。
乾封二年[667]	丁卯	道宣律师殁。
		东台主书许思言于宾阳南洞造阿弥陀像一龛。华严宗法藏和尚(又名贤首法师、国一法师)为父母兄弟造像一龛(宾阳南洞、魏字洞铭记)。
总章元年[668]	戊辰	沙门道世撰《法苑珠林》一百卷(《宋高僧传》卷四)。
总章二年[669]	己巳	破窑造像一龛(破窑铭记)。
咸亨二年[671]	辛未	沙门义净自南海附舶,往印度求佛法(《宋高僧传》卷一、《求法高僧传》下、《佛祖统纪》卷三十九)。
咸亨三年[672]	壬申	武则天助脂粉钱二万贯雕造奉先寺大卢舍那像龛(奉先寺铭记)。
咸亨四年[673]	癸酉	将作监丞牛懿德于宾阳北洞为皇帝、皇后、皇太子并诸王国戚造阿弥陀并观音、大势至二菩萨像一龛。西京法海寺主惠简为皇帝、皇后、太子、周王造弥勒像一龛,即今之惠简洞(宾阳北洞、惠简洞铭记)。
上元二年[675]	乙亥	奉先寺大卢舍那像龛讫工(《大卢舍那像龛记》)。
上元三年[676]	丙子	中天竺沙门地婆诃罗(日照)来长安。罽宾沙门佛陀波利朝拜五台山后,与日照同译经论,并请将《佛顶尊胜陀罗尼经》刊布于世,从之(《宋高僧传》卷二)。
仪凤三年[678]	戊寅	三月九日,清明寺比丘尼八正造像一铺(清明寺铭记)。
调露元年[679]	己卯	于大卢舍那像龛南敕建大奉先寺寺院。高光复于火烧洞外南崖为天皇、天后、殿下、诸王、文武百官,下及法界造阿弥陀像一铺(大卢舍那像龛记、火烧洞铭记)。
永隆元年[680]	庚辰	九月三十日,胡处贞造弥勒像五百尊。十一月三十日,万佛洞讫工。为真莹师造优填王像一龛。沙门玄照于万佛洞造观世音菩萨一躯(万佛洞铭记)。
永隆二年[681]	辛巳	净土宗大师善导卒。据龙门《大卢舍那像龛记》载:善导曾为修建大卢舍那像龛的检校僧(《释氏稽古略》、《往生瑞应传》)。
		五月八日,许州仪凤等比丘尼真智于万佛洞前室造观音菩萨一龛(万佛洞铭记)。
永淳二年[683]	癸未	南天竺沙门菩提流志抵洛阳,高宗遣使迎接。武后复加郑重,令住东洛福先寺,译佛境界宝雨华严等经,凡十一部(《宋高僧传》卷三)。
		十二月,高宗在东都殁。太子显立,是为中宗。尊天后为皇太后,决策政事。
		银青光禄大夫、行尚书左丞、扬州大都督府长史、魏简公卢公妻陇西夫人李氏造弥勒像一龛(赵客师洞上方洞铭记)。
嗣圣元年[684]	甲申	二月,太后武则天废中宗为庐陵王,立豫王旦为帝。九月,改元光宅。徐敬业起兵反武氏失败。
		光宅元年九月三日,莫古引于古阳洞外北侧造阿弥陀像一龛(古阳洞北铭记)。
垂拱元年[685]	乙酉	以僧怀义为洛阳白马寺主。怀义亲幸武后,横行不法。
垂拱二年[686]	丙戌	太后下诏复政于皇帝,睿宗不敢受。
		兰州司户参军郎高造像一龛。夏侯于敬善寺造业道像一铺(唐字洞上方、敬善寺铭记)。
垂拱三年[687]	丁亥	中天竺三藏法师地婆诃罗(日照)殁,天后敕葬于洛阳龙门香山之阳,伊水之左。会葬者数万人,后以梁王请置伽蓝,赐名香山寺,造石像七龛(《宋高僧传》卷三、《佛祖统纪》卷三十九、《华严经传记》)。
		比丘僧亮于火烧洞外南侧为皇太后、七代父母、法界众生造像一龛(火烧洞外题记)。

	垂拱四年[688]	戊子	武承嗣凿石,上刻"圣母临人,永昌帝业",使人献之,诈称在洛水中发现。太后命其石为"宝图",遂加尊号称"圣母神皇"。
			秦弘等为皇太后、皇帝、皇后、七世父母造像一龛(北市丝行像龛铭记)。
	永昌元年[689]	己丑	于阗沙门提云般若谒武则天于洛阳,令住魏国东寺(后改大周东寺)译经(《宋高僧传》卷二)。
			北市香行社造像一龛,即北市香行社像龛。比丘惠澄、善□于北市丝行像龛造像一铺。五月二十七日,佛弟子皇甫毛仁于火烧洞外南崖为女四娘亡造阿弥陀像一龛,上为圣母皇帝、师僧父母等共同斯福。六月三日,刘大□妻桃造阿弥陀像一龛(香行龛、丝行龛、火烧洞外、清明寺铭记)。
	载初二年[690]	庚寅	七月,沙门怀义、法明等十人进《大云经》四卷陈符名,言太后系弥勒降生,应代唐为阎浮提主。太后命将该书颁行天下,令两京诸州各置大云寺,各藏《大云经》。总度僧尼千人,封怀义、法明等九人为县公,皆赐紫袈裟银鱼袋,沙门封爵赐紫始于此。九月,太后登则天门楼,宣布改唐为周,称圣神皇帝,改元天授,以皇帝为皇嗣,赐姓武(《旧唐书》卷六、一八三,《新唐书》卷四、七十六,《资治通鉴》卷二〇四,《佛祖统纪》卷三十九)。
			天授元年,则天采纳宗秦客改造的"天"、"地"等新字,自名"曌",命布天下(《朝野佥载》卷一、《旧唐书》卷六)。
			是年(或稍后),高平郡王武重规开始凿窟造像,至神龙元年(公元705年)辍工,即今东山万佛沟之高平郡王洞(高平郡王洞铭记)。
武周	天授二年[691]	辛卯	则天以佛教开革命之阶,令佛教在道教之上,僧尼居道士女冠之前。命神秀禅师入京行道,肩舆上殿,则天亲加跪礼,内道场丰其供施,时时问道(《旧唐书》卷六、《宋高僧传》卷八、《佛祖统纪》卷三十九)。
	天授三年[692]	壬辰	沙门义净自室利佛逝遣大津返长安,携归新译经论十卷、《南海寄归内法传》五卷、《西域求法高僧传》两卷(《西域求法高僧传》下)。
			史延福刻《佛顶尊胜陀罗尼经》。是年闰五月五日,丁君意于清明寺为天皇、天后、师僧父母造阿弥陀像一龛。张元福造阿弥陀像一龛(莲花洞、清明寺铭记)。
	长寿二年[693]	癸巳	北印度迦湿弥罗国沙门宝思惟至洛都,敕于天皇寺安置,是年即创译。天竺沙门慧智于东都佛授记寺译《观世音颂》一卷。始令佛经制"卍"字,为如来吉祥万德之所集(《宋高僧传》卷二、三,《佛祖统纪》卷三)。
			四月二十三日,于莲花洞外南崖造像一龛(莲花洞外铭记)。
	长寿三年[694]	甲午	八月,东都北市丝帛行凿岩开窟营造净土堂,并刻《佛说菩萨诃色欲经》(姚秦、鸠摩罗什译)(净土堂铭记)。
	证圣元年[695]	乙未	义净游学天竺求法二十五年,历经三十余国,是年还至洛阳。于田三藏实叉难陀到洛阳,住大内大遍空寺,与菩提流志、义净重译《华严经》,是为八十卷《华严》,武后亲临法座焕发序文,至圣历二年(公元699年)译毕(《宋高僧传》卷一、二)。则天命僧怀义作大佛像、明堂、天堂等,耗资巨万,施因对太后不满,放火烧毁天堂,延及明堂。太后仍令怀义督工重造。十二月,改元万岁登封。
	万岁登封元年[696]	丙申	明堂成,高二百九十四尺,号"通天宫",遂改元万岁通天。

			大周万岁通天元年五月二十三日,于莲花洞外南崖造像一龛(莲花洞南崖铭记)。
	圣历二年[699]	己亥	裴葆秀于潜溪寺造像一龛(潜溪寺外铭记)。
	久视元年[700]	庚子	皇甫元亨于莲花洞书《般若波罗蜜多心经》一部(莲花洞铭记)。
	大足元年[701]	辛丑	三月八日,佛弟子阎门冬为神圣皇帝陛下及太子诸王、师僧父母、七世先亡、法界一切众生造菩萨像一龛及诸菩萨。四月八日,佛弟子张阿双为神圣皇帝陛下及太子诸王、师僧父母、七世先亡、法界一切众生造药师像一龛及诸菩萨(擂鼓台北洞北崖铭记)。
	长安三年[703]	癸卯	于龙华寺洞外造像一龛(龙华寺洞外铭记)。
	长安四年[704]	甲辰	武后复税天下僧尼,作大像于洛阳城北邙山白司马阪,令武攸宁检校,糜费巨亿。冬,像成,则天率百僚礼祀(《旧唐书》卷九十四)。
			刘捷福为父母造像一龛。奉先寺家生(人)秦重□为亡妻钟□造像一龛(龙华寺、净土堂附近铭记)。
唐	神龙元年[705]	乙巳	正月,太后病重,张柬之等迎中宗复位。二月,复国号为唐。则天时所改名称,一律恢复原名。中宗至龙门香山寺。十一月,则天殁。中宗为其造福,造圣善寺,立报慈阁(《唐会要》卷四十八)。
	神龙三年[707]	丁未	于龙门龙华寺洞外造二地藏菩萨、业道像(龙华寺洞外铭记)。
	景龙四年[710]	庚戌	六月,中宗殁,立温王重茂,改元唐隆,是为少帝。韦后谋效武后,临朝摄政。少帝废。相王即位,是为睿宗。七月,改元景云。
			景云元年九月一日,吐火罗僧宝隆造释迦像一龛。景云元年十二月十日,僧□□□造观音菩萨二躯、地藏菩萨一躯(吐火罗僧宝隆龛、净土堂外壁铭记)。
	景云二年[711]	辛亥	北印度迦湿弥罗国人宝思惟于龙门山造天竺寺,苏颋撰《唐河南龙门天竺寺碑》(碑存龙门文物保管所)。
	先天元年[712]	壬子	八月,太子即位,是为玄宗。尊睿宗为太上皇。
	先天二年[713]	癸丑	义净殁。葬于龙门北之高冈(《宋高僧传》卷一)。清明寺造像一龛(清明寺铭记)。
	开元三年[715]	乙卯	韦利器为亡姚造弥陀像一躯。银青光禄大夫昭文馆学士丘悦撰造像记(□□铭记)。
	开元五年[717]	丁巳	张敬宗母王婆造天尊像一铺。魏牧谦造阿弥陀、释迦、弥勒像(双窑、石牛溪上方洞铭记)。
	开元七年[719]	己未	龙门建皇觉寺(今伊川县郭家寨,据皇觉寺碑)。
	开元八年[720]	庚申	南印度僧人金刚智和不空抵达洛阳(《宋高僧传》卷一)。
	开元九年[721]	辛酉	北天竺沙门宝思惟卒于龙门山天竺寺,构塔旌表(《宋高僧传》卷三)。
	开元十一年[723]	癸亥	以沙门一行请,敕金刚智于洛阳资圣寺译《金刚顶经》(《宋高僧传》卷一)。
	开元十二年[724]	甲子	善无畏随玄宗到洛阳,奉诏于福光寺译《大毗卢遮那成佛神变加持经》七卷、《苏婆呼童子经》三卷、《苏悉地揭罗经》三卷。菩提流去随玄宗到洛阳,居长寿寺内(《宋高僧传》卷二、卷三)。
	开元十三年[725]		虢国公杨思勖于奉先寺北壁造像一龛。唐玄宗幸龙门。高力士等一百六十人为玄宗造阿弥陀像一龛,并摩崖刻《大唐内侍省功德之碑》(奉先寺《唐虢国公杨思勖造像记》、《大唐内侍省功德碑》)。
	开元十五年[727]	丁卯	菩提流志殁,于洛南龙门西北原起塔,勒石志之。中岳嵩阳寺沙门一行卒,撰有《开元大衍历》、《大日经疏》等(《宋高僧传》卷五、《新唐书》卷三十一)。

	开元十六年[728]	戊辰	香山寺上座慧澄法师、比丘张和尚(义琬)续修高平郡王洞。□庆为患□造像一躯。佛弟子昌□妻欢心等造像一尊(高平郡王洞铭记)。
	开元十八年[730]	庚午	沙门海通于嘉州大江之滨,造弥勒大像,高三百六十尺,覆以九层之阁,匾其寺曰"凌云"(《佛祖统纪》卷四十)。沙门智升撰《开元释教录》三十卷,佛藏以五千四十八卷为定数,敕附入大藏(《宋高僧传》卷五)。
	开元十九年[731]	辛未	开凿慧灯洞,安葬比丘尼慧灯(慧灯洞铭记)。
	开元二十年[732]	壬申	印度高僧金刚智圆寂于洛阳广福寺,葬于龙门南伊川之右,建塔旌表(《宋高僧传》卷一)。
	开元二十一年[733]	癸酉	诗人李白秋游龙门,作有《秋夜宿龙门香山寺》、《冬夜醉宿龙门觉起言志》诗(黄锡珪《李白年谱》)。
	开元二十三年[735]	乙亥	印度高僧善无畏卒于洛阳大圣善寺,赠鸿胪卿。善无畏传密教之胎藏界曼荼罗,译经四部十四卷(《宋高僧传》卷二)。
	开元二十四年[736]	丙子	诗人杜甫游龙门,作《游龙门奉先寺》诗(郭沫若《李白与杜甫》)。
	开元二十六年[738]	戊寅	开灵觉洞,葬比丘尼灵觉(灵觉洞铭记)。
	开元二十八年[740]	庚辰	善无畏迁葬龙门西山广化寺之庭(《宋高僧传》卷二)。
	天宝十四载[755]	乙未	安史之乱开始,安禄山占洛阳。
	至德二载[757]	丁酉	郭子仪收复长安、洛阳。
	乾元元年[758]	戊戌	于龙门广化寺塔院侧为善无畏建碑,弟子李华撰文。是年五月十三日,禅宗北派开创者神秀卒于荆府开元寺。后由李王角迎尊颜于龙门,建身塔于宝应寺,永泰元年入塔(《大唐东都荷泽寺殁故第七祖国师大德龙门宝应寺龙岗腹建身塔铭并序》,碑石今存洛阳市文物工作一队)。
	宝应元年[762]	壬寅	唐军会同回纥收复洛阳,回纥军在洛阳大掠。
	广德元年[763]	癸卯	安史之乱结束。
	长庆四年[824]	甲辰	二月十三日,如信大师殁于圣善寺华严院。二十二日,移葬于龙门山之南岗。宝历元年,迁葬于奉先寺。立佛顶尊胜罗陀尼幢,以旌功德(白居易《如信大师功德幢记》)。
	大和六年[832]	壬子	诗人白居易重修龙门香山寺,撰《修香山寺记》(朱金城《白居易年谱》)。
	开成五年[840]	庚申	白居易修香山寺经藏堂,藏经律论凡五千二百七十卷(朱金城《白居易年谱》)。
	会昌四年[844]	甲子	白居易开龙门八节石滩,以利舟楫,作《开龙门八节石滩诗二首》(朱金城《白居易年谱》)。
	会昌五年[845]	乙丑	唐武宗灭佛,毁天下佛寺四千余所,僧尼二十六万还俗(《旧唐书》卷十八、《唐会要》卷四十七、《新唐书》卷五十二)。
	会昌六年[846]	丙寅	八月,白居易殁于洛阳履道里第。十一月葬于龙门香山如满师塔之侧。河南尹卢贞刻《醉吟先生传》,立于墓侧。大中三年(公元849年),李商隐撰《墓碑铭》(《新唐书·白居易传》、《唐语林》)。
	大中元年[847]	丁卯	龙门天竺寺废(《龙门志》)。
	大中九年[855]	乙亥	日僧圆珍到龙门广化寺谒拜善无畏塔(木宫泰彦《日本文化交流史》)。
后梁	乾化五年[915]	乙亥	李琮于莲花洞造像一尊(莲花洞铭记)。
后唐	同光三年[925]	乙酉	庄宗李存勖幸龙门广化寺,开佛塔祈雨(《册府元龟》、《资治通鉴》卷二七三)。

后汉	乾祐三年[950]	庚戌	于万佛洞造像一龛(万佛洞铭记)。
后周	显德二年[955]	乙卯	世宗柴荣颁布灭佛令。令天下寺院除救赐寺额者外，全部废去。禁止私度僧尼及僧俗舍身、断手足、炼指、挂灯、带钳之类。是年天下废寺三万另三百三十六所(《旧五代史》卷一一五、《资治通鉴》卷二九二、《佛祖统纪》卷四十二、《宋高僧传》卷十七)。
北宋	建隆元年[960]	庚申	赵匡胤称帝。建宋朝，后周亡，五代结束。
	开宝元年[968]	戊辰	于奉先寺下方造像一龛(铭记)。
	太平兴国九年[984]	甲申	日僧奝然至洛阳龙门礼佛 (《中国佛教》[一]《中日佛教关系》)。
	大中祥符四年[1011]	辛亥	宋真宗祭祀汾阳后观龙门，撰并书《龙门铭》(龙门东山摩崖)。
	大中祥符八年[1015]	乙卯	宋真宗命沙门栖滨负责修饰龙门山石佛像一万七千三百三十九尊(《佛祖统纪》卷四十四)。
	天圣四年[1026]	丙寅	丁裕监修龙门山石像、石道(奉先寺卢舍那佛座铭记)。
	嘉祐六年[1061]	辛丑	欧阳修著《集古录》，收集《伊阙佛龛之碑》，这是龙门碑刻最早的录目(《集古录》)。
南宋	咸淳四年[1268]	戊辰	志磐著《佛祖统纪》，记载了唐代龙门所开凿的奉先寺和万佛洞的年代(《佛祖统纪》卷三十九)。
明	嘉靖三十九年[1560]	庚申	僧道连自伊阙东山巅迁乾元寺于山麓，尚书沈应时(《洛阳县志·拾遗记》)。
	万历三十八年[1610]	庚戌	山西平阳府绛州张一川妻造地藏王像一尊。这是龙门有纪年铭记最晚的造像(潜溪寺南摩崖铭记)。
	天启三年[1623]	癸亥	徐霞客游龙门(《徐霞客游记》)。
清	顺治元年[1644]	甲申	清军入关，占领北京。
	康熙四十七年[1708]	戊子	学政汤右曾重建香山寺于龙门东山山腰处，并自撰《重修香山寺记》(《洛阳县志·拾遗记》)。
	康熙四十八年[1709]	己丑	白居易墓守祠生白辟、白锦立墓碑，吴郡汪士铉题"唐少傅白公墓"(《唐少傅白公墓碑》)。
	乾隆四年[1739]	己未	重修乾元寺。里人王璥、王琏重修广化寺(《洛阳县志·拾遗记》)。
	乾隆十五年[1750]	庚午	乾隆到中岳封禅，至洛阳幸香山寺，题诗以纪胜(《河南府志》、龙门香山寺《乾隆碑》)。
	嘉庆十年[1805]	乙丑	王昶著《金石萃编》，对龙门北魏至唐的碑刻录目、录文搜集最多，是各种金石著作中有关龙门碑刻资料最多的一种(《金石萃编》)。
近代	同治九年[1870]	庚午	路朝霖著《洛阳龙门志》。
	光绪五年[1879]	己卯	洛阳县令曾炳章督工精拓魏造像记五十品，名曰《龙门五十品》。
	光绪六年[1880]	庚辰	洛阳知县曾炳章督工统计龙门全山造像凡十四万二千二百八十九尊;造像题记三千六百八十品。
	光绪十五年[1889]	己丑	康有为著《广艺舟双楫》，首载龙门二十品，并极力赞扬和倡导。
	光绪二十五年[1899]	己亥	法国矿山工程师鲁普兰斯·兰格参观龙门石窟。公元1902年公布了他旅行龙门的简报，引起欧洲学者对龙门石窟的注意。
	光绪二十八年[1902]	壬寅	河南知府文悌于龙门禹王池上方修建石楼。
	光绪三十三年[1907]	丁未	七月二十四日至八月四日，法人沙畹来龙门石窟。回国后于1909至1915年发表了《北支那考古图谱》。该书第二卷主要介绍了龙门石窟，并将五百五十种碑刻译成法文，同时作了考证。这是外国学者第一次公布和研究龙门石窟资料，也是首次公布龙门石窟照片。
	宣统三年[1911]	辛亥	辛亥革命。

		长沙江氏于白居易墓下修"白亭"一座,其友王光谦作《白亭记》(碑石现藏龙门文物保管所)。
现代	民国九年[1920]	袁希涛著《洛阳龙门石窟石像记》。
	民国十四年[1925]	瑞典美术史学家阿斯瓦德·西兰发表《支那雕刻》一书。
	民国十五年[1926]	日人常盘大定、关野贞发表《支那佛教史迹》。
	民国二十三年[1934]	美国人普爱伦勾结北京奸商岳彬盗走宾阳中洞北魏大型浮雕皇帝礼佛图及皇后礼佛图二幅。
	民国二十四年[1935]	关百益编著《伊阙石刻图表》二册出版。
	民国二十五年[1936]	四月二十四日至二十九日,日本京都大学水野清一、长广敏雄考察龙门石窟。
	民国二十八年[1939]	日人常盘大定、关野贞发表《支那文化史迹》。
	民国三十年[1941]	水野清一、长广敏雄著《龙门石窟之研究》一书出版。对龙门造像内容作了比较详细的研究。
	民国三十二年[1943]	前历史语言研究所成立"西北科学考察团",其历史考古组成员石璋如、阎文儒等调查了龙门石窟。
	民国三十七年[1948]	洛阳解放。洛阳县人民政府责成龙门镇完全小学校负责保护管理龙门石窟。
	1951年	九月,洛阳文物管理委员会成立。中央文化部为保护龙门石窟拨专款,将龙门西山脚下的交通要道改迁到后山,重修此路专供游览用。此项工程至1954年竣工。
	1953年	四月,文物与园林分设,专门成立龙门文物保管所。龙门石窟开始清理、普查、修葺。龙门文物保管所统计龙门洞窟为一千三百五十二个,佛龛为七百五十个。
	1954年	龙门文物保管所统计,龙门全山造像约十万尊,百分之九十以上遭到不同程度的破坏和盗窃,完整者不到百分之十。
	1958年	龙门文物保管所编《龙门石窟》一书出版。
	1960年	仿隋代赵州安济桥形制,开始修建横跨伊河的长达303米的龙门桥。至1962年竣工。
	1961年	三月,国务院公布包括洛阳的龙门石窟、白马寺、汉魏故城在内的全国第一批重点文物保护单位名单。
	1965年	文化部文物博物馆研究所、龙门文物保管所共同对龙门石窟的破坏现状及帝国主义盗窃情况做了调查。据初步统计,被盗痕迹多达七百二十多处。严重破坏了龙门石窟的完整性。
	1966年	龙门东西两山造像题记和碑刻等资料开始捶拓搜集,至1974年全部收集完毕,计有两千七百八十品,其中有纪年的造像题记为七百零二品。
	1971年	在国家文物局文物保护科学技术研究所的协助下,龙门文物保管所采用化学粘接和工程加固相结合的方法,对奉先寺九尊大像及岩体开始进行加固维修。至1977年10月全部竣工。
	1972年	完成龙门两山立面的测绘工作。
	1975年	发现奉先寺原始的人字形排水防护沟,长120米左右。经考察,为原奉先寺同期工程的组成部分。
	1976年	加固潜溪寺洞窟岩体,增修窟顶排水防渗工程设置。
	1977年	修复加固奉先寺窟顶原始排水沟。
	1978年	为解决通风日照问题,拆除了宾阳三洞清代增设的砖券拱门、宾阳洞院的南北配房;加固三洞及石窟围岩,增设三洞上方山麓的排水防渗

	工程。至1979年全部竣工。在拆除宾阳三洞砖券门时，发现了长期被掩盖的大型浮雕帝释天、大梵天二护法神王像，均系北魏帝室营造宾阳洞时所雕造；另外发现的有唐永徽元年，汝州刺史、驸马都尉刘玄意造的金刚力士像一躯，以及许多造像题记。这是解放后，龙门石窟的重大发现。
1981年	洛阳博物馆在龙门东山北麓(今龙门啤酒厂内)，清理一座唐景龙三年定远将军安菩夫妇合葬墓，出土有墓志、罗马金币、三彩器物等，是洛阳出土三彩数量最多的一次。由此墓志得知唐代龙门敬善寺在安菩墓旁。
1982年	加固东山擂鼓台三洞及岩体，向外扩大洞窟围墙。并在三洞院内新建石刻文物陈列廊，展出解放以来所搜集的佛像、碑刻、经幢等文物。七月三十日，伊河泛滥，龙门水位高达154.50米，比平时高出6～7米，约与药方洞正壁主像颏齐，高出禹王池水面约1米。西山道路及保管所院内全部被水淹没，道路被冲毁，树木全部被冲倒，龙门文物保管所工作人员有伤亡。
1983年	修建宾阳洞至敬善寺，奉先寺至火烧洞、石窟寺的栈道。十二月，在龙门西山粮仓唐宝应寺遗址出土了《大唐东都荷泽寺殁故第七祖国师大德龙门宝应寺龙岗腹建身塔铭并序》，门人比丘慧空撰，永泰元年岁次乙巳十一戊子十五日壬申入塔，门人比丘法璘书碑石今存洛阳市文物工作队。
1987年	西山南部崖壁，大规模加固工程开始。古阳洞、药方洞窟前的后代构筑被拆除。发现新的造像。